本书系浙江省哲学社会科学重点研究基地温州人经济研究中心2019年专项自设课题"欧洲华文教育区域发展战略研究"（课题编号：2019WZRJDZ001）和"意大利华文教育教学质量评价研究"（课题编号：2019WZRJDZ003）的阶段性研究成果

温州大學 华侨华人研究系列丛书

优化与重组
新形势下欧洲华文教育发展研究

包含丽 严晓鹏 主编

上海社会科学院出版社

主编简介

包含丽,温州大学华侨学院副院长,温州大学欧洲华文教育研究所所长、副研究员,浙江省侨联常委,中国华侨历史学会理事。主要研究领域:华文教育、华侨华人、国际问题。承担多项省部级以上课题,参与撰写《意大利华文教育研究》《中国语言文化在海外华侨华人社会中的传播研究》等专著,主编《我在温州学汉语》等教材。多年来,一直关注华文教育与海外华文学校发展、海外侨团侨社建设,在国内核心刊物上发表论文十多篇,获国家、省部级领导批示专报十多篇。

严晓鹏,温州肯恩大学党委委员、副校长,温州大学意大利研究中心主任、研究员,温州公共外交协会研究员,浙江省侨联智库专家,浙江社会主义学院兼职教授。主要研究领域:欧洲华文教育、移民融合问题。主持国务院侨务办公室,中国侨联,浙江省社科联、教育厅,省级创新团队多项课题。在《中国高等教育》《中国高教研究》《教育学术月刊》等学术期刊发表多篇学术论文,论文曾被人大资料全文复印,出版《孔子学院与华文教育发展比较研究》等专著三部。

目　录

前言 / 温州大学欧洲华文教育研究所 ·················· 1

推进海外华文教育高质量发展：第一届欧洲华文教育学术研讨会在温州
　　大学隆重举办 / 包含丽　赵银银 ················ 1
疫情冲击下海外华文教育面临的困境与发展趋势
　　——基于组织生态学视角的分析 / 谢树华　包含丽 ········· 6
延续与变化：荷兰中文教育追踪调研数据比较分析 / 李明欢 ·········· 20
大力发展海外华文学校，打造中外交流的重要窗口
　　——关于华文教育的一些思考 / 赵　健 ·············· 37
砥砺奋进，把华文教育事业推向新的高潮：挑战与机遇 / 吴勇毅 ········· 42
欧洲华文学校的发展逻辑及行动策略
　　——以欧洲浙江人创办的华文学校为例 / 严晓鹏 ········· 51
华文教育领域中的"温州现象"观察
　　——《世界华文教育》访温州大学意大利分校校长严晓鹏博士 /
　　《世界华文教育》编辑部　整理 ················ 61
发挥地缘优势　服务海外华教
　　——访温州大学华侨学院副院长包含丽 /《世界华文教育》编辑部
　　整理 ························· 69
意大利华语教育组织类型及发展思考
　　——基于资源依赖理论 / 郑　婷 ················ 75
从高低语境文化看中国书法国际传播的创造性转化 / 周　斌　李守石 ······ 86
欧洲华裔中小学生华文教育研究

——以温州籍华裔中小学生为例 / 包含丽 ……………… 108
法国温州籍华裔语言现状研究
　　——以巴黎地区温州籍华裔继承语者为例 / 朱淑婷 ……… 115
海外华文学校面临的新机遇与新挑战 / 黄小捷 …………………… 129
海外华文教育新格局之思考与探索 / 张忠民 ……………………… 138
海外华裔儿童线上华文课堂互动研究
　　——以优少中文为例 / 王红霞　陆方喆 ……………………… 147
论中华文化技能传播的现状、存在的问题及对策
　　——从"汉语桥"世界中学生中文比赛才艺节目来看 / 姚月燕 …… 162
后疫情时代，海外华文教育何去何从？
　　——意大利米兰华文教育概述 / 郑周文 ……………………… 173
温州侨乡小学的双语爱国主义教育实践模式
　　——以丽岙第二小学为例 / 熊　嘉　杨志玲 ………………… 187
疫情下"线上结对子"教学方式与欧洲华文教育线下教学深度融合的
　　探究 / 魏　美 …………………………………………………… 197
疫情下意大利中文学校现状分析与未来发展 / 蒋忠华 …………… 206
《YCT标准教程1》在英国北威尔士小学汉语课程中的适用性
　　研究 / 颜湘茹　郭茂欣 ………………………………………… 218
基于线上教学的意大利国别汉语教材研究 / 刘会凤　徐晓霞 …… 249
疫情中的法国华校
　　——以法国小熊猫学校为例 / 罗　坚 ………………………… 261
葡萄牙华文教育的现状与发展趋势
　　——以淑敏语言文化中心为例 / 周保罗 ……………………… 266
奥地利华文教育历程
　　——以维也纳中文学校为例 / 郑　婕 ………………………… 271
后疫情时期西班牙华文学校面临的挑战与对策 / 潘丽丽 ………… 277

后记 / 温州大学欧洲华文教育研究所 ……………………………… 287

前　言

　　温州大学是国务院侨办首批华文教育基地，自1999年开始，已承办"中国寻根之旅"海外华裔青少年夏令营20余届，3 000余名华裔青少年受益。2007年至今，学校共承办了6届海外华文教师培训班。学校设有意大利分校，为海外华侨华人子女提供优质教学资源。在新冠肺炎疫情全球蔓延期间，温州大学开设"云端华校"，成立浙江华侨网络学院，为海内外侨胞量身定制课程，以服务海外华校为宗旨，开设华文教育、家长学校、侨胞文化素养提升、华侨大学生课程等六大板块课程内容，至今已有线上学员1.3万余人，相关报道达1 030万余条。

　　当前，面对百年未有之大变局，海外中华文化传承与发展呈现出新趋势。华文教育是凝聚海内外6 000万华侨华人的人心、智慧和力量的重要载体，肩负着培育海外侨二代、侨三代青少年家国情怀的重要使命。疫情给海外华文教育带来经营困境与转型发展的巨大挑战。为推动欧洲华文教育与研究的高质量发展，2021年5月29日—31日，由中国华侨华人研究所、浙江省侨务办公室、温州市侨务办公室、温州大学联合主办，温州大学华侨学院、温州大学欧洲华文教育研究所承办的"第一届欧洲华文教育学术研讨会"在浙江省温州市举办。本次研讨会以"新形势下的欧洲华文教育与发展"为主题，探讨新形势下华文教育发展趋势与技术路径，采取线下召开、线上直播的方式，邀请了200余名来自国内外高等院校、科研院所、华文学校的专家、教授、学者以及校长、教师等参会，共同探讨欧洲华文教育所面临的挑战和发展趋势。

　　本书收录了第一届欧洲华文教育学术研讨会会议中的优秀论文，集结出版；同时，也是温州大学温州人经济研究中心2019年专项自设课题"欧洲华文教育区域发展战略研究"和"意大利华文教育教学质量评价研究"的阶段性研究成果。

温州大学欧洲华文教育研究所

推进海外华文教育高质量发展：
第一届欧洲华文教育学术研讨会
在温州大学隆重举办

包含丽　赵银银

2021年5月29日—31日，由中国华侨华人研究所、浙江省侨务办公室、温州市侨务办公室、温州大学联合主办，温州大学华侨学院、温州大学欧洲华文教育研究所承办，浙江省侨联、温州市侨联支持举办的"第一届欧洲华文教育学术研讨会"在温州大学成功召开。本次研讨会采取线上、线下相结合的形式，分九大议题5个场次进行研讨。本次大会共收到海内外专家学者投稿论文40余篇，经过专家组审核，最终录用17篇，并邀请相关撰稿人参与本次大会并做学术报告。本次研讨会共有来自北京、上海、广东、福建、湖南等16个省市，意大利、英国、荷兰、葡萄牙等18个国家和地区人员参加。全国政协、中央统战部、浙江省委统战部、浙江省侨联、温州市委统战部、温州市侨联等15家单位，华东师范大学、厦门大学、湖南师范大学、华中师范大学、郑州大学、山东师范大学、云南民族大学、西北师范大学等30余所高校师生、专家学者，《人民日报》《世界民族杂志》《欧洲华人报》、中新网等7家媒体以及中国社科院俄罗斯东欧中亚研究所、中国侨商联合会、英国中文教育促进会等国内外6家涉侨机构负责人莅临本次研讨会，总计249人参与（线上110人，线下139人）。

本届大会以"新形势下的欧洲华文教育与发展"为主题，下设"疫情下欧洲华文教育机遇与挑战""华文教材研究与共建""欧洲地区华人华侨子女文化认同""互联网教学研究及案例分析""华文教育国际合作探讨""海外华文学校管理与发展趋势""海外华文学校校长胜任力研究""欧洲华文教育史研究""华文学校与孔子学院融合发展研究"等9个议题。海内外华文教育领域的专家、学者齐聚一堂，探讨新形势下华文教育发展趋势与技术路径、欧洲华文教育面临的挑战和发展机遇。聚焦欧洲、专注华文教育的大规模专题学术研讨会在国内尚属首次。与会者通过对欧洲华文教育的深入研究和思考，总结挑战与机遇，提出展望与建议。

一、新形势下海外华文教育正面临着巨大挑战

围绕本次会议主题"新形势下的华文教育与发展"，8位华文教育领域的特邀专家做了大会报告。在5月29日的开幕式上，北京语言大学华文教育研究院院长、教授吴应辉指出，在世界百年未有之大变局和新冠肺炎疫情肆虐全球的大背景下，中国的发展和综合国力的提升，为华文教育未来发展提供了重大机遇。但海外许多华校仍面临师资力量薄弱，优质适配教学资源缺乏，办学经费不足，融入所在国国民教育体系程度较低等困难和问题。华东师范大学应用语言研究所所长、华东师范大学汉语文化学院教授吴勇毅指出，在今天这样一个"世界多极化、经济全球化、社会信息化、文化多样化"的时代，华文的历史价值、经济价值和实用价值在不断提升，获得了前所未有的地位，华文教育的发展在世界各地是不平衡的。温州大学华侨学院副院长、欧洲华文教育研究所所长包含丽指出，在疫情背景下，海外华校从2020年3月停课至今，线下课堂依旧没有开始，海外华人经济受挫，大量生源流失，学校运营入不敷出，不少华校面临场地租金紧缺、教材运输不便等困境。

意大利、西班牙、葡萄牙、奥地利等4个国家的校长代表蒋忠华、潘丽丽、周保罗、郑捷分别对本国华文教育现状与发展趋势做了专题学术报告。意大利罗马中华语言学校校长蒋忠华根据对意大利中文学校联合总会36所学校进行的调查，所收回的有效问卷显示，在持续运行的27所中文学校中，7所持续盈利、12所收支平衡、6所较小亏损、2所亏损严重，在意大利华人最为集中的普拉多城市，有10多所中文学校关闭。校长们表示新形势下主要有以下三方面亟待解决的问题。一是缺乏整体规划和布局。作为在海外办学20多年的亲历者，意大利佛罗伦萨中文学校校长潘世立指出，欧洲华文学校发展缺乏整体布局，缺乏长远的办学规划。一些社团在没有考虑周全或没有长远打算的情况下就开始办学，但因为办学没有经验、学员人数不足、教师流动性大，办

了几年便将学校关闭,这对小学员们学习的系统性、连贯性、熟悉感带来了很多负面影响。此外,因为一些校长在国内没有接触过教育或对办学涉猎不深,校长胜任能力不足,导致办学缺乏对课程目标的设定,包括学制、科目等都缺乏清晰的定位,对教育、文化的传承极为不利。二是华文教师流动性大。海外华文学校的教师兼职多,很多都是当地留学生利用周末或业余时间在华文学校工作;从国内派遣的教师,由于签证类型的限制,有的工作仅一个月,还没有熟悉环境就到了回国的时间。三是与当地教育体系的融合有待提高。海外华文学校容易出现的一个经营问题与其他华商企业类似,就是在自己的小圈子里打转,缺乏与当地教育机构融合的意识。潘世立表示,华文学校的教材、师资、课程可以主动与当地学校共享共赢,甚至可以作为当地学校与家长之间沟通的桥梁,因为很多家长的外语不好,无法与学校沟通孩子出现的问题,所以华文学校在这方面可以有所作为。

二、新形势下欧洲华文教育新机遇与新现象

截至目前,世界范围内的海外华文学校已达 2 万余所,疫情下海外华文学校面临学生流失、线上教师不足、海内外华文教育机构涌现等巨大挑战的同时,也迎来了前所未有的机遇。随着线上教学的普及,华文教育跨越时空,出现了多元化延展,国内师资可以更加方便地与海外华文学校共享,学生也可以跨越国别与区域在同一个线上平台学习。疫情是对海外华文教育的一次洗牌,经过大浪淘沙,优秀的华文学校将通过创新模式而得到巨大发展。罗马中华语言学校校长蒋忠华总结,意大利华文学校形成的"温州模式",即家族传承、口碑相传、市场化办学,是意大利华文学校得到蓬勃发展的独特经验。《世界民族》期刊副主编刘文远认为,海外侨胞的中华文化传承、传播应该树立各民族共创中华文化、共享中华文化、共传中华文化的"共有精神家园"的意识。中央统战部培训中心副主任、教授赵健指出,"疫情对海外华校的生源、师资都造成影响,但也为转型升级提供了最好时机。"在线上教学普及、课程内容注入中华文化元素等教学背景下,华文学校应加强专业性建设。

本次大会的举行正逢全球范围内大量孔子学院因为意识形态问题惨遭关闭、语言合作中心组织成立并发展。自 2020 年起,新冠肺炎疫情席卷全球,全球范围内的中文教育重新洗牌。海外华文教育出现了新的现象。一是线上教

学跨越式发展。疫情促进了网络课堂、线上华文教育的大发展。大部分华文学校将课堂转移到线上进行；有的华文学校生源数量在疫情期间逆势增长，增长幅度10%—20%。同时，国内线上教育机构也开始大举拓展海外市场。中国华侨历史学会副会长、温州大学特聘教授李明欢认为，国内线上教育机构对海外华校的经营带来了挑战，两者内容同质化、重合性较高，容易形成内部竞争，在一定程度上会冲击到海外华文学校的生存和发展。而海外华文学校作为中华文化在海外传播的重要堡垒和基地，其地位和作用应该得到适当的保护。如两者开展深度合作，发挥各自优势，相辅相成，则海外华文教育会有更大发展空间。二是跨地域、跨国家学习现象普遍增加。葡萄牙淑敏语言文化中心校长周保罗表示，疫情期间，由于线上课程的推出，打破了原有的地域限制，海外华文学习者因口碑相传，出现跨地区、跨国家就学的现象，这是疫情发生前所未有之新情况。俄罗斯的华文学校也出现了此类现象，俄罗斯莫斯科东方中文学校校长李翠文表示，疫情期间，不仅有莫斯科本地学生在线学习，其他城市的学生也报名该校的网络课程，甚至有加拿大的学生跟该校学生一起上课。三是华文教育呈现家族传承趋势。意大利中文学校联合总会会长、米兰华侨中文学校校长陈小微指出，欧洲第一代中国移民创立的华文学校已在当地生根发芽，此时，这些校长们的二代子女也已长大成人。他们在多次回国参加各地"中国寻根之旅"夏令营后，对中华文化和华文教育有了深厚的感情，他们中的很多人如葡萄牙淑敏语言文化中心的周文渊、周保罗兄弟连续5年，维也纳中文学校的郑婕连续16年参加了温州大学"中国寻根之旅"夏令营，他们都学以致用，接起传承中华文化、传播中华文化、讲好中国故事的大旗，将华文教育作为自己毕生的事业，并为之而奋斗。

三、欧洲华文教育发展亟须政策支持与技术创新

当前中国正面临"百年未有之大变局"，海外华文教育作为国际中文教育的重要组成部分，正确发挥政策优势、适当倾向帮扶政策，携手推进海外华文教育的蓬勃发展，坚定广大侨二代、侨三代的"中国心"显得尤为重要。意大利东方语言学校校长陈建勇，希望相关部门研究出台华侨子女回国就读大学政策的落实措施，建立海外华文学校与国内教育部门和教育机构的紧密联系，让学生在华文学校就能及时、充分、准确地了解国内高校的招生信息，打通回国

就学的通道,这样将有利于提高华侨子女学习中文的积极性;他还希望国内举办的夏令营活动增加华侨华人子女与国内同龄学生的互动,尤其是与侨界留守儿童的互动。潘世立建议建立海外华文学校的教学评估体系和制度,以促进海外华文学校提高办学质量和品控自觉性;同时,海外华校之间也应加强交流、相互借鉴、共享资源。"华文教材和海外华文教师培训应具有针对性,根据华文学校的需求,在教材多样化、教学方法、教学内容等方面有分类地加以支持和培训。"在著名移民研究专家李明欢看来,除了教材和教师培训问题,"在疫情背景下,中国与欧洲国家之间的关系也是影响华文学校在当地生存和发展的重要因素。"吴勇毅提出要进一步推动华文学校的转型,将新技术运用于华文教学,形成既形式多样又切实可行的教学模式,促进华文教育的高质量发展。他建议,培养专业化华文教育师资,编写高质量、数字化的华文教育教材,争取华文教育学历为所在国政府承认,提升华文教育行业协作和建设水平,以助推世界华文教育快速健康发展。在开幕式上,温州大学华侨学院副院长包含丽指出,结合疫情下海外华校发展实践,华文学校校长要增强胜任力建设,尤其要着眼于华校规范化和信息化发展。在她看来,校长胜任力包括对华文教育的情怀和使命感,教学专业能力和创新意识,高视野和大格局,对学校管理的规范化建设,以及二代校长的传承培养等。包含丽提出了"大规模生产与个性化定制"新思路。海外华文教育的线上课程可以采用"大规模定制"的模式,以满足更多学习者对优质教育资源的需求;"个性化定制"的线下课程,可以根据各个国家、各个地区的具体情况开展个性化教学。应充分发挥两种教学手段的优势,提高教学效果。

疫情冲击下海外华文教育面临的困境与发展趋势
——基于组织生态学视角的分析

谢树华　包含丽[②]

摘　要：组织生态学中组织生态圈、组织生态位的理论对华文教育组织发展研究提供了新的视角。在新冠肺炎疫情背景下，海内外华文教育组织生态圈面临重组，生态位窄化，在线华文教育遭遇合法性问题，疫情加剧了华文教育资源生态位下降问题，功能生态位出现泛化与重叠等困境。未来，海外华文教育将呈现数字化、多元化、全日制、全球化、专业化等发展趋势。政府层面应加快健全完善规范管理机制建设，为海外华文教育组织发展提供合法性支持；市场化层面应注重培育与引导，建立多层次、多功能、多样化的资源、能力与技术层的华文生态布局；社会资源层面应加强人才队伍培养，提高华文教育专业化能力。

关键词：优化与重组；组织生态学；海外华文教育；新冠肺炎疫情

海外华文教育是中国大陆以外所兴办的华文教育，既包括国外的华文教育，也包括中国港澳台地区的华文教育，是海外根植最深、覆盖最广、最为有效

[①] 本文系浙江省哲学社会科学重点研究基地温州人经济研究中心课题"意大利华文教育教学质量评价研究"（项目号：2019WZRJDZS003）的阶段性研究成果。原文发表于《华侨华人历史研究》2021年第2期。

[②] 谢树华，温州大学党委书记，中国华侨华人研究（温州大学）基地负责人，副教授，主要研究方向：华侨华人研究、高校治理。包含丽，温州大学华侨学院副院长，温州大学欧洲华文教育研究所所长，副研究员，主要研究方向：华文教育、高等教育国际化。

的中华语言文化教育形式。目前全球约有2万所华文学校、数十万名华文教师、数百万名华裔学生。作为帮助海外侨胞传承中华文化的重要载体，华文教育被誉为"留根工程"[1]。2020年年初至今，新冠肺炎疫情在全球蔓延，截至2021年4月17日，全球已有1.386亿例感染者，死亡人数达297.89万人。[2]突如其来的疫情不仅冲击了全球经济与文化的发展，也给海外华文教育带来了严重影响。一方面，疫情发生后，许多课程被迫转为线上，但海外华文学校网络教学技术尚不成熟，加上海外华人经济受挫，大量生源流失，学校运营入不敷出，教学方式与教学设计等受到空前挑战。另一方面，国内多家在线华文教育平台以及人工智能汉语学习软件涌入海外华文教育市场，推动海外华文教育以非常规的路径进行跨越式发展。在以上两方面因素的作用下，海外华文教育生态面临困境与重组。未来，海外华文学校该何去何从？如何优化资源配置，促进海外华文教育可持续发展？华文学校在学科建设、在线教育、海内外协同合作方面发展趋势如何？带着这些问题，2020年3月—2021年2月，笔者对18位欧洲华文学校校长进行了深度半结构化访谈，并对海外华文学校校长、教师、华裔学生以及家长进行了问卷调查，共计发放问卷300份，收回有效问卷289份。① 本文将从组织生态学的视角出发，利用组织生态学中的组织生态圈以及生态位理论，剖析疫情背景下海外华文教育的发展动向，探讨海外华文教育发展的趋势与路径。

组织生态学(organizational ecology)是一门新兴交叉学科，是在组织种群生态理论基础上发展起来的，它借鉴生物学、生态学、社会学等学科知识，结合经济学等学科的理论，研究个体组织的发展、组织之间以及组织与环境之间的互生关系。20世纪40年代，洛特卡(Lotka)和沃尔泰勒(Volterra)提出Lotka-Volterra模型，奠定了物种间竞争关系的理论基础；尼尔森(Nielsen)和汉南(Hannan)、卡罗尔(Carroll)用该模型分析了教育组织种群的竞争关系[3]。汉南(Hannan)和弗里曼(Freeman)以种群动态理论为基础，构建了密度依赖(density independent)模型[4]，他们的论文《组织种群生态学》对这一领域的研究产生了重要影响，被誉为组织生态学的开山之作。[5]组织生态学的研究从种群问题逐渐拓展至组织、组织内单元、组织种群、组织生态系统和组织

---

① 文中数据如未标注出处，均来自本次问卷调查数据。

群落[6]。组织生态学理论是研究组织发展的重要理论之一,其中关于组织生态圈、组织生态位的理论对华文教育组织研究,特别是海外华文教育组织的发展研究,具有重要启示。①

一、海外华文教育组织生态圈的重组

组织生态圈指组织内部各有机要素相互作用、形成资源闭环、共生自洽的系统,具有多样性、共生性、自洽性等特征。[7]全球新冠肺炎疫情爆发以来,为了应对疫情对华文教育所带来的冲击,海内外许多涉侨机构、华文教育组织、培训机构等纷纷出击,开设各类线上华文教育课程,进军海外华文教育市场,华文教育发展格局发生了重大变化。海内外华文教育组织出现大量资源重叠现象,生态圈面临重组。在此背景下,海外华文学校有的积极应对;有的耐心观望;有的无所适从;还有的绝处逢生。

(一) 海外华文学校网络课程逐步推进,涌现出不少本土网校

据了解,疫情初期,线上教学对部分欧洲国家的华文教育而言仍然是一个新事物,并不是所有的家长都能够接受。而且线上教育受网速、电子设备等条件的限制,因此疫情初期线上华文教学面临挑战。以西班牙某中文学校为例,他们在疫情爆发后推出线上课程,以录播课的形式让学生和家长适应线上教学基本模式,后又推出直播课程,教学效果较为理想。意大利某中文学校在2020年3月中旬开始了网课教学,之后,该校教师团队通过对比分析多个网络平台、讨论网课新形势、熟悉课堂设备操作等,全面开展网课教学活动,并在中后期顺利完成云考试等教学环节。疫情中后期,海外华文学校结合学生学习特点及线上教育教学特点,不断调整上课模式、更新教学方法、完善教学课件、加强教师队伍建设,学生们逐渐适应线上教学模式,低年龄段学生也在家长的陪同监督下坚持线上课程学习。这一时期华文学校线上学生数量趋于稳定,

---

① 代表性研究成果有:FREEMAN J, HANNAN M T. Commentary and Debate[J]. The American Journal of Sociology, 1989(5): 425 - 440. BAU J A C, MEZIAS S J. Localized competition and organizational failure in the Manhattan hotel industry 1898 - 1990[J]. Administrative Science Quarterly, 1992(37): 580 - 605. HAVERMAN H A. Follow the leader: mimetic isomorphism and entry into new markets[J]. Administrative Science Quarterly, 1993(4): 593 - 628. GREVE H R. An ecological theory of spatial evolution: Local density dependence in Tokyo banking, 1894 - 1936[J]. Social Forces, 2002(3): 847 - 880.

学校网课步入正轨。同时,因线上教学门槛低、办学成本低,一些原来就有创业意愿,但因校舍等硬件设备制约而一直未行动的海外华文教师,纷纷在这一时期建立了自己的网校。

(二)各级涉侨组织助力海外华文教育,推出大量免费课程

2020年3月—12月,中国侨联启动"亲情中华"网上夏(秋、冬)令营活动,共举办10期,全国30个省级侨联、海外370多家单位积极参与,遍及五大洲59个国家的72 467名海外华裔青少年参营,活动突出线上互动、创新课程安排,取得了良好成效,赢得了广泛关注和充分肯定。[①] 中国华文教育基金会在2020年8月初开启"名师讲堂"华文教师远程培训项目,根据华文教师线上教育教学需求,推出语言技能、教学技能、特色教育等专题课程,为广大海外华文教师提供一流师资培训。同时,海外侨团侨社积极发挥统筹作用、采取应对措施,如:2020年3月底,英国教育部规定大中小学全部关门后,针对华校存在的线下教学困难,英国中文教育促进会快速行动,举办网上教学培训班,向全英华校教师提供免费教学培训,中国驻英使馆对此进行全力支持,此举有力推动了疫情期间华文教学的有序进行。国内各华文教育基地也积极投身到线上华文教育教学中去,如:2020年3月初,温州大学积极与温州市仙岩侨联、仙岩侨界青年联合会合作,推出以"快乐汉语 亲子共学"为理念的云端华校华文班,为广大华裔青少年提供了学习中文、了解中国文化的线上教学平台;温州大学欧洲华文教育研究所结合自身工作经验和教学成果,积极开展华文教育,并与浙江省侨办、省侨联共同成立了浙江华侨网络学院,学院开设有华文教育、华商教育、家长学校、侨胞文化素养提升等六大板块公益免费课程,截至2021年3月30日,已举办356场次,共计1.3万余名学生参与课程。[②]

(三)国内线上汉语教育培训机构、人工智能汉语学习机异军突起

国内汉语培训机构在疫情期间发展迅速,哈兔中文、唐风汉语、悟空中文等原本就占据部分线上市场的汉语培训机构,借助于各自独立的教学管理平

[①] 中国侨联. 中国侨联举办2021"亲情中华·为你讲故事"网上夏(春)令营开营式[EB/OL]. http://www.chinaql.org/n1/2021/0331/c419643-32066215.html.

[②] 温州大学华侨学院. 设基地聘名师听建议提质量——浙江华侨网络学院召开教学反馈会[EB/OL]. http://hqxy.wzu.edu.cn/info/1162/1532.htm.

台和经验丰富的线上教师资源,吸收了大量的华裔学生。此外,AI、VR教学也借此机会走进线上课堂,将教学从传统的单向教育转化为认知交互和沉浸式体验模式。如湖南师范大学国际汉语文化学院与北京欧雷联合推出国际汉语VR情景教学虚拟仿真实验,利用"互联网+教育"让学生在真实场景中学习汉语,在提升语言能力的同时也积极体验中国文化。疫情期间,侨乡、侨社也各自成立线上华文教育培训机构,利用钉钉免费平台授课,聘请当地小学老师以及大学生进行授课,如温州仙岩侨联、侨社海鹿会等在疫情期间服务侨胞开设线上华文教育课程。

在疫情背景下,华文教育的创新性以及延展性得到了新发展,办学成效显著。疫情爆发前,侨办、侨联、华文教育基地、海外侨团与海外华文学校等各司其职,以学生、机构、教师为核心,体制机制、内部要素与外部要素等三个部分相互作用、融合互补、错位发展,达到生态平衡状态。疫情爆发后,大部分海外华校能够积极应对,打破常规,效应溢出,组织进化,从而促使海外华文学校生态圈演化。国内各类涉侨机构也纷纷开设华文教育课程,对准海外华文教育市场,为海外华文学校提供了多元文化教学以及教育资源补充,推动了华文教育信息化、跨越式发展,使没有华文学校的偏远地区的孩子也可以在线学习华文,促进了华文教育的普及。同时,疫情期间国内优秀教师大量参与到在线华文教育中,不仅壮大了华文教师队伍,还成就了一批优质华文课程,激发了华裔学生学习华文的兴趣。由此可见,海外华文教育生态圈的内部要素和外部要素都面临重组,内部要素如制度、资源、文化、能力等,需要华校校长具备更加强大的胜任力去打破常规,外部要素如机制、组织、平台、时空等,需要各方力量协同创新,进行组织优化与重组。

二、海外华文教育组织生态位的窄化

生态位指生态系统中每一个物种的生长点、生命力呈现的竞争形态及其所处的生态地位与位置,是每一物种在漫长的生存竞争中具有的适合自身存在的最佳生态时空位置。[8]组织生态位(niche),指的是组织成员赖以生存和发展的资源的丰富程度和约束程度。[9]在教育生态圈里,生态位是影响和决定教育生态平衡的重要因素。[10]华文教育组织的生态位是华文教育以其自身的资源与外界社会环境相互作用形成的相对有利的生存发展空间和优势。疫情对华文教育的资源生态位、功能生态位与空间生态位都提出了现实挑战。疫情期间,华文教育转到线上教学,在线华文教育在空间生态位上利用互联网开展教学,拓展线上教育生态的应用场景,形成与多种机构、平台共同发展的态势。然而,由于功能生态位泛化与重叠,加剧了线上教育生态空间的非良性发展。机构之间相互竞争,专业化机构在优胜劣汰的生存法则中胜出,而作为华文教育的主力军——海外华文学校则因为线上教学的合法性以及线上教学专业技术的限制等问题而面临困境。

(一) 在线华文教育组织遭遇合法性问题

"合法性"是社会科学研究中的重要概念,用于解释政治秩序与类型,也被用来讨论社会规范与秩序,或者某个行业组织规则被接受或者被认可。[11]萨奇曼(Suchman)对组织合法性与社会规范之间的关系做了深刻分析与研究,指出组织合法性是发生在由规范、价值、信仰和规定组成的社会性建构系统之下,人们对一个实体活动是否合意、恰当或合适的总体性感知或预设。[12]斯科特(Scott)对组织合法性的划分,被学术界广泛认可。[13]按照他的依据划分,我们可以把在线华文教育组织的合法性分解为规制合法性、规范合法性、认知合法性等3个层面。具体来说,规制合法性来自由国家、各国政府所制定的制度以及评估组织制定的章程和内部管理规章制度;规范合法性受社会标准和社会价值观影响,具体表现为华文教育组织的专业能力和师资待遇等;认知合法性是华文教育组织在海外华侨华人社区所确定的合理定位以及社会美誉度,具体表现为利益相关者对华文教育组织的认知与接受程度。合法性是华文教育组织健康成长所必不可少的条件,也是引导海外华文学校规范办学的遵循依据,同时也是海外华文学校获得其他各方资源的基础。

在疫情背景下,海内外社会各界纷纷参与到在线华文教育中来,不管有没有办学资质,在互联网低成本的背景下,似乎谁都可以开设网络课程,成立华文教育网络学校。在线华文教育组织办学的随意性已经严重影响了办学规范与合法化,以及家长的认可度。同时,海外华文教育的合法性还受多方面因素的影响。意大利罗马某华校校长在访谈中谈道:海外华文学校的生存与发展,不仅需要良好的办学环境与设备、先进的教学理念、优秀的师资队伍与课程质量,更重要的是来自国家、政府、家长等各方面的认可、信任与支持,特别是跟家长的信任度与支持度密不可分,他们认可的是办学者——校长的个人魅力与品牌,家长忠诚度的高低直接影响华文学校的办学声誉。①

海外华文教育的社会合法性问题还与各个国家的移民政策、社会福利、国家经济水平密切相关。以欧洲为例,意大利、西班牙这类新移民较多的国家,社会福利相对较差,很多华侨华人家庭随时准备回国发展,所以非常重视华文教育。而在奥地利等福利较好的国家,当地华文学校校长表示:疫情期间,奥地利当地学校管理比较松散,很多学校没有开设网课,只是周一去拿作业本,周五回去交。所以奥地利家长感觉疫情期间不学中文也没有关系,等疫情好了再说,他们就是在奥地利扎根,没有想着回中国。大部分家长都在等,很多家长都在等疫情后线下授课,线上不太接受,家长觉得效率不高,不值得,就不报名学习了,接受线上教学的仅有25%的学生。②

(二)疫情加剧了华文教育资源生态位下降问题

一方面,疫情发生后,海外华文学校生源减少,学校经营入不敷出。疫情持续严峻让海外华人经济陷入萎靡状态,华侨华人收入受到一定影响,一些华侨出于经济和安全因素考虑,取消了子女的中文课程,还有不少华侨举家回国发展,出国移民潮减弱甚至出现逆增长趋势。问卷调查结果显示,约有17%的侨胞家庭疫情期间选择回国,意大利普拉托约有30%的侨胞家庭回国。海外华文学校生源流失严重,发展处于中等水平的学校生源流失率为50%左右,较差的学校生源流失率在75%以上,极少数网络教育组织得较好的学校生源流失率也在25%左右。办学经费方面,虽然大部分华文学校由侨团出资办学,不以营利为目的,但维持学校正常运营的费用,如教师工资、场地租赁等还需资金保障。而生源骤降使华文学校经营状况堪忧,如:法国某侨团举办的学校疫情前办学规模1 500人,疫情期间生源仅有200名;③奥地利某中文学校原来有200多名学生,疫情后开设网络课程,目前仅有50名学生,每个班级只有6—8人,每节课平均仅收2欧元学费,学费收入完全无法支付老师酬金。④ 西班牙、意大利等国华文学校校长对疫情后学校的管理运营经费表示担忧,他们

---

① 笔者于2021年2月6日通过微信语音对意大利罗马某华校校长的访谈。
② 笔者于2021年2月6日通过微信语音对奥地利某华校校长的访谈。
③ 笔者于2021年2月7日通过微信语音对法国某华校校长的访谈。
④ 笔者于2021年2月6日通过微信语音对奥地利某华校校长的访谈。

表示,疫情后线下各个班级学生人数减少,而固定开支并不会减少,海外华文教育前景不容乐观,将需要很长时间的缓冲期,想要恢复疫情前的入学率非常困难。

另一方面,华文教师队伍建设亟待加强。海外华文教育师资紧缺及外派教师保障难等问题一直长期存在,教师无证上岗、师资队伍不稳定等现象比较突出。近年来,国侨办、华文教育基金会等开设了华文教师培训班,一些国内学校也在面向海外培养华文教育师资和教育、教学管理人员,但目前全国仅有暨南大学华文学院等7所院校开设华文教育专业,还远远不能满足海外华校师资需求。目前,海外华文学校专职教师和教学管理人员较少,科班出身懂教育的校长为数不多,为了控制办学成本,华校大量聘用当地留学生和兼职教师,教学质量难以保障。问卷调查显示,受访者所在学校的专职教师平均仅占34%,兼职教师平均占比66%。有的学校没有任何专职教师,全部是兼职教师;50%以上的学校专职教师占比小于20%。虽然在线华文教育可以利用国内优秀师资,但许多国内优秀教师因时差、工作繁忙等原因无法兼顾国内外的授课,多数华文在线教育志愿者为在校大学生,教学水平不高,无法满足华文教育生态圈发展对于专业技术人才的需求,因而无法扭转生态位下降的趋势。除此之外,疫情背景下,华文教育模式和突发环境适应性无法与资源生态位相匹配,华文教材、教育资源平台、经费等无法满足华文教育发展需求。

(三)华文教育功能生态位出现泛化与重叠困境

海外华文学校面临激烈的线上教学竞争和转型挑战。由于线上教育成本低、不受教学场地影响等,疫情期间涌现出大量线上华文教育机构及各种线上教育产品。国内各涉侨机构、华文教育基金会、各华文教育基地举办的大量免费华文教育网络课程丰富多彩。参加了国内华文教育基地举办的公益华文课程家长在云端结业典礼上谈道:

"回顾这一个月以来,每天可以说是累并快乐着,累是因为学习真的不是我的强项,快乐是因为每天和孩子一起期待老师们的云端课堂。刚开始,小姑娘还不太高兴参加,渐渐地老师们课堂上看图识字儿歌古诗吸引到了她的目光。看图识字找成语的速度真的比我还快,有时候都说妈咪你落后咯,但是我以前上学课堂也真的没有这些呀。在温州方言童谣的学习中,大家都觉得十分亲切,感受到了方言的魅力。孩子从方言学习中了解温州地方小吃的时候,还后悔地说,自己回到中国玩的时候都没有吃到这些东西,下次一定要去尝尝呢。通过这一个月的学习,我家孩子从一个没有中文基础的小白,到现在可以用文字微信聊天,可以看简单的中文版课外书。作为家长的我真的很欣慰。"[1]

"我家孩子是第一次参加像这样的公益网课,平时他的意大利语作业就多,再加上中文作业,几乎没有多少空闲的时间,虽然很辛苦,但是也让他学会了坚持,只有坚持下来才有机会获得他想要的。他说他喜欢学中文,每次的作业都是很认真、及时的完成,还非要让我检查一遍,怕有错别字。看到他这么喜欢中文,我很高兴,感觉他一下子懂事了,长大了,上课更是聚精会神。在疫情期间,我们能有这样的机会加入这样高质量的华文教育活动,非常开心,再次感谢老师们的辛勤付出。如果有下一次的活动,我们依然会报名参加。"[2]

国内高质量的在线华文教育课程让很多原来在偏远地区没有机会学习中文的孩子有了平台与机遇,国内优秀的师资、先进的教育方法激发了孩子学习中文与中华文化的强烈兴趣。海外华文学校也进行了这方面尝试,比如西班牙华商中文学校、罗马中华语言学校等推出线上直播、录播课程和云考试等教学模式。但目前大多数海外华文学校拥有的华文教育资源比较零散,缺乏系统全面性,无法满足教学需求。同时海外华文学校长期以来的教育教学理念与方法仍比较陈旧,在商业运作模式上与国内相比并不具优势。有海外华文学校校长在访谈中无奈表示:"国内免费课程太多,家长习惯免费了,刚开始我们学校开展线上华文教育课程广告出去的时候,很多家长都还以为也是免费的。"[3]

部分海外老牌华校传统教学方式受到严重冲击,导致这部分学校不得不选择停止办学。调查显示,意大利普拉托共有 20 余所华文学校,疫情期间开设网络课程的仅有 2 所,已有 40% 的华文学校转让校舍,宣布关闭。[4] 疫情背景下海外在线华文教育体系尚未建立,专业化分工与专业化能力建设均有待提升,华文教学、中华文化传承等的融合教育等方面的组织生态建设还不够,

---

[1] 2020 年 5 月 15 日,在钉钉群举行的温州大学海外华裔青少年云端华校第二期"快乐汉语亲子共学"华文班结业典礼上的家长代表发言。

[2] 2020 年 5 月 15 日,在钉钉群举行的温州大学海外华裔青少年云端华校第二期"快乐汉语亲子共学"华文班结业典礼上的家长代表发言。

[3] 笔者于 2021 年 2 月 6 日通过微信语音对奥地利某华校校长的访谈。

[4] 笔者于 2021 年 2 月 7 日通过微信语音对意大利某媒体负责人的访谈。

缺乏差异化、多样性的定位,影响线上华文教育生态位发展。

三、海外华文教育的发展趋势与优化路径

在疫情冲击下,海外华文教育发生了巨大变化,特别是当前,海外疫情形势依然严峻,在线华文教育形成新常态,在时空发展上有着历史的新节点。在组织受到外界强烈冲击下,海外华文教育的对象、载体、空间与技术都需要随之调整,海外华文学校的发展需要遵循组织发展适应性、发展性、多样性原则予以正确引导。

(一)疫情背景下海外华文教育发展趋势

"物竞天择、适者生存",组织生态学中种群内存在竞争、共存、筛选和淘汰过程。每个组织和种群都有一定的生存周期,个体组织与种群存在双向影响,两者之间互相作用。一方面,组织处于种群的内生动力之下,它的生命周期受到种群密度的强烈影响,即可以根据种群内既存组织的数量预测下一个时间段的组织出生率和旧组织死亡率。[14]另一方面,群体动力随着组织的成立与死亡不断变化,上一个时间段新成立或消亡的组织数量将直接影响下一个时间段中的种群密度。[15]疫情打破了以往海外华文教育组织生态平衡,在外界环境的刺激下,海外华文教育从过去以海外华文学校单个种群为主体、国内涉侨机构以及华文教育基地等种群为辅的组织生态,重组为国内外线上培训机构等多个种群共存的组织生态圈。未来,海外华文教育将呈现数字化、全民化、多元化、全程化、全球化、专业化发展趋势。

一是数字化发展趋势。海外华文教育从传统线下教学向线上线下融合教学转变。新冠肺炎疫情在全球爆发后,越来越多海外华校选择将线下教育转移到线上。"未来,线上+线下的教育模式可能会长期共存,且随着技术的发展,两种模式将会融合发展。"①"在疫情后,网课会继续,学校会采取线上+线下相结合、优质资源课+线下课相结合方式进行教学,打造专属APP平台,建立线上阅读资源库等。"②

二是多元化发展趋势。疫情发生后,华文教育内涵发生了变化,从中文学

---

① 笔者于2021年2月4日通过微信语音对意大利米兰某华校校长的访谈。
② 笔者于2021年2月6日通过微信语音对意大利罗马某华校校长的访谈。

习、中华文化学习逐渐扩展至面向华侨华人社会培养各类专业人才。问卷调查显示，73%的海外华文学校开设了华文课程以外的课程。未来，华文教育将从单一学科向多学科发展，从单一华文教学到数学、英语、才艺、课后辅导、小语种等学科辅导发展。

　　三是全日制发展趋势。由课后补习性质的培训学校向全日制国际学校发展，是海外侨胞对海外华文学校发展的一种需求。在调研过程中，多所海外华校校长表示，在居住国办一所华文特色的国际学校是多年的教育梦想，很多国家都有面向本国侨民创办的国际学校，目前全球面向华人创办的中国国际学校仅有2所。奥地利教育部网站显示，在奥地利举办国际学校的有包括美国、瑞典、法国、日本、韩国等国家的11所国际学校，如日本国际学校从小学一年级至高中一共只有40余名学生，主要针对日来奥工作或读书的日本籍国民，学校资金由日本教育局提供。奥地利某华文学校校长表示："国家现在富强了，是时候在世界各地开办国际学校了……"①

　　四是全球化发展趋势。疫情背景下，国内外协同发展显得特别重要，国内可以提供网络教学技术支持与优质师资支持；国外华校了解当地国文化与学情，可以组织学生资源，从而实现国内外资源互补，协同发展。同时，疫情期间线上教学突破了区域性限制，原本在偏僻、没有华文学校地区的华裔孩子们因为有线上华文教育而有机会参加学习，海外华文学校也从单一区域的华人社区学校变成了跨区域、跨国界的国际化华文学校。"在疫情期间，我们学校增加了100多名从别的国家和大区转过来的新生，我们都是靠口碑，对学生作业非常抓紧，教材、练习册都寄出去了，这些家长都是因为听朋友介绍参加我们学校网络课程的……我们要抓住机遇，迎接挑战，并结合区域优势实行早布局、早谋划，走市场化发展道路，跟上时代发展步伐。"②

　　五是专业化发展趋势。调查显示，疫情期间发展态势良好、勇于创新的学校大多采取的是企业式的办学形式，这类学校的校长大多是科班出身，具备专业化办学者的素质，学校经营与自身生计发展直接相关，教学质量往往要好于社团主办的公益化模式学校。有校长在访谈中表示："像意大利、西班牙等都

---

① 笔者于2021年2月6日通过微信语音对奥地利某华校校长的访谈。
② 笔者于2021年2月6日通过微信语音对意大利罗马某华校校长的访谈。

以私人企业形式来做,做得更好,更能够适应环境,因为是个人的企业,会特别用心。侨团的华校就不一样,是属于社团的,与个人利益关联不大,疫情就像放大镜,放大了侨团的华校管理的弊端。"①

(二)疫情背景下海外华文教育优化路径

一是政府层面。目前国务院侨务办公室、中国侨联、华文教育基金会等机构随着疫情的发展,开展了教师培训、实景课堂、教材示范课、"亲情中华 为你讲故事"、华文教育春晚、朗诵比赛等大型在线课程与华文教育活动,受众面广,影响力大,20余年来形成了"中华大乐园""华文教育示范学校""中国寻根之旅夏令营"等品牌项目。但从国家层面的机制和制度上来看,还没有对全球的华文教育进行统一、系统的规划与管理。一方面,针对海内外各类华文学校水平参差不齐甚至鱼目混珠情况,应加大海外华文教育评价体系研究,特别是针对在线华文教育建立教学质量监督机制,出台评估细则与奖惩政策,建立华文学校办学质量监管网,引导海外华文学校种群内部环境规范、有序、健康发展。另一方面,建议加快健全完善规范管理机制建设,为海外华文教育组织发展提供合法性支持。建立海外华校数据库与全球分布图,精准对接海外华文学校,分层分类扶持海外华文学校发展。对于发展能力和水平较弱的华文学校,给予技术支持,如师资培训,帮助其更新教学理念与方法、加快教育资源建设等;对于发展能力和水平较强的学校,给予平台资源扶持,如给予人财物支持,协助其与国内高等院校建立合作关系,推动建立全日制华文国际学校等。

二是市场化层面。从组织生态学研究视角来看,发展海外华文教育需要扩大组织规模,充分保证组织生态容量。建立功能完善、结构合理的华文教育组织并不意味着单一种类的数量、规模增长,而是需要关注华文教育组织的多功能、多层次、多样化的发展,尽量避免组织生态位泛化与重叠。生态容量决定特定环境所能支持的种群数量限度,华文教育组织数量的保持与增长取决于环境能否给予充分的容量支持,即配套资源及市场需求能否支持海外华文学校发展。大量的需求会对新组织带来鼓励,促使华文教育组织数量增长,进而扩大规模以满足需求,提高华文教育供给能力,增强海外华校适应外部环境的能力。

---

① 笔者于2021年2月8日通过微信语音对西班牙某华校校长的访谈。

华文教育组织需要扩大对环境的影响力,争取多样化的资源支持,减少环境对其自主性以及办学使命的影响。建议进一步开发华文教育专题APP和网站,围绕学习华文所需要的教材、分级必读书目、传统故事、民俗文化、写作、教学配套PPT、视频、音频资料等进行梳理,为海外华文学校提供丰富的教学资源保障。同时,构建线上线下互动、海内外联动的教育模式,促进录播课与直播课相结合、音频课与视频课相结合、活动课与理论课相结合,运用人工智能技术与资源平台,实现华文教育课程大规模与个性化定制相结合。

三是社会资源层面。目前,海外华文学校为控制办学成本,大量聘用当地留学生和兼职教师,专任教师和教学管理人员较少,专业做教育的校长寥寥无几,师资队伍不稳定,师资培训力度亟须加大。第一,建议引导更多的学校开设华文教育专业,逐渐解决专业华文教育师资紧缺问题。华文教育专业能够为海外培养熟悉侨情,精通教育学,掌握华文教育的基本理念与方法,系统掌握汉语和中华文化的基本知识,掌握海外华文教育规律的师资和管理人员。第二,加大华文教师培训。国侨办、华文教育基金会等虽然开设了相关培训班,但是系统专业的培训还远远不能满足海外华校师资要求。建议成立海外华文教师培养基地,研发培训课程,定期系统培训师资,建立师资库,实行华文教师持证上岗。第三,出台华文教师相关制度保障措施,稳定师资队伍,并给予外派华文教师相应的奖励机制等。

在疫情背景下,海外华文教育生态形态从"有形"的学校向"无形"的网校转型,在线华文教育目前仍处于初级发展阶段,海外华文教育组织生态发展将是一个循序渐进,从无序到有序转变,开放式演变的过程。在此发展过程中,需要引导社会各界进行多元化的错位发展,创造海外华侨华人家长与学生所能信任与接纳的人文环境,给海外华校提供师资培训与保障、教材开发与供给、数字教学资源与经费扶持等优惠政策。

参考文献

[1] 任启亮. 把华文教育事业做大、做强、做好[EB/OL]. https://www.chinaqw.com/sp/2020/08-01/264985.shtml.

[2] World Health Organization. Coronavirus disease (COVID-19) pandemic[EB/OL]. https://www.who.int/emergencies/diseases/novel-coronavirus-2019.

[3] 彭璧玉. 组织生态学理论述评[J]. 经济学家,2006(5):111-117.

[4] 张杨勋,彭璧玉.组织生态学理论中密度依赖效应的研究评述[J].特区经济,2016(9):70-75.
[5] HANNAN M T, FREEMAN J. The Population Ecology of Organizations[J]. The American Journal of Sociology, 1977,82(5):929-964.
[6] 肖国芳,彭术连,朱申敏.组织生态学视角下我国高等教育第三方评估组织发展的困境及超越[J].高教探索,2021(1):5-10.
[7] 崔宝玉,王孝瑢,孙迪.农民合作社联合社的设立与演化机制——基于组织生态学的讨论[J].中国农村经济,2020(10).
[8] 高玉蓉,李晓培.教育生态位视角下新办幼儿师范高等专科学校特色打造——以湛江幼儿师范高等专科学校为例[J].广西社会科学,2018(12).
[9] 汉南,弗里曼.组织生态学[M].彭璧玉,李熙,译.北京:科学出版社,2014:28.
[10] 高玉蓉,李晓培.教育生态位视角下新办幼儿师范高等专科学校特色打造——以湛江幼儿师范高等专科学校为例[J].广西社会科学,2018(12).
[11] 高丙中.社会团体的合法性问题[J].中国社会科学,2000(2).
[12] SUCHMAN M C. Managing Legitimacy: Strategic and Institutional Approaches[J]. Academy of Management Review, 1995, 20(3):571-610.
[13] SCOTT W R. Institutions and Organizations: Ideas, Interests and Identities[M]. Los Angeles: Sage, 2014.
[14] 彭璧玉,徐堇.基于密度依赖模型的组织出生和组织死亡同向变动研究[J].南方经济,2018(5).
[15] 梁强,邹立凯,宋丽红,等.组织印记、生态位与新创企业成长——基于组织生态学视角的质性研究[J].管理世界,2017(6).

延续与变化：荷兰中文教育追踪调研数据比较分析[①]

李明欢[②]

摘　要：通过对1998年和2019年基于同一问卷但相隔21年两次调研所得数据之比较，结合荷兰国家统计局正式公布的相关统计数据，在荷兰华人社会发展变化的宏观背景下，剖析荷兰中文学校生源构成及学生们学习中文之动因的延续与变化，总结荷兰所代表的中国大陆新移民相对集中之欧洲国家发展中文教育的原生动力和内在规律，思考如何进一步使面向华裔青少年的中文教育能够获得更全面发展，取得更深远实效。

关键词：荷兰；中文学校；中文教育；华人社会；新移民；华裔青少年

为了探讨荷兰中文学校生源构成和在校高年级学生学习中文的动机，笔者曾于1998年5月—9月在荷兰由华侨华人创办的周末中文学校进行问卷调查并获得一系列数据（以下简称"1998数据"），在此基础上，笔者撰写了论文《从"被动遵从"到"理性抉择"：中文学校高年级学生问卷调查数据剖析》。[1] 21年之后，为了追踪了解荷兰华人社会中文教育事业的延续和变化，笔者以1998调研使用过的同一问卷，对荷兰丹华文化教育中心222名三年级以上、基本能够读懂中文问卷大意的学生进行了新一轮调查，并分类归纳、统计出新的数据（以下简称"2019数据"）。

[①]　原文发表于《华侨华人历史研究》2021年第1期。
[②]　李明欢，荷兰阿姆斯特丹大学博士，厦门大学公共事务学院教授、博士生导师，暨南大学华侨华人研究院特聘教授，温州大学华侨学院特聘教授。主要研究方向：华侨华人研究。

本文旨在对相距 21 年先后进行的两次调查结果进行对比,并结合近一二十年来荷兰华人社会总体的发展变迁,剖析进入 21 世纪以来荷兰中文学校学生的基本结构及学习中文之动因的延续与分化,探讨荷兰中文教育发展之原生动力和内在规律,展望其发展趋势。

一、2019 年调查的背景、目的与方法

根据荷兰国家统计局的最新资料,进入 21 世纪后的 20 年间,荷兰华侨华人在人口总量、地域来源、就业结构等方面,都呈现出一系列引人注目的新变化。准确了解荷兰华人社会的概貌,是进行问卷调查的前提,也是理解荷兰华侨华人中文教育现状的基础。

(一) 1998 年和 2019 年荷兰华人社会概貌比较

自 1996 年起,荷兰国家统计局逐年公布人口统计数据,其中包括荷兰正式接纳的外国移民的统计数据,并且按照来源国/来源地、一代和二代移民分别进行分类统计。笔者提取了其中来自中国大陆、中国香港地区、中国澳门地区、中国台湾地区及新加坡的移民数据,分类统计后制成表 1。

从表 1 的数据中可以清楚地看到,在 1998 年和 2019 年两次调查期间,荷兰华人社会概貌至少在以下三方面发生了明显变化:一是荷兰华侨华人总数翻了一番,即从 1998 年的 48 328 人增至 2019 年的 105 833 人;二是荷兰华裔二代的绝对数量也翻了一番,其绝对数量从 1998 年的 17 395 人上升至 2019 年的 35 396 人;三是荷兰华侨华人原籍地的结构发生明显变化,即原籍为中国大陆的移民占比明显上升,从 1998 年在华侨华人总量中占比 54.2% 上升至 2019 年的 73.4%,反之,原籍中国香港地区的移民在总量中的比例则从 1998 年的 35.8% 下降至 17.4%。

荷兰华侨华人社会人口结构的以上变化,为我们审视同期荷兰中文教育的发展历程,尤其是中文学校生源构成的变化,提供了重要的基础数据。

(二) 2019 年调查基本思路

为了使 2019 数据能够与 1998 数据进行有效比较,2019 年调研特意沿用 1998 年的基础问卷,并且在采样、统计等方面也尽量与 1998 模版相对应。2019 年设定的调研对象,沿袭了 1998 年的基本思路,即调查对象是已经具备一定中文基础并具有一定独立思考能力的中文学校学生。

表 1　荷兰华侨华人数量（1998—2019 年）

年份	中国大陆 总数	中国大陆 一代	中国大陆 二代	中国香港地区 总数	中国香港地区 一代	中国香港地区 二代	中国澳门地区 总数	中国澳门地区 一代	中国澳门地区 二代	中国台湾地区 总数	中国台湾地区 一代	中国台湾地区 二代	新加坡 总数	新加坡 一代	新加坡 二代	年度总计
1998	26 191	17 651	8 540	17 304	10 241	7 063	81	54	27	1 155	978	177	3 597	2 009	1 588	48 328
2000	29 759	20 054	9 705	17 510	10 167	7 343	104	71	33	1 416	1 200	216	3 732	2 094	1 638	52 521
2005	43 880	30 930	12 950	18 096	10 144	7 952	114	83	31	2 166	1 841	325	4 108	2 266	1 842	68 364
2010	53 328	37 174	16 154	18 202	9 868	8 334	119	85	34	2 596	2 151	445	4 419	2 411	2 008	78 664
2015	66 088	46 001	20 087	18 232	9 616	8 616	124	89	35	3 085	2 442	643	4 912	2 767	2 145	92 441
2019	77 648	54 202	23 446	18 367	9 529	8 838	128	90	38	5 468	3 202	2 266	4 222	3 414	808	105 833

资料来源：根据荷兰国家统计局网站（https://opendata.cbs.nl/#/CBS/en/dataset/37325eng/table）提取数据，整理并制表。

注：(1) 根据荷兰国家统计局的说明，此处数据是在荷兰正式有居留权的人数。根据笔者在荷兰调研所了解的事实，荷兰华侨华人还应包括来自原荷兰殖民地印度尼西亚、苏里南的华裔，包括荷兰于二十世纪七八十年代接纳的来自中南半岛的华裔，这几国的华裔移民及其后裔加起来应当有好几万人。但是，由于荷兰国家统计局的数据只显示移民的原国籍，不显示族裔信息，因此无法将其加入华人群体进行总量统计。反之，新加坡移民中则可能包括一些非华裔，但因为该国国民以华人为主体，因此笔者将新加坡整体移民整体统计在内。
(2) 根据荷兰国家统计局网站注释，"一代移民"指出生于外国、后移民荷兰的外来移民；"二代移民"指"本人出生在荷兰，但父母至少有一方不是在荷兰出生"的移民后裔。

1998年,笔者仍在阿姆斯特丹大学学习与工作,所有问卷均由笔者利用当地周末中文学校上课时间陆续到各相关学校与老师们共同发放和回收。当时先后在鹿特丹青年语言文化学校、丹华中学、鹿特丹区中文学校、阿姆斯特丹旅荷华人联谊会中文学校四所学校发放问卷265份,回收有效问卷243份。然而,2019年进行再调查时,笔者已不可能自己全程跟踪,只能委托荷兰相关中文学校领导、老师代为发放与回收。有幸得到荷兰丹华文化教育中心李佩燕校长的全力支持,请该校三年级以上各班级老师尽力协助,在该校收回了有效问卷共222份。遗憾的是,其他学校只收回有效问卷29份,因数量太少,且信息有限,故而在本文中只能集中分析丹华文化教育中心的问卷,其他零星问卷则作为参照数据。

虽然2019数据只限于丹华文化教育中心一所学校,有所遗憾,但是,与1998数据相比,仍显示一定承继性。丹华文化教育中心正式成立于1999年6月(以下简称"丹华"),系由原鹿特丹青年语言文化学校和丹华中学合并组建而成,这两所学校均为笔者在1998年调查过的重点学校。丹华自组建伊始,即以建成一所高质量的海外中文学校为目标。经过20年的发展,丹华已经成为欧洲侨社周末中文学校的典范之一,获得了中国国务院侨办颁发的"海外华文教育示范学校"称号。2019年进行调查时,丹华设有从幼儿部、小学部、中学部、高级语言班到成人汉语班共25个班级,各年级学生总计560人,教师40人。值得一提的是,丹华组建后,即连续15年在荷兰当地华文报纸《华侨新天地》上开辟《桃李园》专栏,介绍学校资讯,登载师生及家长的小文章。随着电子新媒体影响日益扩大,丹华又于2015年6月5日在网上建立"丹华文化教育中心"网站(http://shudesign.nl/danhua/),开通丹华公众微信平台,设有丹华资讯、教学论坛、学生作文及丹华家长等四大板块。这一切都为2019数据提供了比较丰富的参考资讯。因此,2019年调研虽然只集中于丹华一校,但该校无疑是当今荷兰规模化、专业化中文学校的代表。

在获得丹华问卷数据之后,笔者于2019年4月在丹华进行了前后10天的实地调查。在李佩燕校长的支持下,笔者旁听了丹华不同年段4个班级的课程,分别召开了老师、家长2个座谈会,并围绕问卷中的若干要点做了重点访谈。在本文写作期间,笔者又通过微信不断落实必要资料,力图准确把握并深化对重点问题的精准认知。

关于调查所用问卷设计的基本理念与分类原则,笔者在1999年发表的文章中已经做过比较翔实的介绍,此处不再重复。稍有调整的是:1998年问卷(以下简称"1998问卷")设计了24个问题,2019年问卷(以下简称"2019问卷")维持了1998问卷所有问题及排序模版,唯一作了一点补充的是在父亲、母亲职业选项中各增加了一个"老板"选项,旨在增加对学生父母亲职业结构的了解。[2]

(三)两次问卷答题率的比较

2019问卷的答卷率与1998问卷相比呈现若干异同。相同点是两次问卷的答题率都非常高,这得益于相关师生的大力支持,1998问卷全部24个问题的总平均答题率为96.7%,2019问卷的同一指标也达到了94.9%。

倘若具体比较两次数据中不同问题的答题率,则显示一定差别,总计有5个题目的答题率差别在8个百分点以上(详见表2)。其中,2019数据中答题率明显低于1998数据的是涉及"社会政治"的3个问题,即是否关心荷兰、中国香港地区、中国内地的社会政治。笔者通过对答卷人的年龄进行分段统计分析后发现:这一差别主要与2019数据答卷人的平均年龄低于1998数据相关,例如,在9岁以下年龄组中,这三个问题的答题率仅为80%左右(两次数据的年龄对比情况详见图1)。

2019问卷答题率高于1998的有2题。第一个问题是关于"祖籍地"的选择,2019数据中该题的答卷率比1998数据高了8个百分点,由此可见,21年后的学生对自己家乡的了解程度有了明显提高。究其原因,一是学生中来自中国大陆新移民家庭的比例上升(参见表1,详见图3),他们对自己的家乡有较为直接的感知;二是不少华人家庭曾经将子女送回祖籍地长期生活。根据荷兰国家统计局网站于2020年4月9日公布的一份调查报告:在荷兰出生的华裔青少年中,16%曾经有过在国外长期生活的经历,其中有35%在父母的祖籍国生活过8个月以上。[3]第三,根据李佩燕校长的介绍,近10多年来,丹华每年都组织学生参加中国各级侨务部门主办的"海外华裔青少年中国寻根之旅"夏令营,此类活动有效增进了学生们对自己祖籍地的认知。[4]

2019问卷答题率比1998高出10个百分点的另一个问题是"学习中文多少年"。笔者通过与老师、家长的座谈了解到,答卷人中许多从幼儿班就开始进入丹华学习,一级级上升,故而对自己学习中文的年限有比较清晰的记忆,这一现象也在一定程度上反映出近 20 年来中文学校教育在荷兰华人社会中的影响已得到明显加深。

表 2　　2019 数据与 1998 数据答题率差异较大项之比较　　单位：百分比(%)

年份	是否关心荷兰社会政治	是否关心中国香港地区社会政治	是否关心中国内地社会政治	您的祖籍地	学习中文多少年
2019	90	89	90	91	97
1998	99	99	100	83	87

二、中文学校学生基本构成的延续与变化

如前所述，本次接受问卷调查的对象，几乎囊括了丹华学校三年级以上的所有学生。与 1998 数据相比，本次答卷人总体呈现出如下 6 个值得注意的基本特点。

（一）中文学校学生总体年龄呈现下降趋势

2019 年总计 222 名答卷人中，年龄在 30 岁以上者 3 人，年龄最小者 6 岁 1 人（2013 年出生，已在丹华学习 3 年）。为了有利于和 1998 数据进行比较，2019 数据的 4 个年龄组与 1998 数据相同，即：10—12 岁、13—15 岁、16—18 岁、19 岁以上；同时根据 2019 数据特点，增加了一个 9 岁以下年龄组。

在图 1 的比较中有两点值得注意。一是，2019 数据中答卷年龄组高峰是

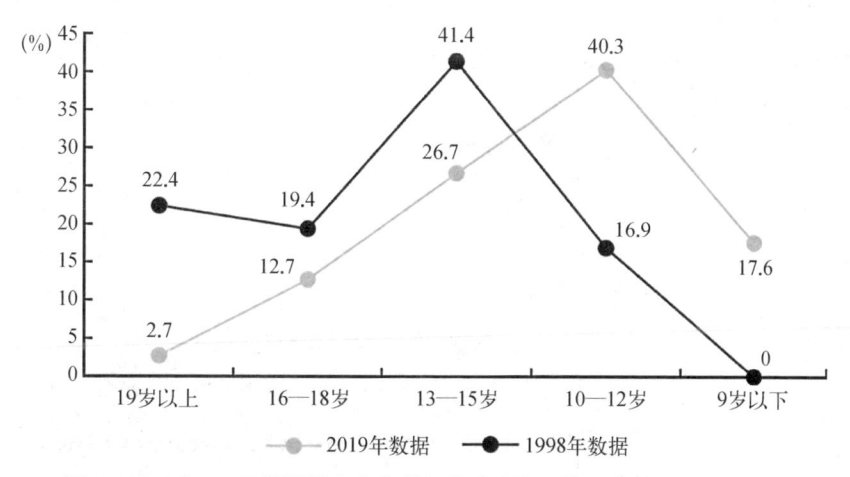

图 1　2019 与 1998 数据答卷人年龄组占比分布比较　　单位：百分比(%)

10—12岁,而1998数据的高峰则在13—15岁。二是,1998数据中19岁以上年龄组比例远高于2019数据组,而且,1998数据中16岁以上两个年龄组总占比达41.8%,而2019数据组同一占比仅为15.4%。由于2019数据中总体年龄明显低于1998数据,由此可以解释上文提及的2019数据中对于社会政治的关心率明显低于1998年数据。

还值得注意的是,虽然答卷人的平均年龄下降,但学习中文的年限却高度相似,这一现象说明:荷兰华裔儿童开始学习中文的年龄提前了(如丹华幼儿班招收年满4岁以上儿童,但有的家长将未满4周岁的幼童就送入丹华学习),2019数据中10—12岁组学生中86%已在中文学校学习5年以上,中文学校学生的总体年龄呈下降趋势。

图1数据还显示,2019数据中16岁尤其是19岁以上学习中文人数较之1998数据明显减少,根据笔者在丹华的访谈,主要有以下两个不同层面的原因。一是,近一二十年来荷兰中文教育长期正常发展,华裔子女大多自幼年就开始进入当地中文学校学习。他们经过四五年学习之后,基本可以用中文进行日常生活交流,成绩较好的还可以将中文运用于工作之中。在丹华的学生中,小学高年级就可能通过HSK四级考试,初中班的学生则可能通过HSK五六级考试,近10多年来,丹华学生中已经有大约160人取得了HSK最高等级即六级证书。二是,迄今为止,由中国国内正式面向海外中文学校提供的教材最高仅限于初中水平,尚无相当于高中语文水平的相应教材,而海外大多数业余性质的中文学校,既缺乏自编相当于高中中文水平教材的能力,也缺乏能够胜任高水平中文教学的优秀师资,因此,如同丹华这样办学成效突出的中文学校,也难以开出"高中班"。

总之,目前荷兰中文学校学生的年龄构成情况显示:一方面是新一代华人家长们重视将学龄,甚至学龄前子女送入中文学校学习;另一方面则是高水平中文教材及师资相对缺失,中文学校长期以小学阶段教学为主,形成了当前荷兰中文学校的生源构成普遍低龄化的基本趋势。

(二) 中文学校学生性别比依然显示女生高于男生

2019和1998的两次数据都显示答卷人中女生多于男生的现象。2019答卷的学生中,男生96人,女生122人,4人"性别"答题为空白。2019数据男女生总性别比为100∶127,低于1998问卷100∶116的性别比。

如果按两次数据中 4 个可比年龄组进行比对,则显现相似的趋势,即 15 岁以下年龄组中,女生比男生几乎多 1/3(详见图 2)。不同的是,2019 数据中,16 岁以上年龄组即呈现男女生均衡,而 1998 年龄组则是在 19 岁以上年龄组才呈现男女生均衡的趋势。

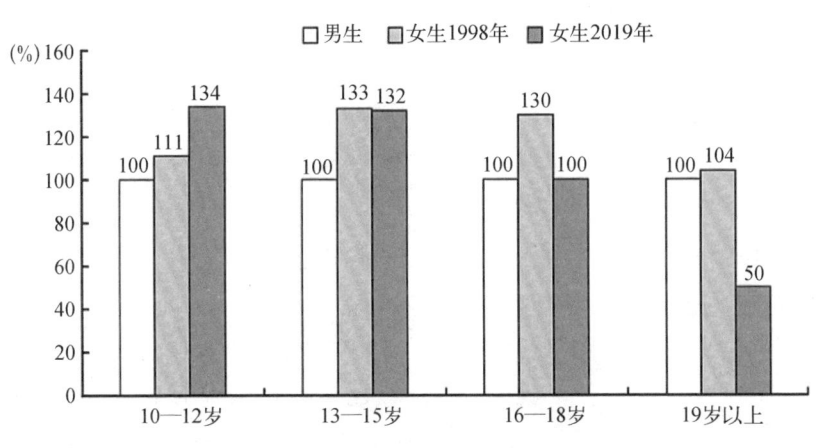

图 2　1998 与 2019 数据学生性别构成比较

注:以同年男生数为 100 统计。

荷兰中文学校均为周末授课,有的学校仅设置每周 2 小时的课程,而丹华则为周末 4 小时的中文课程,另加自愿参加的兴趣课程,如武术、舞蹈等。笔者在剖析 1998 数据时曾指出:未成年孩童上中文学校多为遵从父母的要求,相对而言,女孩子比较听话,而男孩子则好动且可能更表现出对父母要求的"叛逆",因此,要求十来岁的男孩在荷兰同学都放飞自我的周末去中文学校上课显然更为困难。在笔者调研过的欧洲周末型中文学校,小学阶段女生多于男生是普遍现象。例如,2019 调研中在非丹华中文学校获得的数据显示男女生差距更大,达到 100∶142。

与此相关的另一个影响因素,则是答卷乃学生课余的自愿行为,女生可能更听老师的话认真答卷,而男生可能更"放任"一些。从总计 24 道题的空答率来看,男生组的空白率是 5.7%,女生组为 4.4%,女生组的完整答题率也高于男生。

(三)中国大陆移民家庭子女在学生中占比明显上升

荷兰中文学校的学生,绝大多数出生于荷兰,1998 数据中出生地为荷兰的学生占比82.3%,2019数据为80.8%,两次数据值相近。[5]然而,两次数据中关于学生之"祖籍地"的情况则呈现鲜明变化。20世纪初,第一批进入荷兰的中国人,主要来自毗邻香港的广东宝安地区。历史上广东宝安地区(相当于今深圳)与香港之间人员来往频繁,不少宝安人到香港"行船"(在香港远洋公司当船员),20世纪初叶,最早一批"跳船"留居荷兰的华人船员,大多数即为广东宝安人。进入二十世纪五六十年代,又有一大批香港新界人移民荷兰,他们中有不少人的祖籍也是广东,但深受香港影响。正是由于这一历史渊源,时至20世纪90年代,荷兰的华人文化一直具有明显的香港文化特色:唐人街通行的是广府话,中餐馆打的是粤菜招牌,那个年代时兴租、售的录像带基本是中国香港地区制作的节目。在此大背景下,至20世纪90年代中期,荷兰大约70%的中文学校仍以广府话为主要教学语言。[6]

进入20世纪80年代后,荷兰华人社会中来自浙南温州、青田的新移民数量迅速增加,接着又有来自福建、东北的新移民加入,尽管如此,由于他们当时大多还处于艰难的立足阶段,年幼子女大多留在中国老家,少数虽有子女在身边,但他们当中认为有必要、且有能力送子女入中文学校的为数不多。因此,1998数据显示,答卷学生中祖籍地为香港(58.6%)和广东(26.1%)的两项数据相加后,总占比高达84.7%(详见图3)。

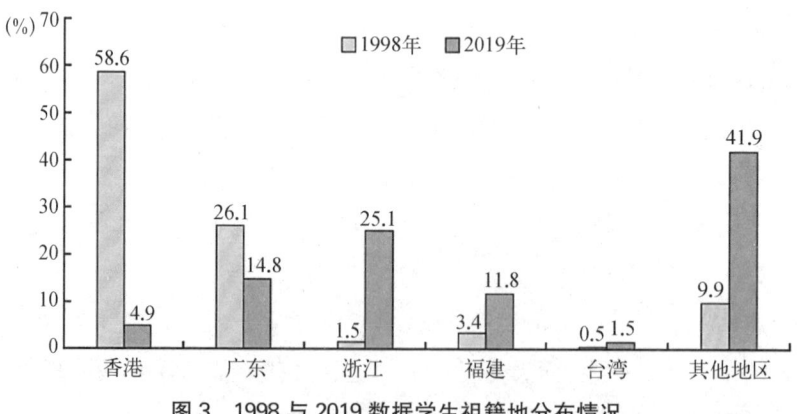

图3 1998与2019数据学生祖籍地分布情况

这一状况在2019数据中发生了明显变化:祖籍地为香港和广东者数量明显下降,而祖籍地为浙江和福建的则明显上升。而另一更大的变化是:选择祖籍地在港、粤、浙、闽之外的比例从1998的9.9%猛增至2019的41.9%。

由此可见，荷兰华人社会尤其是新移民的原籍构成，已经呈现出多样化态势。

与此相应的是，学生的国籍构成也悄然变化。1998数据中持荷兰国籍的学生占比85%，持中国国籍（含香港）占比6%，而2019数据中，持荷兰国籍者虽然仍高居主体，达71.8%，但持中国国籍者已大幅上升至19.7%。

(四) 学生家长的职业构成发生明显变化

在1998数据中，学生父亲从事中餐业的占64%，在中国公司工作的占6.6%，在荷兰公司工作（当地华人习惯称为"打荷兰工"）的仅为12%。但在2019数据中，学生父亲在荷兰公司工作的上升至26.7%。形成这一变化的原因，一是新移民中专业移民比例上升，二是在一定程度上反映了在荷兰成长的新一代越来越多地融入了荷兰社会。在分析1998数据的那篇文章中，笔者曾经根据当时学生对未来职业选择做过预测："荷兰华裔新一代对未来的考虑，已融入了主体社会的经济潮流之中，他们的从业结构已经，而且还将朝着与第一代华人完全不同的方向发展变化。"[7] 显然，21年后，华人从业数据的变化验证了笔者当年的预测。

荷兰国家统计局网站公布的一份调查报告，也显示了荷兰华人就业结构的相应变化。根据这份完成于2018年的报告，在华人从业人口中，虽然从事酒店餐饮业的占比43.2%，仍为从业的主要领域，但相比而言，从事其他领域的比重明显上升，尤其是从事律师、会计师、工程师、广告设计等专业性较强的"专业服务业"的比例达到9.2%，从一个特定侧面反映出荷兰华人社会整体知识结构的提升（详见图4）。

2019数据显示，学生家长职业构成的另一明显变化是母亲的就业率大幅度上升。1998数据中母亲是"家庭妇女"的占比46.5%，但2019数据的同一占比下降至20.2%，说明走出家门从业的华人职业女性大幅增加。还值得注意的是，有8位答卷人的母亲是"老板"，而父亲的职业则是"打工"（5人在中餐馆打工，2人在荷兰公司打工，1人失业），近20年来，荷兰华人女性地位的提升由此也可略见一斑。

(五) 学生对未来从业类型和工作地点的选择出现了新的分化

2019数据中学生对自身未来的职业选择与1998数据呈现相似趋势。在2019数据中，31.4%表示将来"完全不愿意"从事中餐业，31.2%表示"不太愿意"，20.5%表示"没工作时才考虑"，这三项相加显示：总计约85%的学生将

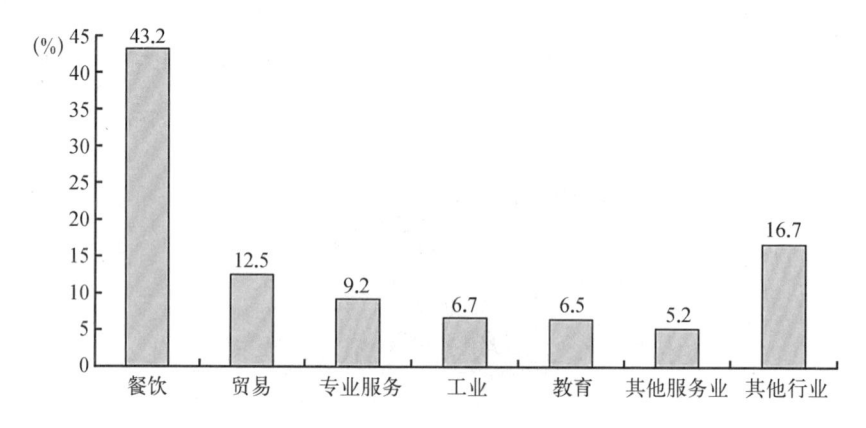

图4 荷兰华人主要就业领域

餐饮 43.2；贸易 12.5；专业服务 9.2；工业 6.7；教育 6.5；其他服务业 5.2；其他行业 16.7（单位：%）

资料来源：荷兰国家统计局（CBS）网站调查报告："华人以从事餐饮业和学生为主"（Relatively many Chinese restaurant workers and students https://www.cbs.nl/en-gb/news/2020/26/relatively-many-chinese-restaurant-workers-and-students）。

注：根据荷兰的职业分类规定，"专业服务业"主要包括律师、会计师、工程师、广告设计等专业性较强的服务业；"其他服务业"则主要包括（汽车、消费品、不动产）租赁、中介、安保、设备管理清洁等服务业。

来不愿从事中餐业，比1998数据中该三选项总占比90%略有下降。对2019数据的进一步分析，则可发现从事中餐业的意愿随中文学校学生年龄增长呈现下降趋势：在9岁以下学生群中表示"愿意"从事中餐业的约28.2%，10—12岁学生群下降至14.6%，13—15岁学生群再下降至8.5%，16—18岁学生群略有回升，达14.3%，而19岁以上年龄群中，则无人表示愿意从事中餐业。

在"您认为自己今后在哪里发展更有前途"这一多选题之下，问卷中列出了荷兰、美国、欧洲其他国家、中国大陆、中国香港地区及中国台湾地区共8个选项。在1998数据中，答卷人中明确选择一地的占比39%，同时选择两地的占比14.8%，选择三地以上的12.3%。在2019数据中，明确只选择一地的占比大幅提升至86.6%，同时选择两地的占比7.8%，选择三地以上的占比5.1%，说明2019答卷人对自己未来发展的地域选择相对更为明确。

如果进一步对具体选择地进行比较，则还可发现一个相似点和两大差异点。

相似的是，虽然时隔21年，但将荷兰作为首选工作地呈现高度一致性：2019数据为48.8%；1998数据为47.3%。而且，2019数据中将荷兰作为唯一工作地的占比37.8%,高于1998的25.9%,显示华裔对于成长国荷兰的高度认同。

两大差异点表现为一降一升。"一降"是学生中选择中国香港地区为日后工作地的比例从1998数据中的23.9%大幅下降至2.8%,这一现象应是前述原籍香港地区之生源比例大幅下降的连锁反应。而"一升"则是将中国大陆选择为未来理想工作地的比例明显上升。在1998数据中,将"中国大陆"列入其选择之一的占比12.8%,其中仅有1%将中国大陆作为未来工作地点的唯一选择。但在2019数据中,前一比例提升至17.5%,后一比例则提升至8%,超过了对于美国和欧洲其他国家的选择。如此变化,一来与学生祖籍地在中国大陆的数量增加相关,更重要的是,这体现了中国大陆近年来的社会经济全面高速发展对于海外华裔青少年的吸引力明显增强。

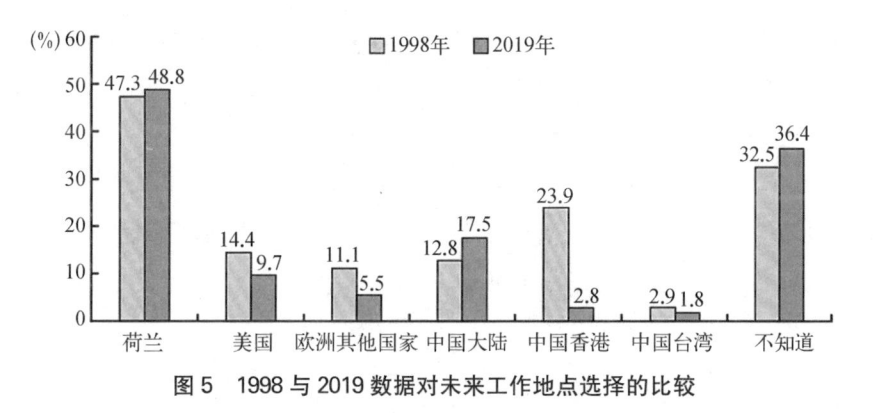

图5 1998与2019数据对未来工作地点选择的比较

(六) 濡染中荷双重文化

两次问卷对比中还有一个值得注意的有趣现象:在关于是否有"荷兰人朋友"的答卷人中,1998数据显示有"很多"朋友的占比65.9%,2019年同一占比为77.2%。在关于中荷文化传统是否存在矛盾的答卷人中,认为"矛盾很大"者在1998数据中占比13.7%,在2019数据中占比12.9%;认为"完全没有矛盾"的在1998数据中占比15.0%,在2019数据中占比14.8%。换言之,在相距21年的两次问卷中,认为中荷文化传统只是"有一点矛盾"或"不知道"有什么矛盾的总占比都超过了70%,显示高度的相似性。

在丹华《桃李园》的上百期专刊中,几乎每期都会选登若干篇学生的习作,从中我们可以看到这些华裔孩童如何同时在中荷两种文化的洗礼中成长:他们期盼着每年荷兰圣·尼古拉斯节所带来的惊喜,也乐于享受中国传统春节合家团聚的欢乐;他们喜欢吃荷兰的奶酪,学做西式蛋糕,同时也享受着包饺子、吃月饼的乐趣。这些华裔儿童同时都是荷兰中小学的学生,与不同族裔的孩子们同室受教,而且,即使在丹华,也有越来越多混血儿童或其他族裔儿童进入丹华学习。据丹华李佩燕校长介绍,前些年每年在丹华注册学习中文的非华裔学生有二三十人。笔者在丹华调研时注意到,许多华裔儿童在课余相互交流时多使用荷兰语,但在课堂上则使用中文与老师、同学交流。生活于双重文化之中的实践,显然有助于华裔儿童自然而然地融中荷文化于一身。

三、学习中文动机之延续与变化

调研中文学校学生学习中文的动机是问卷设计的主旨,希望通过对相隔21年之两次问卷数据的比较,关注、考量并剖析学生们在学习中文之主要动因上有哪些延续与变化。

(一) 为什么上中文学校?

沿用1998问卷设计,2019问卷中"为什么上中文学校"同样是一个多选题,列出8个选项,并希望答卷人不仅勾选自己认为重要的原因,同时对相关原因的重要性排序。在1998答卷中,大约2/3的答卷人对选择的重要性标明了顺序,但在2019的答卷中,只有15%的答卷人标明了选项的重要性顺序,其余绝大多数答卷人只是在自己认同的选项上打勾,未分主次。

图6是将两次调研数据中对于每一选项人数在总人数中之占比进行排序

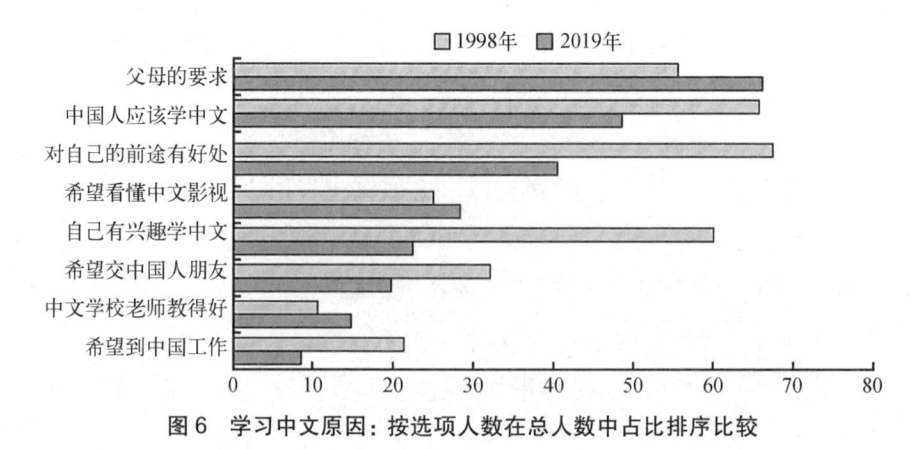

图6 学习中文原因:按选项人数在总人数中占比排序比较

的比较。相关数据显示：1998数据中占前四位的选项是：1. 对自己前途有好处；2. 中国人应该学中文；3. 自己有兴趣学中文；4. 父母的要求。但2019数据中占前四位的选项是：1. 父母的要求；2. 中国人应该学中文；3. 对自己的前途有好处；4. 希望看懂中文影视。

（二）四个年龄组对照分析

参照1998数据分析的思路，笔者也对2019数据依年龄组进行了分类统计，并与1998数据按同一年龄组进行比较（详见表3）。通过比较可以看到：10—12岁和13—15岁两个年龄组的选项基本相近，即"父母的要求"均为第一原因，"对自己的前途有好处"和"中国人应该学中文"均为第二或第三原因。在2019数据的16—18岁组中，"对自己的前途有好处"和"中国人应该学中文"并列为第一原因；在19岁以上年龄组中，则以"中国人应该学中文"和"希望看懂中文影视"为并列第一原因。

与1998调研结果相同的是，我们可以比较清晰地看到中文学校学生的学习动机随着年龄增长，从"被动遵从"向"理性选择"转化。低年龄层中"父母的要求"一直是学习中文的第一动因。欧洲的中文学校基本都是周末上课，而且，由于中文学校数量不多，学生往往不可能在住家周边上学，对于年幼的孩童，无论是搭乘公交或乘私家车前往中文学校，都需要父母接送，因此，父母对于学习中文重视与否，是低幼年龄学童能否坚持中文学习的关键所在。

表3　　　　四个年龄组学习中文原因的选择对照表

年龄组	数据来源	第一原因	第二原因	第三原因
10—12岁	2019数据	父母的要求	对自己前途有好处	中国人应该学中文
	1998数据	父母的要求	中国人应该学中文	对自己前途有好处
13—15岁	2019数据	父母的要求	中国人应该学中文	对自己前途有好处
	1998数据	父母的要求	对自己前途有好处	中国人应该学中文
16—18岁	2019数据	对自己前途有好处	中国人应该学中文	父母的要求
	1998数据	自己有兴趣学中文	对自己前途有好处	中国人应该学中文
19岁以上	2019数据	中国人应该学中文	希望看懂中文影视	对自己前途有好处
	1998数据	自己有兴趣学中文	对自己前途有好处	中国人应该学中文

（三）"读图时代"的映射

关于学习中文动因的比较中，我们还可以看到一个十分有意思的新现象：在 2019 数据中，"希望看懂中文影视"跃升为学习中文的重要原因之一。这一选项在 1998 数据的原因选项排列中位居第六，但在 2019 数据总选项人数中提升到第四位，更在 19 岁以上年龄组中与"中国人应该学中文"并列为首选动因。

如此现象值得探析，笔者认为主要原因有三：

其一，当今世界性的"读图时代"，促成视觉文化成为一种占据主导地位的文化形态，直观、生动、有趣的影像作品成为人们接收信息的重要方式，"希望看懂中文影视"成为学习中文的重要推动力应当是"读图时代"在海外华裔青少年身上的一个折射。

其二，如此现象从一个特定层面也反映出中国的影视作品在海外青少年中的影响力有了明显提升。根据笔者在荷兰华人家庭的观察与访谈，如今网络通信高度发达，使得身为第一代移民的父母们可以有多种途径接收到各类中文节目，他们在家中的闲暇时间几乎都是观看中国的影视作品，笔者在和一些家长交流时发现，他们说起当下中国大陆热播的一些影视作品来头头是道。孩子们自幼耳濡目染，有可能培养起对中文影视的喜好，从而成为提高中文理解力的重要动因之一。

其三，笔者在丹华旁听课程时注意到，丹华老师普遍使用多媒体进行辅助教学。通过和老师们交流笔者了解到：在中国侨务部门不定期举办的海外中文教师培训课程中，专门开设了如何使用多媒体教学的内容，同时也向海外中文学校提供各类多媒体辅助课件，包括适应低幼儿童观看学习的动画片，以及中国历史故事、中国成语故事等题材的成套影像作品。丹华学生从幼儿班开始就伴随着中文影视作品踏上中文学习之旅，故而可能由此培育了对中文影视作品的兴趣。

四、结语

综上，时隔 21 年的两次问卷调研，两次数据比较，有助于我们深化对于当代欧洲课余型中文学校生源构成与学习动因发展变化的认识，总结欧洲中文教育发展之原生动力和内在规律，进而思考如何进一步使面向华裔青少年的中文教育能够获得更全面的发展，取得更深远的实效。

首先，相隔 21 年之调研数据在"父母的要求"对于学习中文动因上显示出的高度一致性表明，在以中国改革开放后出国之新移民为主的欧洲国家，身为第一代移民的父母对于子女掌握中文的深切期待，一直是推动中文教育发展之最重要的原生动力，这一刚性需求是海外主要面向华裔青少年之中文学校发展的坚实基础。中文学校丰富的家校联谊，无疑既有利于学校的良性发展，也有助于稳定并拓展生源，提高学生学习中文的兴趣、能力和水平。表 1 数据也显示，自进入 21 世纪以来，父母系来自中国大陆之"二代"华裔的数量直线攀升，由此亦可见中文学校具有充足的生源。

其次，推动华裔青少年学习中文之最主要的三大动因是：听从父母的要求、着眼个人的前途以及对于自身族群的认同（即"中国人应该学中文"）。而这三大原因实际上是相互关联的：族群认同和未来前途是父母亲要求孩子学习中文的"理由"，孩子遵从父母要求坚持在课余时间学习中文，也就在潜移默化中融入了对于自身族群的认同和对自身前途的规划。与此同时，中国的高速发展，"一带一路"为中欧经贸往来持续助力，这一切在助推中文实用性的同时，也构成海外中文教育生生不息的又一重要推动力。

最后，就中国的侨务、文化、外宣等相关机构而言，如何适应当今"读图时代"海外华裔青少年对于中文影视的需求，如何以海外华裔青少年喜闻乐见的方式传播优秀的中华文化，深化海外华裔青少年对于祖籍国的了解，增进他们对于中华文化的亲近感，更是在 5G 时代背景下迫切需要认真思考和深入探讨的大课题。

参考文献

[1] 李明欢. 从"被动遵从"到"理性抉择"：中文学校高年级学生问卷调查数据剖析[J]. 华侨华人历史研究，1999(4).
[2] 笔者在欧洲西班牙、意大利、匈牙利等国的调研中注意到，当地华人新移民中"老板"比例相当高。例如，根据西班牙 2015 年的正式统计资料，在西班牙华人劳动年龄人口中，平均每三人就有一人在登记材料中填报个人的身份是"老板"。详见：李明欢. 西班牙华人社会剖析[J]. 华侨华人历史研究，2016(2).
[3] More emigrants among 2nd generation, but often returning[EB/OL]. 荷兰国家统计局. https://www.cbs.nl/en-gb/news/2020/15/more-emigrants-among-2nd-generation-but-often-returning. 根据该网站的释义：该统计的"移民二代"（the 2nd generation

migrants)包括的是 1980—1999 年出生于荷兰的移民后裔;"国外迁移者"(emigrants)指那些在荷兰以外国家生活 8 个月以上的人员.

[4] "海外华裔青少年中国寻根之旅"夏令营正式定名于 1999 年,2010 年时任国家副主席习近平出席了第六届"中国寻根之旅"夏令营北京集结营开营式,推动了"寻根之旅"夏令营大规模拓展,成为华文教育工作的一个重要品牌项目,近年来每年保持约 2.5 万人参营的规模。参阅:李嘉郁."中国寻根之旅"夏令营发展探析[J].八桂侨刊,2020(1).

[5] 西班牙中文学校的学生调研数据显示,当地中文学校学生主体以 6—9 岁来西班牙为主,占 64.2%。这与荷兰学生构成明显不同。参阅:谷佳维.从留根教育到综合素质教育:西班牙华文教育发展的新趋向[J].华侨华人历史研究,2020(1).

[6] 关于荷兰华人移民的早期历史,请参阅:李明欢.阿姆斯特丹唐人街的历史变迁[J].华侨华人历史研究,1989(04);李明欢.荷兰华人人口构成剖析[J].(香港)华人月刊,1991(4).

[7] 李明欢.从"被动遵从"到"理性抉择":中文学校高年级学生问卷调查数据剖析[J].华侨华人历史研究,1999(4).

大力发展海外华文学校，打造中外交流的重要窗口

——关于华文教育的一些思考

赵 健[①]

摘 要：海外华文学校不仅是推广中华民族语言与文化，保持华侨华人民族特性的载体，近年来更成为中外文化交流，开展侨务工作的桥梁和平台。但目前海外华文教育除受疫情带来冲击外，更在教材、师资、发展布局等方面面临诸多困境。有鉴于此，应当有的放矢，从建立海外华文学校评估制度、加强教材的适用性研究、建立稳定及高水平的教师队伍等诸多方面突破当前的困难，切实推动海外华文教育良性稳固发展。

关键词：华文学校；疫情；困难；举措

日前，温州大学举办了"第一届欧洲华文教育学术研讨会"，线上线下共有249人与会，分别来自国内16个省市及18个国家和地区，包括110名来自海外华文学校的校长和教师。结合研讨会上专家学者的发言，笔者谈谈自己的一些思考。

一、海外华文学校已成为促进中外交流的重要窗口

从1691年巴城华人公馆倡议建设私塾式的义校开始，迄今300多年，海外华文学校扎根华社，为传承传播中华文化发挥了不可替代的作用。中国改

[①] 赵健，中央统战部培训中心副主任、教授。主要研究方向：侨务理论、侨务政策和法律法规。

革开放后,新华侨华人人数大幅增加,分布日趋广泛,中国的经济实力不断增强,国际地位日益提升,多种因素结合,使海外华文学校得到了跨越式发展。以意大利为例,中文学校在意大利北、中、南部广泛分布。据中国驻意大利使馆统计,意大利现有50多所华文学校,学生在200人以上的就有20多所。海外华文学校旨在传承、推广中华民族语言与文化,保持华侨华人的民族特性。华文教育是中华文化在海外的留根工程,更是促进中外交流的希望工程。海外华文学校的快速发展,为推动中国文化走出去提供了难得的契机。目前,华文学校的功能出现重大转变,原来是华侨华人传授民族语言文化的教学机构,现在已成为传播中华文化、开展侨务工作的多元平台,成为中国语言文化教育培训中心,当地华裔群体的联谊活动中心,向主流社会展示和传播中华优秀文化的传播中心,参与当地华人社会活动的重要力量,住在国与中国开展文化教育交流的桥梁,联系海外侨胞与中国的重要桥梁和纽带。通过海外华文学校,可以向世界阐释推介更多具有中国特色、体现中国精神、蕴含中国智慧的优秀文化。可以更好地塑造可信、可爱、可敬的中国形象。

鉴于此,整合各方面力量,大力推动海外华文学校的发展,具有重要意义。

二、当前海外华文学校面临的困难和挑战

线上教育为华校带来了新的机遇。开网课已成为意大利、西班牙等国华文教学的一种普遍现象。欧洲大多数华文学校因为疫情影响,从2020年3月停课至今,线下课堂依旧没有开始,不少华校面临场地租金紧缺、生源流动性较大、教材运输不便等困境。在意大利华人最为集中的普拉多市,有10多所中文学校关闭。根据对意大利中文学校联合总会36所学校进行调查,收回的有效问卷显示,在持续运行的27所中文学校中,7所持续盈利,12所收支平衡,6所较小亏损,2所亏损严重。意大利中意学校校长傅文武表示:从疫情开始的第二个星期,我们就投入线上上课了,从18个班级一直到后来,我们现在在线上开设了26个班级,比以前还要多,因为利用线上资源,增加了一些外地学员,我们现在在校学生大概有550名左右。一些华文学校还积极开发新的课程,一些学校开发了意大利语同步课程,为华校学生学习当地课程提供了方便。

线上教学拓展了华校生源。线上教学使意大利各大区之间的学生,打破

就近上学的原有模式,纷纷就读不同大区的中文学校;线上教学让大量边远小城镇因无中文学校而无法上学的华裔孩子加入了学生队伍;意大利的华文学校甚至吸引了荷兰、比利时、德国、法国等国家的华裔孩子就读。华文学校的校长们认为,线上课程的运用,增强了老师们的教学技能,也为华文教育者开辟了另一条路径。经过这样的训练,海外华文学校已经培养起应对各种突发事件的能力。但同时,线上教育对老师们的传统教学也提出了新的要求,要增加趣味性,精心准备课件等。

目前,欧洲的华文学校除了面临生源减少、经济压力大、师资力量不足、线上资源缺乏及线上效果不佳等疫情影响的因素之外,还面临以下问题和挑战。

一是华文学校的设立缺乏布局和规划。

二是缺乏合适的教材。目前,欧洲的华文教材不统一、不系统。意大利目前使用的教材包括《中文》《语文》《当代中文高级课本》和《意大利人学汉语》等。中文教材的本土化程度偏低,青少年学生对教材中的文化内容接受度偏低,存在较强的文化隔阂,导致学习兴趣不持久,影响教学质量。

三是缺乏高质量的教师。华校老师变动较大,教材不一致,学制不同,办学理念不同,对教师培训也难。

四是技术参差不齐。由于学习软件复杂多样,网络设施配备不到位,纸质教材无法同步,各国时差不同等原因,线上学习的效果面临很多挑战。

五是各类在线教育冲击。国内大量资本纷纷对准海外,冲入华文教育,使海外华校竞争加剧。

三、关于发展海外华文学校的几点建议

一是建立海外华文学校评估制度。针对海外华文学校水平参差不齐的情况,建议建立海外华文学校建设的标准指南。加大海外华文教育评价体系研究,特别是针对在线华文教育教学质量监督机制。引导海外华文学校内部环境规范有序,建立学制目标、课程目标和发展目标,进一步完善规范管理制度。搜集华文学校基本信息,有针对性地进行资源建设,建立海外华校数据库与全球分布图,精准对接海外华文学校,分层分类扶持海外华校发展。

二是加强教材的适用性研究。华文教材应有系统性、针对性、地域性。应与所在国家和地区接轨,与热点问题相联系,更能激发学生的学习兴趣。教材

内容要结合当地教育特点和移民背景进行优化设计。不少学者提出应改进华文教材的文化内容板块，立足所在国的社情民意，融入当地社会文化元素，促进华语与当地教育体系的互融共进，要特别注意增加双语对照的教材质量，以降低当地少年学生的语言学习障碍。制定华文教学标准，研发华语教学的词汇大纲、语法大纲、文化大纲，以便各国华校在共同标准的基础上因地制宜、因时制宜地编写教材、实施教学和进行测试。新时期华文教材的开发，要打破传统纸质教材的概念，形成集文字、图片与视频为一体的文化传播模式。华文教材开发中，可以以中华文化为纽带，通过文化创意产品，将中华文化与海外华人华侨的日常生活相结合，润物细无声地让广大华裔学生沉浸在中华文化的氛围中。

三是进一步提升华文教学手段的信息化和现代化水平。有效利用互联网信息技术整合华文教育教材资源，大量引进互联网数字教学资源，引介电视、电影媒体、华文网络报刊等资源补充汉语教材的泛读材料。探索建立线上＋线下的课堂模式，建立区域化华文教育云联盟。通过汉语学习平台传播中华文化。进行网络技术研究和提升教学效果，开创符合自身特色的"互联网＋华文教育"未来发展模式。

四是争取建立稳定专业的教师队伍，促进教师专业知识水平和教学能力的提高。重建线下师资队伍，完善教师培训机制。尽管国侨办、华文教育基金会开设了相关培训班，但仍然不能满足海外华校师资需求。希望能够建立华文教师培训基地，研发培训课程，定期、系统地培训师资，重视教师人才的储备，建立师资库。教师要对中华文化了解，具备跨文化交流的能力。要提高对外派教师文化技能方面的重视和培养，挖掘和推广独具地方特色的中华文化技能。实行华文教师持证上岗。要进一步研究各国华文教育情况进行分类，根据不同情况进行师资培训。通过分类，加强相似学校的校际交流，共同发展。

五是教学方法上，增设提高中华文化技能的课程，培养学生对中华文化的兴趣及感悟力。补充学习者感兴趣的话题，并选用适合学生学习风格的活动，实现有趣有效的教学目的。课程的多样化设置是提升学生兴趣和提升竞争力的重要砝码。真正落实以学生为中心的理念，突破教师讲、学生学的传统教学模式，发展"线上结对子"的教学方式，即海外华文学校联系国内学校，华侨学生与国内学生两两结伴,成为合作学习伙伴,多交流,多互动。

六是加强国内外的合作交流。有华校教师呼吁建立区域华校联盟或共建华文教育云平台。建立国别化的华文教育研究队伍。同时,加强和国内院校的合作,提升华文教育的资质和能力。譬如,温州大学在海外华校建立了7个调研基地,帮助海外华文学校进行师资培训,派遣华文教师,帮助进行质量评估,相互开展学术交流。

七是希望华文教育能接轨当地主流教育,为华裔学生升学提供助益。有学者认为,疫情结束后,华文学校应继续走本土化发展的模式,与当地学校建立长期稳定的合作关系,争取进入正轨的教育体系。加强与当地政府、本地学校建立合作关系,整合优质的教学资源,做有本土化特色的华文学校,不仅要正规化、规范化,还要规模化。国内分管华文教育的部门,要与外国有关政府部门继续做好交流沟通。

砥砺奋进,把华文教育事业推向新的高潮:挑战与机遇

吴勇毅[①]

摘 要:华文教学与华文教育不同,后者更强调育人。"育人"对新时期的华文教育具有特别重要的意义,寻根、铸魂、圆梦,这是华文教育"育人"的核心所在。华文教育与华侨教育不同,尽管其中关系交错复杂,后者是对持中国国籍的侨民的教育,从本质上讲,国家通用语言应该是他们的第一语言/母语,接受九年制义务教育是其义务,长期以来这两者被混为一谈,海外中国学校的创建,将使侨民教育开启一个新的发展阶段。新时期,华文的价值已经不再拘泥于传承历史和文化的层面,华文的实用价值、应用价值,乃至经济价值大大提高,这会从另一个层面增强华裔新生代对华文的认同,进而影响其身份认同并增强对这种身份的自豪感。推动华校的转型升级,促进华文教育的高质量发展是今后的主旋律。

关键词:华文教育;华文教学;华侨教育;华文价值;转型升级;高质量发展

一、华文教学与华文教育

长期以来,除了我们把华文教育当作一项事业来阐释之外,大多数情况下

[①] 吴勇毅,华东师范大学国际汉语文化学院教授,博士研究生导师。主要研究方向:语言学及应用语言学、国际汉语教育、第二语言习得、汉语作为第二语言/外语教学理论与教学法、汉语教师教育、华文教育等。

华文教育几乎等于华文教学,即在各种类型的华校(乃至私塾)中用课本或其他各种材料教华文和中华文化就是华文教育。这固然不错。华文教学当然属于华文教育,但我们不应忘了"教育"的本质,它是"按一定要求培养人的工作",它跟单纯的教学是不同的。比如菲律宾本土华文教育想要达到的目标是"培养具有中华文化气质的菲律宾人",这是一种育人的目标,是一种落地生根但不忘情怀和根本的目标。"育人"对新时期的华文教育具有特别重要的意义。

习近平主席指出,教育决定着人类的今天,也决定着人类的未来。人类社会需要通过教育不断培养社会需要的人才,需要通过教育来传授已知、更新旧知、开掘新知、探索未知,从而使人们能够更好认识世界和改造世界、更好创造人类的美好未来。[①] 他又说,古今中外,关于教育和办学,思想流派繁多,理论观点各异,但在教育必须培养社会发展所需要的人这一点上是有共识的。培养社会发展所需要的人,说具体了,就是培养社会发展、知识积累、文化传承、国家存续、制度运行所要求的人。[②] 习主席的这些话是具有普遍意义的。华文教学不只是语言教学,也要探索如何育人的问题。教育要育人,要立德树人。尤其是对华裔新生代来说,"伴随着华裔新生代逐步走进海外华人社会的中心舞台,这一群体的知识背景、人际网络、社会影响力等成为构建海外华人世界的重要资源,同时也是决定海外华侨华人社会的未来发展及其与中国的关系走向的关键人群。"[1]

2017年8月下旬,国务院侨办在北京召开了专家咨询委员会大会,在大会开幕式上,时任国务院侨办主任裘援平(现任全国政协常委、港澳台侨委员会副主任)说,习总书记讲的"根、魂、梦"思想,即,中华民族是我们(包括海外华侨华人)的根之所系,中华文化是我们的魂之所在,祖(籍)国强大复兴是我们的梦之所盼,我理解这就是我们为什么要进行华文教育的根本指导思想,即铸就海外华侨华人的"根、魂、梦"。总书记在十九大报告中指出,"文化是一个国家、一个民族的灵魂。文化兴国运兴,文化强民族强。没有高度的文化自信,

---

① 习近平. 致清华大学苏世民学者项目启动的贺信[R/OL]. http://www.moe.gov.cn/jyb_xwfb/xw_zt/moe_357/s7865/s8417/s8420/201410/t20141024_177235.html.

② 习近平. 在北京大学师生座谈会上的讲话[R/OL]. https://www.ccps.gov.cn/xxsxk/zyls/201812/t20181216_125673.shtml.

没有文化的繁荣兴盛,就没有中华民族伟大复兴。"华文教育肩负着以华文教学传承和发扬中华文化的光荣使命,国运兴、民族强和我们的华文教育复兴紧密地联系在一起。寻根、铸魂、圆梦,这是华文教育"育人"的核心所在。

华文教学与华文教育的区别还体现在另一个层面上,即华文教育不仅包括语言本身听、说、读、写、译的技能习得,以及由此而综合形成的交际能力的掌握,而且也包括通过所习得的华文来学习别的(学科)内容,比如数学、物理、科学、文学、历史、地理,乃至关于华文本身的知识(比如华文的语音、词汇、语法、语用的规则系统)等学科专业内容或各种主题内容(比如通过华文来学习中华文化的各种主题),华文在这里是学习其他知识、内容、学科的工具,或者说媒介,马来西亚独中的华文教育就具有这种性质。从语言习得的角度说,它强调通过学科内容的学习习得第二语言/外语或传承语(Second/Foreign/Heritage language acquisition through subject-matter learning),而后者又反过来促进学科内容的掌握与深化。"学华文是华文教育,用华文去学,更是华文教育,后者用今天的话说,就是'华文教育+'。"[2]

以往的"华文教育"除了华文和中华文化,并不注重其他学科内容的学习,这也是学生学起来没有兴趣的原因之一。通过华文学习别的东西,这是一种基于内容的教学法(CBI, Content-Based Instruction)所倡导的教学理念,即将语言教学基于某个学科教学或基于某种主题内容教学来进行,将外语和内容结合起来学习。[3][4]主张把语言学习与学科知识学习结合起来,在提高学生学科知识水平和认知能力的同时,促进其语言能力的发展[5][6],这就改变了过去我们为掌握华文本身而学习华文,即"为语言而学习语言"的观念,也会改变我们只注意(语言)形式,不太关注内容(因为不关注内容,所以学习者常常觉得我们的华文教材的内容没有意思),而人为地把语言知识学习与学科或专业知识(内容)学习割裂开来的现象。

法国国民教育体系中创设的"中文国际班"(小学、初中、高中),作为精英教育的一种形式,其特点之一就是用中文作为媒介去教授和学习"非语言科目",比如数学、物理、化学、科学、历史、地理等,法文叫作EMILE(Enseignement d'une Matière Intégrée à la Langue Etrangère),意思是使用外语教授部分其他科目[7]。这对华文教育具有非常好的借鉴意义,也是今后海外华文教育发展的一个方向。孙浩良创办的拥有10个校区的澳大利亚新金山中文学校,是全球最大的中文学校,作为澳大利亚的社区语言学校(中文在澳大利亚被定义为社区语言),尽管教育部不允许他们开设非语言类课程,但他们还是"强词夺理"争取到了可以开设中文数学课(小学一至四年级),使用上海的数学教材,且很受家长们的欢迎。用中文教数学,他们视之为"一门特殊的中文课"。据我们了解,很多在法国中文国际班学习的学生在学习"中文数学"后表示,有些在法文数学课中不太理解的概念,在中文数学课借由中文教师的教学方法和教学语言,变得更加容易理解了一些,这也使得中文国际班学生的数学成绩普遍优于作为普通数学科目授课的班级,而中文数学课也成了中文作为课堂用语使用频率最高的课程。可见华文教育的观念需要转变,华文教育的内涵需要拓展。

二、华文教育与华侨教育

以往华文教育的对象是"华侨华人",笼而统之,两者似乎并无不同。可实际上并不相同,对持中国国籍的侨民来说,理论上中文应当是其母语,孩子应该完成九年制义务教育,或曰国民教育,并熟练地掌握国家通用语言文字。若二代三代四代的侨民长期移居国外,且融入当地主流社会,其母语维持极难(维持程度的强弱,受家庭、社会环境和祖国的影响,并取决于本人的学习动机和意志力),渐渐地中文事实上成为传承语(heritage language),而移居国的语言(二语/外语)却成了实际上的"母语/第一语言",此消彼长,故笼而统之把他们和华人归为一类教学对象。

但时过境迁,随着中国改革开放的步伐越迈越大,综合国力大幅提升,经济实力不断增长,科学技术显著进步,有相当数量的侨民及其下一代选择在旅居国不改变国籍,保留其中国公民身份。另外,经济全球化和"一带一路"倡议,使得"包括中资企业员工在内的中国海外公民数量大幅增长,如何解决这些人员的子女教育问题,实现国民教育全覆盖更显迫切"[1],中国驻日使馆参赞汪婉就表示,在海外建立中国人学校迫在眉睫,因为这事关中国公民切身利益和海外侨民对祖国的认同感、归属感。

---

[1] 人民网-日本频道.中国驻日使馆参赞汪婉:在海外建立中国人学校迫在眉睫[EB/OL]. http://japan.people.com.cn/n1/2018/0716/c35421-30150417.html.

郭熙提出,要"重启海外侨民的国民教育"[1],笔者是非常赞同的,因为这可以大大增强在海外的侨民下一代对祖国的认同和向往,并提升侨民的中国公民的意识和责任感。可喜的是我们已经看到,2020年9月,由教育部委托杭州市教育局承办的"迪拜中国学校"已正式开学,这是中国教育"走出去"所打造的第一所海外基础教育中国国际学校,是海外侨民教育(也包括为当地华人提供教育服务)的具体实施,其意义不言而喻。据学校官网等介绍,学校以为迪拜华侨华人子女提供优质中国基础教育为宗旨,按照中国基础教育学制,课程设置以中国全日制课程为主,开设中国课程,使用中国教材,也按照迪拜当地教育行政部门要求,增设迪拜地方课程(如阿拉伯语、社会学、道德学等)以及部分国际课程。目标是打造成一所具有中国特色和开创性、标志性及引领性的高水平海外中国学校。未来,迪拜中国学校的高中毕业学生既可以选择回国参加高考,也可以选择申请入读海外大学。学校提出,要将学生培养成为具有中国心灵、国际视野和人文情怀的未来公民。

在学校的开幕式上,教育部副部长田学军表示,迪拜中国学校作为中国海外国际学校首批试点之一,是中国加快和扩大教育对外开放的重要举措,将致力于为在阿中国公民、广大华人及当地民众提供最优质的中国教育资源,为两国政治互信、经贸往来和人文交流搭建互利共赢的友好平台,为中阿"一带一路"合作树立新时代的成功典范。

未来的华文教育和侨民教育,将在华文学校和海外中国学校交相辉映,两者虽有不同,但会相互携手、互相促进、共同发展,广大华侨华人子女的就读选择也更为多样。

三、华文价值与身份认同

以往,当谈到华文的价值时,更多的是在文明、文化、历史的层面,所以当我们在谈论华文教育时,更强调学习和习得华文是为了要继承和传承祖(籍)国(甚至祖先)的语言和文化,这似乎是作为华人的"天然"使命。下一代常常因为不愿意承担这种使命和责任(或不理解这种传承的重要性),而更愿意融入当下所在社会,于是与父母发生纷争,甚至"犯上":为什么别的小朋友周末可以去玩儿,我却非要去周末学校学习华文? It's not fair. (这不公平。)

但今时不同往日,华文的实用/应用价值,甚至经济价值在新时代的环境下日益显现。吴勇毅曾举过两个例子：据《中国青年报》的报道，2017年5月31日，由中国建设的肯尼亚蒙内铁路建成通车。蒙内铁路（蒙巴萨港—内罗毕）是东非铁路网的起始段，连接肯尼亚首都内罗毕和东非第一大港蒙巴萨港，全长480千米，从修建、运营到管理全是中国模式，成为推动当地经济发展的引擎。肯尼亚"动姐"亮相中国高铁，在武汉铁路局接受相应的职业培训和学习一定的职场汉语。这是汉语实用价值的体现。海外许多国家为了加强与中国在各方面的交往，比如在经贸方面，他们要向中国推介本国的产品，或接待大量的中国游客等，也急需大量的懂职场汉语的应用型专业人才。2019年9月，泰国曼谷（吉拉达技术学院）举行了首届泰国职业教育"汉语＋职业技能"宝石王杯大赛，来自泰国各地49所中等和高等职业院校的1 168名学生参加，比赛内容涵盖铁路、航空、工业机器人、新能源汽车等7个领域。泰国教育部部长出席了开幕式并致辞，还全程参加了颁奖典礼。这是非常令人鼓舞的，也是汉语应用价值提高的具体体现。[8]

现如今，中国企业大踏步"走出去"，对外投资，兴办企业，无论是独资还是合资，无论是建工厂、筑高铁、修码头，还是造电站、开商场、设5G基站，想要长期落地，都需要在投资国当地雇用大量的各类人才，在这方面，懂华文、知中国的华人会更具竞争力。

华文的实用/应用价值，乃至经济价值的提高，会从另一个层面增强华裔新生代对华文的认同，进而影响其身份认同并增强对这种身份的自豪感。

身份认同是对主体自身的一种认知和描述。一个社会成员，在经济共生和社会交际中，必然需要确立个体的自我认同，也即自我身份定位，同时在自我认同的基础上融入某个社会群体，并以此找到文化的自我归宿。[1]裘晓兰的调查表明，华裔新生代在身份认同上呈现多元化和多重性的表征，国籍与族群认同之间存在交叉。在非中国国籍的群体中，传统东南亚的华裔新生代更多偏向于华裔/华人的自我身份认定，发达地区的华裔新生代则更多偏向于居住国人的自我身份认定。[1]吴勇毅等的调查则发现，随着中国经济的飞速发展和国际地位的日益提高，随着全球"汉语热"的日益升温，习得所在国语言，同时又掌握，甚至精通华文对华裔子女的未来发展具有极其重要的意义。[9]这种随血脉而延续的基因，甚至"先天优势"，除了维系与祖（籍）国的纽带关系（一种割舍不断的感情和一种特殊的交流便利关系）以外，还能使华裔子女具有职场上的优势。华人家庭和子女本身也越来越意识到掌握华文的重要性。这从每年暑假有越来越多(逐年增加)的华人华侨子女回国短期学习华语,甚至扫盲汉字可以得到佐证,比如华东师大每年暑假都开有专门的华裔学生班,乃至专门的"扫盲班"。华文正逐渐从被迫的"要我学"变为主动的"我要学"。

四、华文学校与华文教材

伴随着中国现代化步伐的加快和综合国力的不断强盛,特别是"一带一路"倡议的实施,世界上 2 万多所华文学校也在发生着巨大的变化,比如意大利威尼斯的金龙学校,经过 10 多年的努力,发展并嬗变为"中意国际学校",成为欧洲首所由所在国教育部批准的、承认学历的全日制双语寄宿制学校,既招收华裔孩子,也招收意大利本土学生,毕业后获得意大利教育部颁发的毕业证书。这是一种新模式。又如,前面提到的澳大利亚墨尔本新金山华文学校,已经成为具有 10 所分校、5 000 多名学生的世界上最大的中文学校,2009 年澳大利亚联邦教育部委托新金山中文学校制定了澳大利亚的汉语教育质量标准,其中文教学与主流教育相交融,成为主流教育的重要的组成和补充部分之一。这是另一种模式。

王喜、吴勇毅对德语区中文学校的发展进行了调研,通过建立数据库对德国、奥地利及瑞士德语区的 72 所中文学校进行分析,发现德语区中文学校在 20 世纪 90 年代中期进入快速发展阶段。[10]从课程设置上看,有"单一制""双轨制"和"综合性"等 3 种办学形式:"单一制"是语言课程只有华文继承语教学一个体系;"双轨制"是针对有华文背景学习者的继承语课程与针对无汉语背景学生的汉语作为外语课程双线并存,但以前者为主体;采取"综合性"课程设置的学校,呈现出很强的特点,华裔少儿的继承语课程并非主线。这类学校非汉语母语的成人汉语课程较为系统,不仅包括从入门到高级各个语言水平的通用汉语课程,还有商务汉语、旅游汉语、HSK 考前辅导、德译汉等。此外,他们还可以根据学校特色或者学习者需求开设各类课程。"双轨制"是德语区中文学校的主流,而"综合性"是新的发展趋势。

关于教材,以往在华文教育中发挥过重要作用的教材,比如《中文》《华文》《汉语》等已经旧矣,新一代华文教材开始出现,比如郭熙、邵宜主编的新丝路华文系列教材《初级华文》(6 册)、《中级华文》(2 册)、《高级华文》(2 册);吴勇毅主编的《中国研习》(小学 6 册,初中 3 册将出)(中英双语 2018,中阿双语 2019)等。这些教材的特点是非常鲜明的,教学法也很新。

五、结语

华文教育的发展在世界各地是不平衡的,又是亟待解决的。为此,2014 年裘援平在第三届世界华文教育大会的主题报告("发展华文教育、振兴华文学校")中提出了,要"以改革创新精神全面推进新时期的华文教育工作,引导华文学校转型升级,推动华文教育向标准化、正规化、专业化方向迈进"的目标(简称:"三化"目标)。

在华文教育取得巨大进步的同时,我们也应该清醒地看到存在的问题。比如如何改变传统的华文教育多采用纸质书本,较少结合新技术开发的问题。在今天这样一个高科技、新技术发展迅猛、层出不穷的时代,新技术革命已经、正在或必将给语言教学,包括华文教学带来巨大的变化。我们已经可以看到,课内与课外、线上与线下、现实与虚拟、单一形式学习与混合学习、固定与移动相结合使语言教学呈现出一派崭新的气象。如何将新技术运用于华文教学,形成既形式多样又切实可行的教学模式是摆在我们面前的重要课题。华文教育如何现代化值得我们深思。

在今天这样一个"世界多极化、经济全球化、社会信息化、文化多样化"的时代,华文的历史文化价值(文化传承)、经济价值和实用价值不断提升,获得了前所未有的地位。"华语热"已是一个不争的事实,而且可以肯定将会持续升温。随着我们国家经济实力、政治影响力和国际地位的不断提升,随着"一带一路"倡议的实施(改革开放初期华人华侨在经济上所起的作用已是公认,他们在"一带一路"倡议实施的过程中所起的作用将会更大),华文教育已经成为构筑世界华人命运共同体,乃至人类命运共同体的一个重要组成部分。在今天这样一个新时代,我们要砥砺奋进,把华文教育事业推向一个新的高潮。

推动华校的转型升级,促进华文教育的高质量发展是今后的主旋律。

参考文献

[1] 裘晓兰.海外华裔新生代思想状况研究[R].课题组报告,2020.
[2] 郭熙.新时代的海外华文教育与中国国家语言能力的提升[J].语言文字应用,

2020(4).
[3] STRYKER S. B, LEAVER B. L. Content-Based Instruction in Foreign Language Education: Models and Methods [M]. Washington: Georgetown University Press,1997.
[4] 戴庆宁,吕晔.CBI 教学理念及其教学模式[J].国外外语教学,2004(4).
[5] 袁平华.依托课程内容进行外语教学之理据及教学元模式探究[J].学位与研究生教育,2006(3).
[6] 袁平华.大学英语教学改革与以学科内容为依托的语言教学模式[J].外语界,2010(3).
[7] 白乐桑.处在十字路口的国际课程中文教育:以法国为例[J].国际中文教育学报,2020(7).
[8] 吴勇毅.国际中文教育"十四五"展望[J].国际汉语教学研究.2020(4).
[9] 吴勇毅,李凰,王利娜,竺健平.在沪就读华裔学生学习生活现状与需求调查[J].世界华文教育,2020(2).
[10] 王喜、吴勇毅.德语区中文学校的发展,第一届欧洲华文教育学术研讨会报告[R].温州大学,2021.

欧洲华文学校的发展逻辑及行动策略

——以欧洲浙江人创办的华文学校为例[1]

严晓鹏[2]

摘　要：欧洲华文学校的发展逻辑是欧洲各华文学校制定发展策略的重要依据。本文以欧洲浙江人创办的华文学校为研究对象，通过对欧洲华文学校发展逻辑的分析，提出欧洲华文学校是内生性的汉语言文化教育传播机构，遵循着内生性组织的发展逻辑。基于欧洲华文学校的发展逻辑，笔者提出欧洲华文学校发展的行动策略。

关键词：欧洲华文学校；发展逻辑；行动策略

保持民族精神的血脉延续，维护中华文化的传承发展，一直是旅欧华人的传统愿望和内在需求，开办中文学校就是这种愿望和需求的直接结果。不同于东南亚的华文学校，欧洲的华文教育起步较晚，华文学校的大幅发展主要集中在20世纪70年代以后，随着中国改革开放，特别是加入世贸组织以后，中国与欧洲各国的往来交流日益频繁，全欧华侨华人数量迅速增加，其中3/4集中在西欧、北欧和西南欧，[1]主要来自浙江。在欧洲社会多样的人文环境，欧洲国家多元的文化政策，以及华人华侨强烈的"中国根"意识的相互作用下，使得欧洲华文学校呈现既具共性又具特性的发展逻辑。欧洲多数的华文学校是

---

[1]　原文发表于《世界华文教育》2016年第2期。
[2]　严晓鹏，温州肯恩大学副校长、温州大学意大利研究中心主任，研究员。主要研究方向：华文教育、高等教育。

浙江人创办的,这些华文学校依靠创办人或校长的个人魅力,动员当地华人华侨以人力、物力、财力的方式参与到华文学校的建设服务当中。由于"民族传承"的愿望诉求,华文学校创立之后一般能较好地进入当地华人华侨的生活、情感和思想深处,成为华人华侨内心深处"中华文化情愫"的传承地,进而成为华人华侨社会生活的重要部分。回顾欧洲华文学校的发展历程不难发现,不少学校因为种种原因而走向消亡,但也有部分学校顽强地发展,并不断壮大,成为远近闻名的热门学校。欧洲华文学校有着怎样的内在发展逻辑?欧洲各华文学校应制定怎样的发展策略来促进自身的持续发展?带着这些问题,通过对意大利佛罗伦萨中文学校、法国华侨华人会中文学校和荷兰乌特勒支中文学校这三所中国国务院侨务办公室授予的欧洲"华文教育示范学校"的案例研究,笔者对欧洲华文学校发展逻辑进行剖析,以期探寻出适合欧洲华文学校发展的行动策略。

一、欧洲华文学校性质:内生性的汉语教育传播机构

孔子学院和华文学校都是目前欧洲重要的汉语言文化教育传播机构。以组织发展的动力源划分:前者是外源性机构,其发展主要依赖政策支持、政府投入等外部资源;后者是内生性机构,其成立大多是基于当地文化的一种行动自觉,其发展主要依靠学校自身的作用因素。具体来说,华文学校从成立到运作,在较大程度上都属于华人社会自身的主体行为。

华文学校开展以汉语为教学媒介语的学校教育,也包括以学习汉语为主要目的的中华语言文化教育。但是,华文并不是汉语和中华文化的简单相加,其潜在的文化功能是帮助华裔学生不断确认自己的文化归属意识。[2]因此,华文学校是在华人华侨"根"的意识作用下建立起来的,凝聚着华人华侨们对祖(籍)国的情感,对中华优秀文化的眷恋。欧洲的华文学校一般隶属于当地华人社团,社团通过华校来推广中华民族语言,传承、弘扬中华文化,保持华侨华人的民族特性。华文学校的创立,大多是为了让当地华人华侨的孩子学习祖(籍)国文化,帮助他们在所在国落地生根的同时,吸取来自祖(籍)国的营养。华文学校的办学经费、师资来源、校舍及课程设置、教学安排等都围绕学生的需求展开,体现出了自身的内生能力。

从办学经费看,欧洲华文学校的办学经费来源较为多样。有的主要依靠

所属华人社团的资助；有的则主要依靠学生的学费；还有的依靠学生家长捐赠。一般而言，政府不对华文学校进行资助，华文学校的办学经费要自己募集，自负盈亏。以法国华侨华人会中文学校和意大利佛罗伦萨中文学校为例，前者是法国华侨华人会直接投资创建的中文学校，后者的办学经费的主要来源是学生的学费。

从师资来源看，欧洲华文学校的教师主要依靠华文学校自己招聘，教师的工资费用由学校承担。近年来，中国国务院侨务办公室加大了对欧洲华文学校的投入力度，向一些办学较好的示范性华文学校派遣了华文教师，费用由中国国务院侨办统一支付，但派遣的教师毕竟比较少，比例较低。华文学校师资的主体还是依靠华校自身招聘。如意大利佛罗伦萨中文学校和荷兰乌特勒支中文学校这两所中文学校，其教师除个别是国侨办派遣外，大多数是由华文学校自己招聘的全职或兼职教师。

从校舍来源看，与公立学校校舍由政府建设或政府提供资金建设不同，欧洲华文学校的校舍除一小部分由侨社提供外，大部分华校的校舍主要依靠租赁，租赁费用由学校自己承担。尽管当地政府大多会在校舍方面为华文学校提供一定程度的支持，但这种支持仅限于减免校舍租金。荷兰乌特勒支中文学校经历了6次搬迁，校舍仍然依靠租赁。

从课程设置看，欧洲华文学校的课程主要依据学生的学习需求来设置。学生对某种课程具有强烈的需求，华文学校一般会设立该课程，反之，则不然。为了迎合学生需求，荷兰乌特勒支中文学校就在开设中文课程之余，另外开设兴趣班，教授中国文化手工艺术、武术、合唱声乐、围棋等课程。显然，这种以需求为导向的课程设置体现出欧洲华文学校扎根于华人社会，服务于华人社会的办学宗旨，也为华校的生存与发展提供了不懈动力。

从教学安排看，欧洲大部分华文学校的教学时间一般安排在周末，或者是当地学校下课放学之后的工作时段。华文学校教学时间安排灵活，使华人孩子既能较好地接受所在国的教育，又能不忘"根"的学习中国文化，提升自己的综合素质。以法国华侨华人会中文学校为例，该校的课程主要安排在每周三、周六上课，这一时间段正是法国当地学生的课余时间。

通过上面的分析，无论欧洲华文学校创立的目的还是其今后发展的动力，都源自华人社会对华文学校的教育需求和华人华侨对祖（籍）国的情感及对中华文化的眷恋。华文学校是当地华人华侨传承中华优秀文化行动自觉的产物，具有较强的内生性特征。

二、欧洲华文学校的发展逻辑：内生性的发展

欧洲华文学校是内生性的海外汉语教育传播机构，获取内生性的发展动力实现学校的持续发展成为华文学校的首要任务。欧洲华文学校的内生动力主要源自两个方面：一个是华文学校促进人（特别是华人华侨）的发展；另一个是华文学校服务当地社会（特别是华人社会）的发展。促进人的发展，体现了华文学校的办学宗旨与培养目标，同时也顺应了当地人，特别是当地华人华侨及其子女对中文学习的需求，因此教育需求是欧洲华文学校发展的一个重要动力源。同时，华文学校也要服务当地社会，特别是当地华人社会的发展，这样华人团体才可能源源不断地为华文学校提供支持，因此社区关系也是欧洲华文学校发展的一个重要动力源。当然影响欧洲华文学校发展的动力源还有很多，如学校所获政策支持、学校治理结构等，但基于对欧洲华文学校的内生性特征与其自身的资源禀赋结构的考虑，笔者认为由促进人的发展而内生的教育需求和服务当地社会发展而内生的社区关系是欧洲华文学校发展的最主要动力源，它们一起决定着欧洲华文学校的可持续发展。

（一）教育需求：欧洲华文学校的生存之基

欧洲华文教育的需求，与巨大的华侨群体是分不开的。欧洲华人华侨数量越多，华文学校教育需求就越大。目前，中国人的足迹遍布欧洲各地，并以勤劳肯干和聪明才智在侨居国得以不断发展壮大。华人华侨在欧洲当地社会的生存、延续和发展，对欧洲华文教育提出了现实的需求。据相关媒体不完全统计，目前约有超过250万华人散居欧洲各国，这250多万华人对欧洲华文学校有着巨大的需求。[3]同时，随着中国大国崛起进程的加快，特别是中国经济在美国次贷危机后的坚挺表现，加强了汉语的实用价值，使许多非华裔青少年也加入学习中文的队伍当中。两股力量汇集在一起，构成了华文学校旺盛的教育需求。而欧洲各华文学校在招生、课程设置、教学安排、教学质量、社区活动等方面的灵活安排，增强了华文学校的吸引力，使得更多的孩子愿意、乐意到华文学校学习汉语。在逾60万华侨华人聚居的法国，法国华侨华人会中文学校每学期都要面临因为名额有限而有部分学生报不上名等待来年的情况，

因此，该校正在筹划创办一所规模更大，能吸收4 000名左右学生的中文学校。

欧洲华文学校的办学一般自负盈亏，他们的办学经费一大部分来自学生的学费。市场化的运作需要有教育需求作为保障。如果没有足够的教育需求，华文学校就不能招收到足够的学员，那华文学校就会失去生存的基础，进而被华文家教或华文培训班代替。很显然，欧洲华人数量进一步增长、全球化趋势和中国与欧洲各国教育文化交流增多，使华文学校的教育需求进一步扩大，保证了华文学校能够依靠自身市场运作得以生存。荷兰乌特勒支中文学校从创办之初的几十位学生的中文学习班发展到如今拥有500名学生，发展成为具备从幼儿班到成年人班的完整教学体系的规范教学单位，正是该校立足市场教育需求的结果。

(二) 社区关系：欧洲华文学校持续发展之本

欧洲的华文学校与当地社区有着天然的、不可分割的关系。华文学校的学生大都是本社区内的华人华侨子弟；华文学校的负责人大都是社区内华人社会的名流；华文学校的教师也大都是本社区的华人华侨；华文学校的宗旨之一就是服务社区。大多华文学校在创办的初期都或多或少地受到当地社区关心中国或热爱汉语的相关人士的关心与帮助。一般而言，华文学校从创办伊始，就成为当地社区中文教育最主要的阵地，成为当地社区传播中华民族优秀传统文化不可缺少的一部分。

关于学校与社区关系的互动模式，有学者以互动主体的主动程度为标准将其划分为社区主导参与模式、学校主导参与模式和学校社区共建模式等几种主要模式。[4]就华文学校与社区关系而言，目前，欧洲华文学校建构社区关系的方式较为多样，社区也表现了积极参与学校建设的热情，应属于双方共建模式。大多华文学校都会将"引进来"与"走出去"相结合，经常请当地社区成员参与华文学校的重大活动，同时也积极参与社区建设或庆典活动。华文学校还通过建立家长学校、家长委员会等形式，让大家参与到华文学校的发展过程中来，通过让家长参与来获取家长的支持，从而进一步改善社区关系，获取社区更多的支持。此外，华文学校作为新移民向老移民学习当地社会生活经验的一个重要场所，具有促进华人华侨融入当地社会的作用。一般来说，华人华侨们刚移居到欧洲时，由于人生地不熟，他们相对缺少社会、同伴的支持。在儿女上华文学校之后，他们在来华文学校接送孩子的过程中，能认识许多华人华侨的朋友。在等孩子放学的几分钟时间里,他们会谈论自己的育儿经验,谈论当地社会,特别是华人社会发生的重大事情。一些有学识、有经验、成功融入当地主流社会的家长有时还会介绍自己融入当地社会的历程及过程中的一些经验教训,这就能使刚到当地社会不久的华人华侨少走弯路,迅速地融入当地社会。意大利佛罗伦萨中文学校一直十分注重加深良性的社区关系,该校每年的重大活动除了邀请学生家长和侨团人员外,还会邀请当地政府和教育部门的官员前来参加,该校也会经常参加当地政府和社区组织的各类活动,并且会积极推出一些增强社区关系的互动性活动,这也使得该校与当地的侨团华社、政府部门、社区组织及教育机构都拥有良好的关系。

　　华文学校作为内生性的海外汉语言文化教育传播机构,缺乏政府的强力支持,一切资源都需要其本体与外部环境交换获取。欧洲的华文学校规模较小,抵御风险的能力相对较弱,然而其与社区形成的天然的鱼水关系,使其在遇到极端困难的情况,也能从社区中获取教师、学生等办学最重要的资源。事实上,不少欧洲华文学校的学生资源都来自其所在的社区,教师也大都具有志愿或半志愿工作的性质。华文学校的许多活动都与社区活动结合一起,部分华文学校甚至被纳入了当地社区的教育发展规划,这也为华文学校的可持续发展提供了强有力的保障。

　　教育需求是华文学校的生存之基,而社区关系是华文学校可持续发展之本。其实,只要进一步对华文学校进行深入分析,就不难发现,对于任何一个华文学校来说,教育需求都是最主要的因素。有教育需求学校才能获取生源,才能从其他组织获取资源支持;有生源学校才可能发展师资,进而保证学校的生存。华文学校的内生性组织性质使教育需求成了影响华文学校存亡最为重要的因素。欧洲华文学校扎根于社区,与社区的鱼水关系,使华文学校在极端困难的情况下,也能从社区中获取教师、学生等办学最重要的资源,克服困难,维持学校的正常运转。本文所研究的这三所华文学校以及欧洲很多生命力顽强的华文学校都在很大程度上对此做了印证。因此可以说,目前,教育需求和社区关系是影响欧洲华文学校生存与发展最为重要的因素。欧洲华文学校内生性的组织性质决定了其内生性的组织发展逻辑,也决定了欧洲华校的可持续发展之道。

三、欧洲华文学校发展的行动策略：扩大教育需求，夯实社区基础

欧洲华文学校是内生性的教育传播机构，遵循着内生性的发展逻辑。基于促进人的发展与服务当地社会发展的内生性目标，华文学校旺盛的教育需求和良好的社区关系能够保证其在不依赖外力推进的情况下，实现可持续发展。因此，欧洲华文学校发展的行动策略必须遵循华文学校发展的内生逻辑。

（一）找准华文教育定位，扩大教育需求

华文教育定位包括华文教育总体目标定位、人才培养目标定位、服务面向定位等。准确的华文教育定位，能帮助欧洲各华文学校以社会需求为导向，根据自身条件和发展潜力进行教育的发展规划。

1. 认清欧洲华文教育的"两重属性"

有一些欧洲华文学校对华文教育存在教育定位认识不清的问题，认为华文教育就是中文教育，而忽略了华文教育对当地华族的本真意义，即民族文化教育的重要作用。其实，欧洲华文学校在当地进行华文教育具有"两重属性"。对当地华人华侨来说，华文教育是当地华人华侨的民族文化教育，是当地华族为了维持民族传统、民族文化、民族风俗，进而深化民族内涵，促进民族持续发展而进行的民族语言文化教育；对当地非华裔而言，华文教育既可看作是本国少数民族语言文化教育，也可看作是外语教育，是当地多元文化教育的一部分。明晰了华文教育在当地社会的属性，欧洲华文学校就能有针对性地进行招生方面的宣传，并在教育教学中提高针对性，从而提升华文学校的教学质量，进而扩大教育需求，保证华文学校的可持续发展。意大利佛罗伦萨中文学校在开设汉语课程的同时，还开设民族特色鲜明的书法、绘画、音乐课等兴趣课，荷兰乌特勒支中文学校将中国民俗文化融入汉语课程教学中，这些举措都是学校认识到华文学校作为海外民族文化教育的重要载体，在延续海外华族传承发展方面的重要使命。作为荷兰最早成立的中文学校之一和荷兰中部地区最大的中文学校，乌特勒支中文学校还积极推动和协助当地学校开设中文课程，促进中文在荷兰的普及和推广。

2. 推动欧洲华文教育与国内语文教育的接轨

基于对华文教育的语言文化教育和民族文化教育双重属性的认识，海外

华文教育也可被视为是中国语文教育的延伸,特别是华侨比较集中的欧洲国家的华文学校可以通过将自身课程体系与国内义务教育接轨,建立学分互认制度的方式来实现与国内义务教育的对接,从而促进欧洲华文学校的课程建设,提高教育水平,推动教育需求增长。此外,由于中国经济的高速发展,中国政府的政策支持以及欧洲经济的衰退和波动等多重因素影响,海外华侨华人中的专业人士回国创业、工作、定居条件越来越好,形成了一股回流现象[5]。以浙江省为例,进入21世纪以来,回国定居的浙江华侨人数呈现快速上升的趋势,回浙定居华侨的侨居国主要集中在西欧国家,美国次之。[6]面对华侨回流高峰时期的到来,欧洲华文学校将自身教育体系与国内义务教育进行衔接十分必要,这将成为拉升教育需求增长的有力推动因素。第一,国内外接轨的华文教育有利于归国华侨子女迅速融入国内生活,继续接受国内教育,学生家长更乐于接受;第二,国内外接轨的华文教育对于那些想要在将来回中国发展的新一代华人华侨来说,更具吸引力;第三,国内外接轨的华文教育有助于华文学校获取更丰富的教学资源、提升师资水平,从而以更高的教学质量激发教育需求。

3. 充分认识欧洲华文教育服务对象的特殊性

欧洲华文学校作为欧洲华人华侨群体融入当地社会和保持民族传承的特殊产物,既具有作为知识输出、教书育人的教育机构的共性,也有其作为内生性的语言和文化传播机构的特性,突出表现在学校服务对象的复杂性。华文学校有别于传统的学校,就读学生的入学具有随机性,且流动性强、年龄分化大、汉语水平参差不齐。有些学生刚到侨居国,家长通过让其进入华文学校来更快融入华人群体和当地社会;有些学生在侨居国的全日制学校就读的同时,利用课余时间在中文学校学习,一旦课业加重或者课余时间被占用,则会中断中文学习。因此,华文学校在开展教学的时候,不仅要考虑学生的汉语言水平差异,也要考虑学生的年龄差异和背景差异,同时建立学生的学习进度追踪档案,时刻关注在读学生和潜在生源的需求变化,不断提升和完善课程和班级设置,使学校的教育更能满足学生需求。

(二) 夯实社区基础,提升服务能力

俗话说"远亲不如近邻",良好的社区关系是欧洲华文学校可持续发展的根基。欧洲华文学校要从两方面着手,稳固社区关系:一方面要服务好当地华人华侨,成为华人华侨沟通和活动的重要场所;另一方面则要提升面向整个社区的服务力,立足社区,广泛开展各种敦亲睦邻活动,融入主流社会。当地华人华侨本身又是社区成员,因此这两方面又是相互融合的。意大利佛罗伦萨中文学校从建校起就十分注重社区关系的处理,通过"六一"儿童节、元旦、中秋节、春节等节日,定期举行面向整个社区的大型活动,包括联谊会、晚会、文化交流会、艺术展览等多种形式,不仅丰富了当地华人华侨的文娱活动,也促进中国文化的宣传推广,增强社区的多元文化交流,提高社区对华文教育的接纳度。

1. 服务华人华侨,提升学校形象

欧洲华文学校的内生性发展逻辑决定了其与当地华人华侨群体天然的内在联系,社区内的华人华侨群体是华文学校学生和教师的主要来源,服务好区内华人华侨是华文学校赖以生存的根本,进一步提升服务能力是华文学校稳定发展的保障。第一,欧洲华文学校要积极地加强教师和家长间的联谊,与当地华人社团保持沟通联络,参与和协助社团开展活动,从而加深与区内华人华侨的关系。第二,欧洲华文学校要与国内相关组织机构以及侨办、侨联等部门积极联络,将国内优秀的文化艺术引入社区,同时开展多种形式的文娱活动,丰富区内华人华侨的生活。第三,欧洲华文学校要充分利用自身优势,强化与当地主流社会的沟通,代表华人团体,向主流社会争取华人的合法权益和平等地位,从而提升华文学校的形象和影响力。

2. 服务辐射社区,加深社区关系

在欧洲当地的社区中,与华文学校发生直接或间接联系的社会组织十分广泛,包括地方政府、工厂、学校、旅馆、医院、非政府组织以及众多的居民。因此,欧洲华文学校要在做好为华人华侨服务的基础上,进一步提升自身的服务能力,拓展服务范围,把社区中与自身有关的各个成员都作为服务的对象,使华文学校成为当地社会学习汉语、传播中华民族文化的最主要阵地,成为当地社区文化建设不可缺少的一部分。欧洲华文学校应进一步强化与社区相关组织的互动,通过输出教育和文化服务,造福于当地社区和民众,为社区的发展创造良好的人文环境。同时,华文学校要进一步发挥促融作用,提升促融质量,使华文学校成为当地民众与华人华侨相互沟通与理解的平台和主阵地,以促进社区内当地民众与华人华侨之间的沟通协作。荷兰乌特勒支中文学校与当地政府一直保持良好关系,每逢学校举办新春庆、建校周年庆等重大活动都会邀请当地政府、教育局等相关官员来参加,该校也积极参加当地政府和社区组织的一些活动,通过加强与社区联动来提升学校与社区的关系。意大利佛罗伦萨中文学校一直十分注重加强与意大利政府和教育部门的沟通合作,积极参加意大利教育改革研讨会,将学校纳入意大利多元文化教育计划,从而在当地主流社会树立学校的良好形象,发挥积极影响力。此外,该校图书馆还免费对社区开放,为社区提供了一个良好的中文学习环境。

参考文献

[1] 高伟浓,杨晶. 二战后欧洲华文教育的历史与前景的初探[J]. 暨南大学华文学院学报,2004(2).
[2] 张胜林. 华文教学的学科性质、定位与学科特性初探[J]. 华侨大学学报(哲社版),2001(3).
[3] 李明欢. 欧洲华人社会剖析:人口、经济、地位与分化[J]. 世界民族,2009(5).
[4] 黄葳,王晓燕. 学校与社区关系及其改善策略[J]. 教育科学,2006(10).
[5] 周龙. 新时期华侨华人专业人士回流现象探析[J]. 广西社会主义学院学报,2013(2).
[6] 季安照,袁靖华. 当前浙江华侨回国定居现象探析[J]. 教育科学,2008(6).

华文教育领域中的"温州现象"观察
——《世界华文教育》访温州大学意大利分校校长严晓鹏博士[1]

《世界华文教育》编辑部　整理

摘　要：近年来，意大利华人新移民圈所形成的"温州现象"，进一步促使意大利的华文教育领域也呈现出鲜明的"温州特征"。华文教育成为联系国内和沟通意大利社会的桥梁和纽带。特专访温州大学意大利分校校长严晓鹏博士。其以长期的一线工作经验，对意大利华文教育的发展历程、体现出的"温州力量"，华文教育中的"三教问题"及改进举措，原生家庭对华文教育的影响，华文教育在"一带一路"等公共外交方面发挥的重要作用等方面提出了鞭辟入里的分析和见解，有助于未来进一步推动华文教育更好的发展。

关键词：意大利；华文教育；温州现象

新时期以来，意大利的华人新移民不仅形成了所谓的"温州现象"，并且这一特点也辐射到了华文教育领域，产生了大批的温籍华校，进行"抱团式发展"。多年来，这些华校一方面借助于华侨华人社会自身的社会资源，与国内建立频繁的往来；另一方面也立足当地，尽力与当地主流社会和教育机构建立良好的合作关系，主动承担起搭建中意两国语言文化交流桥梁、促进两国民心相通的使命。与之相辅相成的是，国内的相关机构也对意大利华文教育的发展和研究予以了大力支持和及时跟进。温州大学在多年工作的基础上，还在

---

[1]　原文发表于《世界华文教育》2018年第3期。

意大利建立了温州大学意大利分校,进一步加强了两国在教育、文化交流等方面的联系与合作。整体上看来,意大利华文教育及相关研究都是紧密围绕着意大利华侨华人社会的发展特点和需要展开的,具有明显的"温州特征",可以说是新时期华文教育发展的一个典型样本,非常值得我们关注和研究。本期邀请的访谈嘉宾严晓鹏博士,先后担任温州大学华文教育研究所所长、国际合作学院院长,现任温州大学意大利分校校长,始终坚持华文教育为侨服务、为社会服务的理念,在华文教育研究及实践中硕果累累。严博士对欧洲特别是意大利华侨华人社会及华文教育进行过持续深入的研究,在访谈中他从学术研究和教育管理的角度,对意大利华文教育状况、特点、问题和发展目标等发表了切中肯綮的见解。

1. 这些年来您和您的团队一直关注着意大利华文教育问题,从历时的角度来看,意大利华文教育的发展呈现出什么样的趋势?从横向来看的话,它与欧洲其他国家的华文教育相比,是否有其独特之处?

意大利华文教育起步于 20 世纪 70 年代末 80 年代初。在这一时期,意大利成为海外华人新移民聚居地之一,浙江人是其中最大的群体。当时,初代华人华侨移民文化程度相对较低,在工作之余,他们较少关注自身文化水平的提升。只有少数早期移民以传承中华文化与语言的目的进行着个别的华文教育。20 世纪 90 年代末,意大利的华文教育逐渐发展。华文教育的发展曲线可以反映出当地华人华侨的生存状态。随着经济状况的好转,以及新移民子女在意大利的出生成长,或者在国内的子女跟随父母移居意大利,新移民开始关注子女融入当地社会的需要,重视子女的教育。21 世纪初以来,意大利华文教育开始井喷式发展。

意大利的华文教育有着自己鲜明的特点,其中很重要的就是"温州现象"或者"温州力量",在意大利有很多温籍华文学校,这些学校的校长都是来自温州,比如佛罗伦萨中文学校、中意学校、罗马中华语言学校等。去年刚成立的意大利中文学校联合总会中温籍华文学校 20 余所,数量几乎占 2/3。

另一重要特点是,意大利华文教育在意大利"汉语热"的背景下,用足已有的国内侨务、教育部门政策,也充分借助于意大利多元文化教育政策的背景,广泛调动侨团侨社、当地教育文化部门、当地社区等多方的积极性,形成了华文教育合力,初步形成了华文教育资源共享,有序发展华文学校,华文教育走向规范化、优质化道路。

2. 国内外形势的变化对意大利华文教育产生了什么影响？

欧洲各国华文教育发展到现在已有80余年的历史，但是真正快速发展还是近20年的事。随着中国国际政治经济地位的不断提高，"汉语/华文热"持续升温，意大利华侨华人对华文教育的需求增长迅速，意大利华文教育发展迅猛。与此同时，意大利政府和整个社会也越来越重视中国语言和文化的教育。2016年，意大利教育部门正式将汉语文化教育首次纳入意大利国民教育体系，目前，意大利约有8%的学校（279所）已开设中文课程，约1.7万名意大利学生在学习中文。这为意大利华文教育提供了前所未有的良好机遇，也对华文教育的师资、课程等提出了更高的要求。

3. 目前大量研究都已指出华文教育的问题在于"三教"，即教师、教材、教法，虽然我们已有不少举措来试图解决或者说缓解这些矛盾，但面对不同国情下错综复杂的华文教育，还是感觉做得不够。您怎么看待这一问题？

整体上，三教问题在不断改善与改进。一方面，随着国家政策的倾斜，国侨办的大力支持，大量从业教师通过国内各类的继续教育以及当地的培训教育，教学水平有了一定的提高，教师知识储备明显提升；另一方面，教师文化素质的提高也是不争的事实，不少意大利华文学校的从业人员是在当地就读研究生的留学生；再者，国务院侨办派遣的志愿者教师充当了教学主力军，有效补充了海外教师数量，在一定程度上缓解了师资质量问题。

教材方面，一是以暨南大学、华侨大学、北京华文学院为首的国内华文基地院校整合优秀师资力量，编写了多套适合海外华教使用的国别教材。二是师资水平的整体提高，使得所在地教师能根据学生特点，开始摸索针对本校、本区甚至华侨学生的教材编写，或对国内教材进行研究，并在实践中，尝试不同教材的组合，逐渐形成了教材系列。三是随着信息技术的发展和进一步普及，与国内同步的教学模式得到广泛应用，这意味着不少海外华校能够使用国内义务教育阶段的语文教材。

关于三教问题，亟待梳理以下问题：

一是定位问题。需制定华文教育的教学质量标准，它不等同于国民教育，也不同于对外汉语教育。目前用HSK或者国内统考试卷来测量教学质量，缺乏一定的科学依据。需要尽早确定教学质量标准。

二是需加强国别化华文教育研究。华文教育在不同的国家中,存在的方式各不相同。但是目前不管是教师培训、教材编写或者是教学方法训练,还是大同小异的模式。建议加强不同国家的三教问题研究,再细化分类,以相同要素归类,实行有效培训。

4. 在各种因素影响下,意大利的华裔青少年受教育的状况比较复杂。比如他们可能由于语言文化水平不过关,导致跟不上当地学校的教学进度;甚至很多华裔青少年早早地辍学,从事家族生意等。您对华裔青少年在意大利学习生活中遇到的问题是如何认识的?

一方面,学生的情况是比较复杂的。有些出生在国内,成长在意大利;不少孩子出生在意大利,小学阶段在国内,小学毕业再去意大利;还有一些孩子则是意大利和中国不定期居住。复杂的学生情况导致了意大利华裔学生的语言水平参差不齐,文化认同程度高低不一,意大利华裔与当地社会文化的融合,对当地教育体制的了解和习惯,都存在着磨合现象。这是事实,也是高辍学率的原因之一。

另一方面,家庭经济原因也导致了辍学。

这个问题的解决要从三个方面来着手:第一,中国政府需要对海外的国民教育进行投入;第二,意大利当地政府还需要进一步扶持;第三,家庭和社区需要更新观念。

5. 您如何认识家庭或者说家长对华文教育的影响?

最早的华文教育根源在于:华人家长意识到自己的孩子不会说母语,不能在家庭中和社区中熟练使用汉语,意识到这样会制约孩子本身的发展,同时,离开了中华文化根源的滋养,华二代"香蕉人"趋势明显,为了避免这种现象发生,华人家长越来越重视"华文教育"。

由于意识到华文教育的重要性不断提升,家长们不仅要求孩子学习华文,还要求孩子精通华文;家长们也积极参与华人社团举办的各种活动,不少家长资助华文学校,用实际行动表示对华文教育的支持。

6. 就您多年来的观察和调研,一所成功的华文学校需要具备哪些条件?校长个人的因素在华校发展中起到什么样的作用?

在中文学校的发展过程中,许多因素对其产生了较为深刻的影响,由教育需求、政策支持、组织交流和社区关系组成的外部环境因素及由治理结构、资源获取和教师发展组成的内部治理因素应该是相对最为主要的。在这些影响因素当中,教育需求和社区关系在学校发展过程中位于核心地位。有教育需求,华文学校才能招收到足够的学生,进而拥有足够的办学经费来维持学校的正常运转。华文学校狠抓教育教学质量、灵活设置课程、安排授课时间、建立图书馆、开通学校网站,很大程度上都是为了扩大教育需求,增加学生数量。

社区关系对华文学校的发展也非常重要。良好的社区关系使社区居民对中文学校具有一定程度的信任,这种信任使他们更容易把孩子送到华文学校来接受中文教育。

校长是一所学校的灵魂。只有一个优秀的校长才能培养出优秀的校风。

7. "一带一路"建设中,提到"民心相通",而要"民心相通",语言文化的交流是必不可少的,甚至是首先要解决的问题。前几年由于欧债危机和其他一些因素的影响,在欧洲特别是意大利的华侨华人,受到当地社会的歧视和排挤。有人指出原因一部分在于华侨华人社会与当地社会在一定程度上的隔绝,导致语言文化交流不畅,从而造成两个群体之间的对立甚至冲突。这算不算一个"民心相通"的反面例证?有什么解决办法?

冲突是多方面的,语言上的不通也是其中一方面,还有一些经济方面的冲突,以及文化方面的矛盾。实际上,随着中意关系的深入,融合已成为意大利华人华侨社会与当地社会的共识。冲突与融合是一个辩证的存在,是发展中必然出现的现象,目前发展趋势良好,并不能说明语言问题引起的冲突是一个反面例证。

目前而言,随着中意关系的深入,融合是趋势。融合已经成为华人华侨社会与当地社会的共同认识。语言不是"民心相通"的反面例证,每年有近5千名意大利学生来中国学习中国的语言与文化,相对的,每年也有4千名中国学生赴意大利求学,语言让东西两个文明古国的民心距离逐渐拉近。

8. 我们注意到这些年来意大利很多华校非常注重与意大利当地社区、教育机构等的交流与合作,特别是在华文教育方面的交流合作进一步深入的情况下,您所在的温州大学还和意大利共同成立了温州大学意大利分校,扩大了双方合作的领域。据我们所知,通过这些语言文化方面的交流活动,也促进了意大利对中国的了解,比如邀请意大利学生到温州考察和学习,意大利的热心人士向贵州妇女进行援助等。这也是华文教育除了教化育人之外的其他社会功能的体现。能否以意大利华文教育为例具体谈谈华文教育在"一带一路"建设中促进"民心相通"方面的作用？进一步地来看，华文教育在公共外交中能够发挥什么作用？

华文教育是意大利多元文化教育中非常重要的一个部分。通过华文教育，构成了意大利华人家庭、社区，意大利学生与中国学生、学校的互相交流与沟通，这些都是公共外交的具体方面。

一方面，华文教育促进了公共外交的拓展；另一方面，公共外交的拓展也进一步拓宽了华文教育发展路径。华文学校具有市场性、民间性和社会性的特点，华文教育助推了文化传播、加强国际及地区间的政治教育文化交流，帮助华侨华人了解和融入当地社会，也促进了华人华侨自身的发展。以佛罗伦萨中文学校为例，作为"中意文化交流协会"的项目，佛罗伦萨中文学校长期与意大利COSPE合作，是一所被意大利教育部门纳入多元文化教育计划的华文学校，其独特、鲜明的办学模式一直受到各有关教育部门的重视。这所学校的成功设立和持续发展，离不开两国的民间和政府间的交往合作。华文学校与当地华人社区、意大利人社区以及当地政府建立了良好的互动关系，每年学校举办重大活动都会邀请佛罗伦萨市政府、教育局等相关官员来参加，同时也积极参与当地政府和社区的活动，建立了一个良好的社区关系。华文学校的存在和发展使得当地社区的教育资源和多元化语言教育有了一个新的尝试，也为当地华人华侨及子女融入当地社会，当地社会更好地了解中国提供了新平台和新渠道。

9. 近年来全球化、跨国化的发展趋势使得海外的华侨华人社会与中国的联系越来越紧密，掌握中文是必要条件，但同时他们也有融入当地主流社会的意愿和需求。在操作层面上来讲，这两者有时候是有矛盾的，这就给我们提出一个问题，那就是在这种情况下，意大利华文教育需要培养什么样的人才？目前华文学校的培养机制能否满足这样的需求？

华文教育培养的是融通中外文化的人才，是中外文化交流的桥梁，是中国宣传"一带一路"，促进中意政治经济文化交流的一支力量。由于目前意大利的华裔学生辍学率较高，我们建议意大利中文教育要纳入意大利高中阶段文凭教育，再进入中国接受系统的高等教育，获得更好发展，从而真正站在中意文化交流的中央舞台上。

目前,华文学校办学灵活,针对华人学生的特点,还会开设诸如数学、英语等课程,办学针对性上的比较优势,使华文学校能获取更多的学生资源,进一步提高教育需求。

10. 温州作为著名的侨乡,多年来不断地输出新移民,他们遍布世界各地,形成庞大的社会网络,他们对所在国华文教育产生了怎样的影响?另一方面,很多移民只身出国工作,也使原籍地产生了大批跨国留守儿童。您能否以温州为例谈谈华文教育应当如何为侨服务的问题?

一方面,大量海外温州人是海外华文教育的生力军,也是中国文化海外传播的生力军。海外温州人的社会网络形成了温州人为主的侨团侨社,这些团体出资建设华文学校、投资华文媒体,举办各类中国文化活动,宣传中国文化,讲好中国故事。其次,海外温州人是一个紧密抱团的团体,互相协助的精神在温州人身上普遍存在,温州人创办华校的人数众多,也热衷于将各类华文学校进行资源整合,扶助弱小华校,创办了各类华文教育协会,以抱团式共同发展当地华文教育为目标。

另一方面,大批跨国留守儿童也是事实。温州的华文教育为侨服务,具体有两大抓手,一是发挥温州华文教育基地的作用,做好对内的侨界留守儿童工作,二是联动海内外温州人,做好海外的华侨华人继续教育工作。温州的"寻根之旅"夏令营以及侨界留守儿童夏令营是两大品牌。

11. 这两年您的身份有了变化,原来主要是温州大学华文教育研究所所长,现在是温州大学意大利分校校长,这种角色上的转换对您的研究带来什么影响?在意大利分校的发展规划中,华文教育这一块是如何设计的?

通过研究华文教育,让我得以深入了解意大利华文教育的状态以及华人华侨子女受教育的状况,令人忧虑的是华人华侨子女面临着毕业率低和辍学率高的困境。如何让这些华人华侨子女和华裔新生代更好地融入当地社会,通过文化教育提升自身竞争力,接受中国语言与文化的熏陶,提升文化和国家归属感,这是当务之急。所以意大利分校的建设一个很重要的目的就是"服务世界温州人"。华文教育在意大利分校的建设规划中占有很重要的位置,近期我们刚刚成立欧洲华文教师培训学院,目的就是为了提升华文教师的师资水平,为意大利乃至欧洲输送优秀华文师资,提高海外华文教育水平,更好地推进"中华文化走出去"。

12. 您本人的教育经历跟华文教育并不相关,可以说您一直是在从事"跨学科"的研究,但是多年来在华文教育领域取得了丰硕的成果。您的学科背景对您的研究工作有什么影响?在您看来,华文教育研究需要具备什么样的学术基础?

本人系统学习过哲学、管理学、国际政治。尽管教育背景与华文教育没有直接关系,但正因为多学科的教育背景,可以让我跳出语言学和教育学的视角,去看待华文教育这一问题。

在我看来,华文教育是多学科的研究方法,它既可以是学科,也是一个研究对象。这一研究对象,可以用传播学理论分析,也可以用管理学理论去研究,不同的研究角度,可能会有不同的研究成果。我认为:在研究过程中,可以进一步明晰华文教育的学科边界,学科的发展也将逐步建立,华文教育也将经历从形成期到发展期,再到成熟期这一过程,和其他学科一样,形成有特色的、具有交叉学科背景的一门新学科,我们可以说它是汉语国际教育,也可以称之为华文国际教育。

发挥地缘优势　服务海外华教
——访温州大学华侨学院副院长包含丽[①]

《世界华文教育》编辑部　整理

摘　要：温州是著名的侨乡，温州籍华侨华人遍布全世界，尤以欧洲为多。欧洲新侨资源丰富，对族裔语言文化有较强的认同和教育需求，是海外华文教育及海外统战工作不可或缺的组成部分。如何充分发挥海外华校在语言文化传承中的作用，特别是如何更好地挖掘侨乡资源，与海外形成联动，是新时期深化海外华文教育的重要议题。温州大学华侨学院副院长包含丽应邀，就温州大学华侨学院近年来立足其地处侨乡的地缘优势，紧密围绕海外华侨华人需求展开的一系列举措作了细致解答。温州大学以侨为特色，围绕侨研究、侨文化、侨教育和侨保护四大板块开展工作，先后成立了多个研究中心和院所，涵盖了华侨华人研究的各个方面。包含丽还结合华侨学院在华文教育方面的办学成果，介绍了当前欧洲华教的特点、问题以及学院就此开展的帮扶工作，同时就欧洲华裔新生代的差异化特征提出了富有见地的针对性教育方案。

关键词：温州；华侨华人；欧洲华文教育；文化传承；温州大学

1. 我们注意到，贵校近年来先后成立了多个研究院所，可以看出其研究方向涉及方方面面，这些机构的设置是否是贵校涉侨研究整体布局的一部分？

是的。作为侨乡的大学，我校正在积极创建以侨为特色的"省部共建"高

[①]　原文发表于《世界华文教育》2021年第3期。

校,主要围绕侨研究、侨文化、侨教育、侨保护四大板块开展,其中,侨研究是重点,为此,我们成立了欧洲华文教育研究所、世界温州人研究中心、侨务公共外交研究中心、华侨华人发展和侨务工作研究中心、国际移民研究院,获批教育部意大利研究中心、中国华侨华人研究基地、国家民委"一带一路"国别和区域研究中心、中国华侨国际文化交流基地等研究院所,面向欧洲,聚焦华文教育、华商经济、国际移民、侨务工作等四大板块,走智库化发展道路。

2. 贵校在去年还成立了浙江华侨网络学院,它的成立是应疫情需要还是早有规划?目前开展了哪些方面的工作?

浙江华侨网络学院应该说是疫情下的产物。去年(2020年)3月,欧洲新冠肺炎疫情爆发,海外华侨华人过起了居家隔离生活,为了缓解当时华侨家庭的恐慌情绪,我校设立了"云端华校",发起了"守望相助 快乐汉语 亲子共学"线上华文教育名师大讲堂活动,活动一推出就受到海外华裔青少年家庭的热烈欢迎。去年7月,在浙江省侨办、侨联与我校共同筹建下,成立了浙江华侨网络学院。

自成立以来,浙江华侨网络学院与温州大学华侨学院共同办学,积极整合海内外华人资源,为海内外侨胞量身定制设计课程。开设有华文教育、华商教育、技能培训、家长学校、侨胞文化素养提升、华侨大学生课程六大板块课程内容,先后承办六期中国侨联主办的"亲情中华·为你讲故事"秋冬令营活动,开展家长学校系列课程、趣味汉字、趣味华文教育、小学数学等各类云端课程达415场次,吸引了海外侨胞1.53万余人参与,各类线上课程活动共计50余万人次。相关工作成效被学习强国、《人民日报》、网易、新浪等40多家主流媒体进行了共计50余万则深度报道,相关报道达1030万余则,教学成果受到海内外侨胞的高度肯定,成为海外侨胞爱用、好用、管用的为侨服务网络学习平台,成为全球华侨华人的"加油站",不断扩大知华友华的国际舆论朋友圈。2021年2月,温州大学"成立浙江华侨网络学院"获评2020年度全省侨联系统"最具影响力工作",在服务海外侨胞、传播中国好声音中贡献了力量。

3. 作为侨乡的华教机构,如何看待自身在海外统战工作中的角色和作用?

作为在侨乡的华教机构,在海外统战工作有着独特的优势,主要体现在以下三点:一是新侨资源丰富。温籍侨胞具有历史久、数量多、分布广、结构新、实力强等5个特点,共有68.8万人分布在全球五大洲131个国家和地区,成立了305个侨团。温州籍华侨华人90％以上是在改革开放后离开家乡的,也就是说绝大部分是新侨,在政治上有地位、经济上有实力、学术上有专长的温籍华侨华人为数不少,在历次国家重大活动中总能看到他们的身影。比如,在2018年全国第十次侨代会开幕式上,邀请的1 800位华侨华人嘉宾中,温州人就有102位。二是"温"姓华校数量多。当前,越来越多温州籍华侨华人在海外创办中文学校,致力于传播中华文化,由此形成华文教育的"温州现象"。据统计,海外"温"姓中文学校已有50多所,其中12所"温"姓华文学校获得国务院侨办授予的"华文教育示范学校"称号,13位温州人获得"热心海外华文教育杰出人士奖"。他们开拓创新,与家乡温州联系紧密,积极开展中外文化交流,促进了中外合作,开创了一个独特的华文教育民间公共外交新模式。三是高校机构优势显著。温州大学是全国首批华文教育基地,华文教育资源丰富,拥有88年的师范教育历史,温州市70％以上的名校长、名师均毕业于我校,设有9所附属学校与汉语国际教育(华文教育方向)硕士点。作为民间机构,高校学术自由,在海外统战工作中可以发挥更好的优势。

4. 温州是著名的侨乡,可以说贵校在华文教育和涉侨研究方面具有较强的地缘优势,能否介绍一下贵校在这方面的经验?

作为侨乡的大学,温州大学应该是全国最早开始华文教育的高校之一,华文教育基础扎实,涉侨研究成果丰硕。早在1999年,温州大学在温州市侨办以及海外侨领的积极筹备下,首次举办"中旅行·温州情"华裔青少年夏令营活动,先于"中国寻根之旅"海外华裔青少年夏令营活动。至今已成功举办了20期"中国寻根之旅"夏令营活动、6期华文教师培训班,帮助3 000余名海外华裔青少年以及数百名华文教师"寻根、铸魂、圆梦"。2016年,学校在华侨集聚的意大利创建温州大学意大利分校,设立欧洲华文教师培训学院。在过去20多年华文教育办学实践及科学研究历程中,我们聚焦欧洲,积极与海外温州人创办的华文学校互动,开展华文教育实践与研究,积累了丰富的华文教育办学经验与研究成果,涵养了丰富的侨务资源,逐步在欧洲树立起华文教育的"温大"品牌。

5. 与其他国家和地区相比,欧洲华文教育有哪些特点?这些特点对我们的教师培养、教材编写等提出怎样的要求?

欧洲华文教育具有起步晚,基础薄弱,需求量大,发展迅速,移民结构复杂、国别差异大等特点。以意大利、西班牙为代表的华文学校以市场化机制为导向，注重教师培养与课堂规范，教学进度与国内保持一致，开创了高质量华文教育发展新模式。在疫情背景下，欧洲华文教育呈现出数字化、多元化、全日制、全球化、专业化发展趋势，需要我们针对各个国家特征培养师资，研发符合各国文化与语境的本土化华文教材。

6. 在您看来，目前欧洲华文教育有哪些亟须解决的问题值得深入研究？

目前，在新冠肺炎疫情背景下，海内外社会各界纷纷参与到在线华文教育中来，不管有没有办学资质，在互联网低成本的背景下，似乎谁都可以开设网络课程，成立华文教育网络学校。在线华文教育组织办学的随意性已经严重影响了办学规范与合法化。我认为，海外华文学校的规范化建设是当前最重要的命题，因此，开展华文学校教育质量评估体系研究尤为重要。另外，疫情下欧洲华文教育机遇与挑战、华文教材研究与共建、欧洲地区华人华侨子女文化认同、互联网华文教学研究、华文教育国际合作、华文学校管理与发展趋势、华文学校校长胜任力研究、欧洲华文教育史研究、欧洲华文教育国别研究、华文学校与孔子学院融合发展研究等问题都有待研究。

7. 贵校与欧洲华校在哪些方面展开了合作？

目前，我校欧洲华文教育研究所与欧洲华校主要开展了教师培养与派遣、教学质量评估、学术交流、与国内中小学结对交流、案例研究、共建家长学校等方面的合作，提供小学数学、趣味汉字等网络教育资源，以服务海外华文学校为宗旨，提出"快乐汉语　亲子共学"的网络华文教育理念，打造家长—教师—学生三位一体的教育体系，与海外华校共建学术共同体。

8. 贵校刚刚主办了欧洲华文教育学术研讨会，与会人员众多，学术背景丰富，在学界引发强烈反响。这次会议给我们哪些方面的收获和启示？

本次会议采取线上线下相结合的方式召开，共有249人与会，分别来自国内16个省市及18个国家和地区，包括110名来自海外华文学校的校长和教师。我觉得主要有以下四点收获：一是首次搭建了聚焦欧洲华文教育研究的平台，汇聚了一批海内外华文教育专家学者，整合海内外华文教育资源，共建欧洲华文教育研究学术共同体。二是提升了海外华校校长与教师素养，提高了华文教育使命感与办学站位，引领了一批具有研究意识的华文学校校长，有好几位华校校长跟我联系，想跟我们一起做华文教育研究。三是促进了中外交流,会议结束后,我们近期又召开了欧洲华文教育学术研究会俄罗斯分会,在分会上共建中亚东欧学术研究共同体,极大地促进了中国与欧洲各国的交流与合作,未来还将与各国华校合作召开分会。四是充分展示了华文教育20多年来的办学成果,在会议期间举办了全国首个华文教育展——温大华文教育20年办学成果展,发布《温大华教二十年》纪录片,以温大为缩影,在建党100周年之际展示华文教育办学成果意义非凡。

9. 贵校针对欧洲华校的师资培训有哪些重点和特色?

我校欧洲华校的师资培训通过"学、思、看、游"等4个层面开展中华文化素养提升、跨文化交际能力、课堂教学能力、家校沟通技巧、趣味课堂设计、教育心理学、我的华文教育梦等课程,激发华文教师教育使命感,提升教学水平,促进欧洲各国华教资源共享与合作。培育老师们对华文教育的情怀和使命感、创新意识以及国际视野与大华文教育格局应该是我们的培训特色。

10. 欧洲华侨华人新生代在认同和语言文化学习方面有什么特点?

华侨华人新生代文化认同和语言文化学习与各个国家的移民政策、社会福利、国家经济水平密切相关。以欧洲为例,意大利、西班牙这类新移民较多的国家,社会福利相对较差,很多华侨华人家庭随时准备回国发展,所以非常重视华文教育,很多华裔孩子频繁往返祖籍国与居住国,中文学习进度基本保持与国内孩子一致。而在奥地利等福利较好的国家,移民家庭就是在当地扎根,没有想着回中国发展,中文学习就相对比较松散,重视程度就没有那么高。

总体来说,欧洲华侨华人新生代身份认同与文化认同度高于其他地区。欧洲华裔新生代大致分为三类:一是在欧洲出生和长大的华二代,二是在中国和爷爷奶奶生活了几年之后再出国的孩子,三是华三代、四代。对学习中文最感兴趣,中文成绩相对比较突出的是在中国待过几年的孩子,他们对学习中文更具有积极主动性,对中文课本当中的一些场景和情感也更容易产生共鸣。在这里土生土长的华二代,他们的爸爸妈妈对中国还是很有感情的,经常会教育孩子们应该为自己的祖籍国而感到骄傲,这类孩子会非常喜欢中国,觉得以后可以去中国学习,甚至工作生活,这类孩子也能非常主动地学习中文。相比来讲华三代、四代学习中文的热情以及接受程度就没有那么高,他们和中国的纽带已经少之又少,甚至没有中文的语言环境。他们的爸爸妈妈就是国外出生长大的,可能早期国外的中文学校不像现在这么普及,父母自己对中文也是只会说不会写的,那么这些孩子对中文接受度就会相对差一些,家里没有中文的语言环境,除了学校也接触不到相关的中国文化。

11. 通常我们将华裔青少年作为一个整体来研究,实际上这个群体内部在构成、来源、语言文化等方面存在较大的差异性。您如何看待这种差异性?针对不同层次、群体的华裔青少年,我们在华文教育方面可以有哪些针对性的措施?

不同国别、不同地区的华裔青少年的差异性是非常巨大的,我们研究所接下来的研究重点就会放在华文教育的国别研究。前段时间我们研究院召开的俄罗斯华文教育分会就特别好,能够对一个国家不同地区、不同机构的华文教育有一个全面的了解,接下来我们将以这种方式召开欧洲各个国家的华文教育分会。每个国家的政治、经济、文化不同,华侨华人移民背景不同,华文教育的针对性就会不同。以意大利为例,意大利的北部与南部的华裔差异都非常大,所以不能一概而论。

针对不同的群体,应该采取不同的策略。比如,华三代、四代的学习动机与语言环境都较弱,应该降低难度,引入兴趣为主,小班教学,找有双语教学经验的老师授课。教学内容应该是中国传统文化的普及和中西两国的文化比较,运用视频、图片等多媒体素材,加强课堂实景听说教学,提高他们的口语沟通能力,先让孩子听得懂、讲得出,同时用博大精深的中国文化吸引孩子,建立他们的民族认同感,并推出一些有针对性的等级考试以增强中文学习动机。对于华二代的孩子,重点应该是让孩子们明白为什么要学好中文,学好中文对将来的事业有什么帮助。华文学校要注重加强与家长的沟通与培训,创建学习型家庭。家长如果经常回国,重视孩子的中文学习,创设语言环境,孩子的身份认同与文化认同就强,中文学习效果就比较好;如果家长不重视,有可能就会错失孩子中文学习最佳时机。经常往返祖籍国与居住国的孩子应该侧重发挥中外文化使者的教育,学好中外两国语言与文化,鼓励他们积极融入当地主流社会。

温州大学华侨学院立足侨乡,布局深远,意义重大,为我们助推海外华文教育发展提供了一个良好的范本。包含丽多年来致力于欧洲华文教育研究,同时也在家庭教育研究方面颇有心得,因此本次访谈我们不仅得以了解华侨学院的宏观布局,也能够获知具体而微的针对华裔新生代的教育教学方法,对我们开展教学具有切实的指导意义。非常感谢。

意大利华语教育组织类型及发展思考

——基于资源依赖理论

郑 婷[①]

摘　要：意大利是"一带一路"沿线国家，也是欧洲"华语热"较为兴盛的国家。境内存在四类形式的华语教育组织，分别是华文学校、孔子学院（课堂）、体制内高校、体制内中小学，它们共同构成了意大利华语教育联合体。华语教育组织与外部环境存在单边依赖、多边依赖两类关系。单边依赖与"捆绑式""各取所需式"的多边依赖关系影响教育组织专业化发展，易引发组织之间恶意竞争，影响意大利华语教育发展。破解这一困境需鼓励教育组织公共表达、资助发展，建设创新机制化协同，逐步建立嵌入式资源依赖。

关键词：资源依赖；华语；教育组织

在30多万平方千米的意大利国境内，生活着30多万华侨华人[②]，境内分布着30多所华文学校、中国台湾人创办的侨校、中文补习机构，在读生约2万余名[③]，是欧洲华文教育的重镇。随着全球化的推进，中国软实力的提升，在意大利政府推动下，意大利民众自发自觉开始了汉语学习行动，成为"自下而上"

[①]　郑婷，温州大学国际处副处长、温州大学欧洲华文教育研究所副所长。主要研究方向：华文教育、汉语国际教育。
[②]　Istat[EB/OL]. https://www.istat.it/.
[③]　意大利中文学校联合总会是意大利全境最大的华教协会，共有31家华校加入。

拉动汉语纳入意大利国民教育体系的重要力量。截至 2018 年年底,意大利境内共 12 所孔子学院,39 家孔子课堂。境内 96 家高等学校中,有 48 所高校开设了汉语专业或者汉语课程①,仅在米兰一地就有 6 所大学设立汉语课程,米兰所在的伦巴第大区共有 43 所中小学把汉语列入必修课程。初步估计,意大利境内中文学习人数超过 10 万人。意大利"汉语热"现象中,有四类实施汉语、华文教学的主体,分别是华文学校、孔子学院、国民体系大学、主流社会中小学,这四类主体共同构成了意大利华语教育联合体,本文称之为华语教育组织。

一、概念界定

华语:本文的"华语"概念来源于"大华语",指的是除了地区方言之外的海内外汉语[1],是国际性规范语言。以普通话为基础的华人使用的共同语,在意大利境内拥有四个称呼:"华文""华语""中文""国语",意大利籍人士使用的普通话,意大利境内称之为"汉语"。不管是哪种称谓,共同点是:以中国北方话为基础方言,以北京语音为标准音,以典范的现代白话文著作为语法规范的通用语。因而,本文用"华语"一词包含"华文""华语""中文""国语""汉语"等 5 个概念。

教育组织:本文的"教育组织"是指,依法建立的、为教育提供公共服务的社会单位。教育组织具有明确的目标导向、精心设计的结构、有意识协调的活动系统,同时又同外部环境保持密切的联系。

华语教育组织:包含中文学校、华文学校、侨民学校、补习班,以及开设汉语课程的大学、中小学、孔子学院(课堂)。按照开办主体性质不同,将其分为四类。一是华人华侨团体、华侨个人开办的华文学校(包含中国台湾人开的侨校);二是中国政府与意大利高校合办的孔子学院(课堂);三是无孔子学院但开设华语课的高校,包括意大利政府办学以及私立大学,由于归口都是意大利教育部,所以统称为"体制内高校";四是意大利教育部管辖的中小学,包含公办和民办学校,称"体制内中小学"。

---

① Chiara Buchetti. Dove Studiare cinese in Italia [EB/OL]. http://www.chiarabuchetti.it/dove-studiare-cinese-in-italia/.

资源依赖理论：组织的生存需要在与环境的交换中获得关键性资源,而环境通常包含其他组织。[2]这一理论基于以下假设：没有组织是自给的,所有组织都与环境中其他组织进行交换以获得生存,如在交换中过程中,环境未给组织提供关键性的资源,组织无法运作。[3]华文教育组织的关键性资源是办学资金、生源、师资来源、师资水平、教学场所、教材来源。[4]

二、华语教育组织资源依赖类型、行动策略

考察华语教育组织的生存和发展,离不开意大利教育环境、政策环境、文化背景,也需要考虑中国政府、华人社团、国外非营利性组织、企业等相关因素。组织对资源的需求构成了组织对外部的依赖,资源的稀缺性和重要性决定了组织对环境的依赖程度。根据实地观察以及文献搜索,将意大利华语教育组织与外界环境的资源依赖归纳为以下几种关系。

（一）单边的主/被动依赖关系

这种关系指的是外界环境单向对华文教育组织进行资源给予,教育组织对资源提供者依赖度非常高,教育组织是被动接受一方,资源提供者是主动输出一方。意大利华文学校多以当地华侨私人出资创办的学校为主,这类产业式学校以营利为最终目的,投资人把资金投入学校,校长进行自主管理,合理运营,产生收益,市场化程度很高。但其办学过程中的关键资源获得需要当地政府、中国政府支持,离开外部环境,生存困难。常见于单边制度依赖、单边资源依赖、单边路径依赖等形式。

1. 单边制度依赖：华文学校存在的合法性、合理性依赖于当地政府

意大利华文教育组织是体制外社会组织,与体制内中小学比较,华校对于资源的需求和重视程度不同。法律、行政、政治上的合法性是华文学校非常重要的制度性资源,而这一资源只集中在意大利国家和政府手中,因此华文学校往往表现出对政府权威的依赖。在意大利注册华文学校,必须满足政府对于教育组织所有的严苛要求。意大利教育部门对于校舍的要求非常严格,华人开办的学校往往由厂房、库房改建而成,教室多半面积不达标、消防安全设施缺少,一旦被查,将被取缔办学资质。2019 年,意大利普拉托市公共管理教育办公室、卫生局、消防和执法部门组成的联合调查组,突击检查了普拉托 2 所大型华校,两校均存在私改房屋建筑结构、录取低龄儿童问题,被执法部门当

即查封,相关负责人被检方立案调查,并依法提起公诉[①],而后,其中一所历时20多年的意大利规模最大的华校更名,重新选址,重新注册,学生人数降至原来的50%。是否达到意大利政府对教育组织的要求,关系到华文学校存在的合法性,这是制度上的依赖。

2. 单边资源依赖

(1) 华校教学场地:纯粹依赖当地政府

当意大利华文学校的存在具备合法性后,政府教育部门、社区出租体制内中小学校舍供华校用于课后华语教学活动。华校对于租赁的校舍无自主权,不能进行校舍装修,不能更换教室设备,仅在规定时段内有使用权,一旦中小学不提供校舍,将给华校发展带来重大阻碍。2013年,罗马华文学校和中华语言学校便遭遇此类事件:两校多年租用达涅雷-玛尼那学校校舍,由于华语学习者人数增多,该校担心学生安全问题及治安问题,单方面宣布强行中止校舍租赁,导致逾千名华人子弟短期内无法上课[②]。为避免当地中小学单方面停止租赁,不少华校租用厂房进行改建,有些华校校长甚至将自家酒吧、库房改建成教室,反而增加危险,陷入被查封取缔、重新注册的恶性循环。

(2) 意大利境内华语师资与教材:高度依赖中国汉办、侨务部门以及华教基地

在意华文学校师资来源为在意留学生、侨办外派师资、国内华教基地志愿者、华校自聘师资等4类。各华校师资来源与结构不尽相同,侨办外派师资及华教志愿者在不同学校的比例也有不同:有一两所示范单位华校,90%师资来源国内;也有不少华校无一国内外派教师,坚持向侨务部门或华教基地申请师资。意大利华校教师整体流动性大,专业化程度不高,师资高度依赖于外部环境,这是不争的事实。教材方面,意大利华校使用的教材五花八门,一个学校使用3种以上教材是普遍现象,以米兰华侨中文为例,入学者用《中文》,二至四年级用人教版《语文》,汉语水平高者用《发展汉语》,无自编教材。以上3种教材都由侨务部门或华教基地赠送,一旦断开供应链,华校学生马上面临无

---

① 中国侨网. 普拉托两所中文学校涉接收低龄儿童 检方介入调查[EB/OL]. https://oversea.huanqiu.com/article/9CaKrnKikea.

② 中国新闻网. 罗马学校突停租校舍 逾千华校生将失学中文课堂[EB/OL]. http://www.chinanews.com/hr/2013/04-21/4749860.shtml.

书可读的局面。

意大利未建立专门培养华语教师的专业[5]，无汉语国际教育博士和硕士专业，全国仅罗马大学孔子学院在2017年刚设立汉语国际教育教师能力证书考点，在此之前，意大利本土教师教学技能、语言文化知识培训、建立本土教师教学考评系统、推荐优秀本土教师赴中国进修等任务都由罗马大学孔子学院承担。近年来，米兰大学孔子学院也承担了一部分华语师资培训、推荐优秀教师进修等任务，但一旦离开罗马大学孔子学院指导性管理与运行，当地中小学华语师资持续性发展无法保证。罗马大学孔子学院自身有很强的"造血"能力，其强有力的汉学家师资队伍、孔院教师队伍很大程度上仍依赖于汉办的不断"输血"。

3. 单边路径依赖

(1) 单边决策：意大利政府单向决定华语师资招收规模

截至2018年底，在意大利96所高校中，一半高校开设了华语课程，课程大多以语言专业必修课程、其他专业辅修课程形式出现。而在2013年，意大利仅10来所高校开设华语课程，短时间内华语需求剧增，意大利合格师资储备不足。以锡耶纳大学语言沟通与商务专业为例，目前在校生120名，仅1名中国籍华语教师、1名意大利籍华语教师，且该教师同时兼任佛罗伦萨大学的汉语课程，师生比为1∶80。在该专业年均学生数递增30%的情况下，师资缺口日益严重。但意大利政府在2016年才启动中小学汉语教师招聘，由于意大利中小学教师属于国家公务员，因此招收名额有限，全国仅6个大区享有13个高中华语教师名额，在人口最多的米兰市所在的伦巴第大区仅5个名额①，平均9所高中共用1名教师，这是典型依靠政府决策的路径依赖。

(2) 单边援助：意大利教育部门对体制内学校的汉语教材提供单边援助

2016年，意大利教育部出台了《全意大利高中汉语课程教学大纲》，对全国高中汉语教学作了详细的分类指导和教学安排，大纲、进度表都是基于《意大利人学汉语》教材制定的，这使得所有高中使用同一套教材，由教育部向各高中分发。问题是，意大利大学绝大多数用的也是《意大利人学汉语》，导致高中与大学汉语教学衔接出现问题。不少高中或者大学希望能在市面上买到更多

---

① 北京外国语大学孔子学院工作处[EB/OL]. https：//news.bfsu.edu.cn/.

类型的汉语学习教材,但除了《意大利人学汉语》,基本是工具书,无更多选择空间。笔者在锡耶纳大学工作期间,依靠中国教材拍照复印才勉强解决这一问题。教育部对体制内学校教材的单边援助很大程度上阻碍了当地华语教育的发展。

(二) 多边互动资源依赖关系

资源依赖理论指出,依赖可以是相互的。两个组织之间如果存在着资源的互补,那么这两个组织就能同时形成互相依赖。资源的稀缺性和重要性决定了组织依赖的本质和范围,也决定了两个组织互相依赖的程度。[3]而稀缺资源不具备直接的替代品,因而组织之间建立合作平台、形成战略联盟的目的是储存组织以别的方式无法获得的竞争优势与价值。[7]如今,意大利华文教育整体环境有了很大的改善,"汉语热"兴起,使得不少基金会、企业直接或者间接参与华语教育组织的开办和运营。华文教育组织与外界环境的不仅仅是双向的,更是多边依赖关系。组织间依赖是一种多边关系,可能不仅仅局限在单层次依赖,需从"多重依赖"的角度来研究组织间关系。

依据这一理论,考察意大利华语教育组织与外部环境、组织之间的关系,可以将多边资源依赖关系分为以下几种类型。

1. "捆绑型"依赖:华文学校与侨团

意大利的华语教育在2016年被纳入国民教育体系的课程中,但华语教育并不是一项完全由政府出资的公共事业,在华文学校中开展的华语教育就属于政府不资助的公共事业,而是当地华侨华人自发开展事业,由于政府不拨款,华文教育事业只能依托于华人社会或者华人社团来资助办学。在意大利当地,中等规模①的华校多由华侨个人出资,规模较大的华文学校则由侨团出资,而华校校长多半是侨团骨干或是会长,所以在一定程度上,华文学校是依靠于侨团而存在并发展的,华校与侨团并无明确的组织边界②。华校学生来源于侨团,侨团投入资金、租赁校舍,并将华校作为商业版图中的一块;而华校运

---

① 华校规模大小按照学生数量作为基本标准,中等规模华校,学生200—800人,大规模华校学生人数超过800人,学生人数200人以下称小规模。意大利大规模华校3—5所,中等规模华校20余所,小规模华校约8—10所。

② 目前的研究中,未见一致观点。本文用的是"利益涉及者"理论:与该组织发生关联,其利益受组织影响的都是组织成员。侨团办学,能从华校中获得利益,侨团即华校组织成员,两者之间无明确界限。

用侨团资金办校兴学、培养人才,人才则反哺华校和侨社,两者之间共生共退,捆绑发展。

意大利侨团不同于其他国家和地区的侨团,它是独立、完整、封闭性强的小型华人社区,社区内有华文学校、华文媒体、商业网络,华校只需要与侨团进行资源置换,形成战略联盟,就可以获得其他组织无法获得的竞争优势。在20万人口的普拉托小镇,生活着四五万温州人,近20所华文学校,这些学校中的1/3都是当地各式各样的侨团投资建立的,这其中不少人十年学不会一句意大利语,因为"没有必要"[①],这是华校与侨团资源双向资源"捆绑型"依赖的典型案例,双方依赖程度高,但正因为"捆绑型",一荣俱荣,一损俱损,其竞争优势与价值极不稳定。

2."共赢型"依赖:华文学校与当地非政府组织、华文学校与当地政府部门

意大利不少华校为了加快融入当地的进程,不选择与侨团合作,而与意大利NGO开展共赢式合作。典型案例是佛罗伦萨中文学校。该校成立于1997年,长期与意大利COSPE组织合作,是意大利唯一一所被意大利教育部门纳入多元文化教育计划的华文学校,也是国侨办第一批海外华文学校示范单位。两者之间在合作模式上,一开始是各取所需:COSPE的关键资源是得到大区教育部的支持,从而保证佛罗伦萨中文学校组织的合法性以及公办色彩[②],中文学校得以长期使用当地校舍;佛罗伦萨中文学校关键资源是与国内侨务系统及华教基地的友好关系,能帮助COSPE获得更多意大利政府部门对其的资助。随着长期的固定合作,华校、NGO组织又成为中国政府高校与意大利政府高校的沟通桥梁,并创造性实现了有效资源对接,逐步形成高等资源中外流动这一共赢局面,最终促进中国语言文化当地推广、促进意大利华人移民融入社会目的,NGO组织和华校的"共赢型"依赖成为公共外交典型案例。

另一案例意大利D中文学校,该华文学校与当地S大学合作建设意大利语培训班,同时提供华文教育和意大利语言培训两种服务,实现华校、大学的双赢。当这所华校被移民局认定为"华人移民意大利语"考点后,D华校与S

[①] 欧洲时报网.普拉托,让在意华人爱恨交加的地方[EB/OL]. http://www.oushinet.com/sight/HD/20160425/228507.html.

[②] 佛罗伦萨中文学校是华侨个人办学,但由于与COSPE组织共同成立了"意中文化交流研究中心",教育部将其作为"多元文化"特色示范校,从而有了明显的体制内学校色彩。

大学、政府部门移民局成为利益相关者,与单边依赖模式相比较,多边模式驱动力从内在认知的驱动变为外在发展动机,组织驱动力增强。

3. "各取所需型"依赖:当地中小学与大学

"各取所需型"资源依赖指的是双方或者多方有合作的需要与可能性,但依赖程度比较低。当某一方组织不能提供关键资源,依赖关系终止。意大利当地中小学与大学的关系是此类型。意大利中小学华语师资奇缺,华校教师无执教资格证,因而体制内中小学会用聘请方式让大学中的华语教师执教,中小学与大学之间签订师资聘用协议。一旦中小学申请到正式华语师资名额,双方聘用关系结束,这也导致了意大利中小学的华语师资流动性大,不能保证华语教学质量。

4. 依赖关系转换

总结以上3种关系,从"捆绑型"到"双赢型"再到"各取所需型",依赖程度由高到低。但我们也需要看到,这三种关系并非固化不变,三者之间在外界环境的刺激下,可以互相转化的。一开始"各取所需型"的几类组织,找到新合作点之后会巩固加深彼此的依赖程度,可以转换成"双赢型"依赖关系;而"双赢型"依赖关系,当某种稀缺资源具备了直接的替代品后,组织形成的战略优势逐步消失,依赖程度降低,将变成"各取所需型";当"共赢型"关系中,某一方组织边界消失,"共赢型"关系将趋向于"捆绑型"关系。

总结这一部分内容,可以用图1表示。

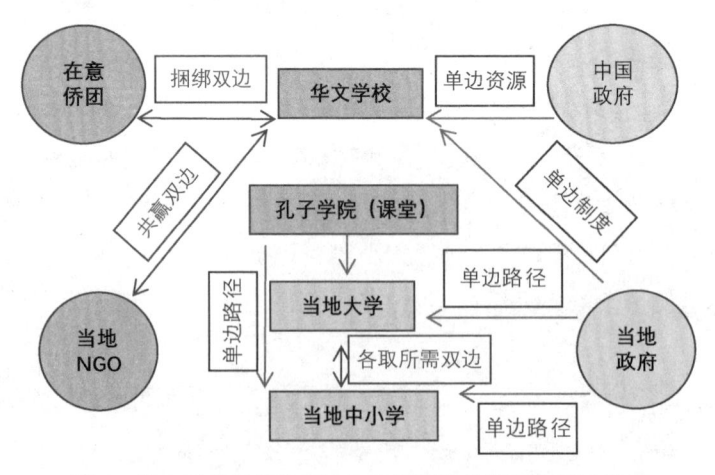

图1 意大利华语教育组织与外界环境的资源依赖示意图

三、存在问题

当下,意大利教育组织的生存环境发生了一些变化,整体的制度环境趋向于更加鼓励和宽松,合法性相比之前更容易获得来自政府的支持。资源渠道也呈现多元化,基金会、企业乃至个人都成为华语教育组织重要的支持力量。如果说过去社会组织的资源供给结构表现为单边性,那么当下组织资源依赖结构更向着多边发展。不同的依赖类型,组织行动策略也有所不同。

(一)单边资源依赖导致华文教育组织"唯资源导向",不利于师资专业化发展

单一资源渠道使得某些组织的竞标行为有很强的"唯资源导向"特征,为组织带来不稳定的发展预期,影响到专业化水平的提升。意大利的中小学师资来源依赖于教育部,师资培训基本依赖于罗马大学孔院,这就导致全国体制内华语师资的教育、培训是统一的罗马大学孔院培训模式;就连教材,不同的大区用的都是罗大孔院编写的《意大利人学汉语》。全国高中实行统一教材,统一进度,统一大纲,"唯资源导向"遏制了学校、教师主观能动性,不利于组织的专业化发展。意大利华文学校数量众多,大多数华校师资来自中国政府资助,这些教师并非都经过严格的专业培养和培训,专业水平参差不齐,许多教师不对口,亟缺本土"种子"人才,导致华校长期以来自身"造血"功能不强,专业化发展速度跟不上学校规模发展速度。

(二)"唯资源导向"导致华文教育组织之间无序竞争

在单边资源依赖类型中,绝大多数资源集中于中国政府以及意大利政府,意大利大中小学师资培训对于孔院的单边依赖,从根本上来说,还是依赖于中国政府。在这种依赖下,华文学校将"合法性"视为制度资源,其行动策略是:通过将自身纳入国家行政体系,或者利用国家权威取得合法化身份,借助于政府行政网络来实现自身的目标,并试图通过制度性或社会媒体的渠道影响政府。[7]如何借助于政府行政网络?教育组织利用种种手段来尝试改变它们与国家的关系,比如华文学校结盟,华文学校寻求媒体支持,使之朝着有利于自己发展的方向发展。为了补充"合法性",不得不着眼于制度外的道义,与政府官员或者精英阶层建立"个人关系",增加自身合法性。这种情况下,华文学校之间抢生源、拉关系、办媒体、拉帮结派的问题会一直出现,无序竞争在所难免。在体制内的中小学和大学同样也会产生这个问题,锡耶纳外国人大学是意大利外语教育学科最为齐全的高校。该校仅 2 名意大利籍华语教师,为了获得意大利教育部更多的支持,该校必须要保证一定数量的华语教师,当对口的中国高校无法满足数量时,容易导致校方到另外高校挖墙脚、抢师资,引起了无序竞争。

(三) 非"共赢型"多边依赖会导致华语教育组织缺乏发展动力

教育组织的驱动力来源于自身的教育优势、组织内部动力以及外部需求。当教育组织与外部环境只停留在单边或者"捆绑型""各取所需型"的依赖时,组织发展动力不强。意大利 M 中文学校,有 20 多年的创办历史,创办过程中与侨团捆绑发展,其内部动力主要来源于侨团要求,当侨团发展方向发生变化时,M 中文学校也要调整办学方向,M 中文学校主体组织能力被大大削弱,教育服务的功能被其他功能逐渐替代,发展动力后劲不足。

四、破解之道

海外华语教育中公认的"三教"问题中,有两教(教师、教材)是华文学校对于中国政府、当地政府的单边依赖而引起的。高度依赖于侨务部门资源会直接导致专业师资不足,如何避免? 如何实现多边依赖?

(一) 鼓励华文学校公共表达、自主发展

意大利华文学校是华侨华人社区的自生性产物,在教育价值、组织目标方面,代表了广大华侨华人的共同利益,华校积极与当地社区沟通,主动提供华语教育公共服务,与政府展开沟通交流对话,这是华文学校的"公共性"的体现。华文学校表达利益诉求需要有制度化渠道,鼓励华校通过主流媒体,建立与当地中小学沟通机制,更好地表达自我需要。目前,意大利华文学校关键资源还是单边依赖于政府,应提倡在意大利政府对华文教育持积极态度之时融入主流,将华文学校进行的华语教育融入住在国的国民教育体系,尝试从传统华校到双语、三语新型华校,[9] 逐步脱离政府主导依赖,实现华文学校的自主发展。

(二) 建立教育组织与环境的联动机制

当前,海外华文教育、汉语教学、汉语国际教育三者之间已经出现了新的交叉与融合,华文教育发展遇到了前所未有的多元驱动,如内生驱动政治、经

济驱动、"一带一路"发展区域驱动,民间驱动等。[9]有学者提出要推动海外华文教育发展的宏观、中观、微观动力以及这些动力之间的相互关系,[10]将这些关系沟通并机制化形成联动型动力机制。在海外华文教育与汉语国际教育建立一种共生关系,即在两者之间创新外在环境诱导机制,构建内在共生动力机制,减缓共生阻尼机制。[11]

(三)建立嵌入式资源

协同联动机制可以从机制上保证教育组织、外界环境之间获得密切合作,但并不能从根本上保证组织与环境建立起资源依赖。华语教育组织的发展还需与外界环境之间共享嵌入资源,外界嵌入程度越高,意味着环境资源与组织的关联性越强,而这种关联性往往体现在与组织的配套互补上,也称互补性资源。资源嵌入组织的程度越低,其通用性越强;资源嵌入组织的程度越高,其与组织的关联性越强,亦即互补性越强。一旦脱离嵌入资源,组织就失去了存在的价值。温州大学意大利分校尝试与海外华语教育组织建立"嵌入式"资源,创新性地将中国课程嵌入意大利锡耶纳大学阿雷佐校区的专业课程,目前中国课程已占专业课程学分的1/4。随着双方的关联性加强,嵌入程度将会更高,促进海外华语教育组织自主发展。

参考文献

[1] 李宇明.大华语——全球华人的共同语[J].语言文字应用,2017(1).
[2] 林润辉,谢宗晓,李娅,王川川.政治关联、政府补助与环境信息披露——资源依赖理论视角[J].公共管理学报,2015(2).
[3] 马迎贤.组织间关系:资源依赖理论的历史演进[J].社会,2004(7).
[4] 严晓鹏.孔子学院与我国高校国际化进程:影响途径与行动策略——基于资源依赖视角[J].国家教育行政学院学报,2014(3).
[5] 耿红卫.欧洲华文教育的现状分析与策略研究[J].海外华文教育,2018(6).
[6] 付小平.经济学视角下的战略联盟:一个研究综述[J].江西财经大学学报,2003(5).
[7] 付聪.多边资源结构下社会组织行动策略研究[D].上海:上海大学,2016.
[8] 郝瑜鑫.东南亚华文教育面临转型升级[N].中国社会科学报,2017-3-16.
[9] 贾益民.新时代世界华文教育发展大趋势[J].世界华文教学,2019(7).
[10] 王焕芝."一带一路"视阈下海外华文教育发展的动力机制与策略——以东南亚为中心的探讨[J].海外华文教育,2019(5).

从高低语境文化看中国书法国际传播的创造性转化

周 斌 李守石[①]

摘 要： 中国的传播学实践长期以来一直遵循着西方的传播学理论，特别是"二战"后形成于美国的结构功能主义。然而，由于东西方天然的巨大差异和时代变迁，结构功能主义在指导中国国际传播实践时遭遇了一些困境。为超越这种困境，近年来研究者们尝试批判地看待西方传播学理论，挖掘非西方经验，推动中国特色社会主义传播理论的构建和转化。立足爱德华·霍尔高低语境文化的重要论述，聚焦于东西方语境的不同，本文提出"还原"的传播路径，即通过一种媒介将中国高语境文化还原成低语境文化人群易于理解和接受的形式，从而消解中国国际传播中被低语境文化国家误解和曲解的困境，亦可减少低语境文化国家习得高语境文化的难度。书法作为一种国际传播载体，因其创造性、形象性和艺术性能够将高语境的中国文化还原成低语境文化人群易于接受的形式，更有利于中国传统文化的国际传播和可持续发展，从而提高中国的文化软实力和国际影响力。

关键词： 中国书法；国际传播；高语境文化；低语境文化；中国特色传播学理论

[①] 周斌，上海交通大学上海交大-南加州大学文化创意产业学院教授、博士生导师，中国书法文化国际传播研究所所长。主要研究方向：书法文化国际传播。李守石，华东师范大学传播学院副教授。本研究为2016年度教育部哲学社会科学研究重大课题攻关项目"中国书法文化国际传播的理论与实践研究"（2016JZD031）、教育部中外语言交流合作中心国际中文教育研究课题一般项目"国际中文教育和中国书法文化传播融合研究"（20YH02C）的阶段性成果。

一、研究背景

改革开放以来,中国的传播学研究已经走过了40年的艰辛历程。20世纪90年代中期之前,学者们所做的工作主要是被动地将西方传播学理论引入中国,为中国的新闻事业发展服务。20世纪90年代中期之后,随着中国在政治、经济、文化、教育等各方面的发展,国务院学位委员会和国家教育委员会授予传播学二级学科之后,中国的新闻传播学有了长足的发展。[1]学者们从起初以翻译为主的引进阶段,到后来的解释、验证的研究和应用阶段,这些研究尝试为早期中国的新闻和宣传提供了理论源泉,解决了一定的实际问题。然而,任何理论的产生都根源于特定的历史时期和历史条件,传播学理论的产生亦是如此。随着时代的变迁,历史上产生的理论未必能完全适应当下的时代发展,适用于一国的理论,未必在他国同样奏效。现代传播学起源于20世纪三四十年代的美国,其理论中自有部分恒久不变的普遍性价值,但某些部分却是需要根据时代的变迁以及国别的差异进行补充、修正和完善的。

现代传播学起源于美国,当其来到中国,应用在中国解决对外传播问题的时候,传播对象、路径、方式和方法等因素都发生了改变。此时如果完全生搬硬套西方传播学理论的思考方式和路径,那么很多应用实践的结果是不尽如人意的。部分学者直到当下的新媒体时代,在解决传播学问题时依然机械地、不加思考地直接用西方理论来解释和验证东方问题,这样的实践效果自然不言而喻。中国和西方国家在时代背景、文化差异、政治制度和经济发展等方面都存在巨大差异,基于东西方天然的巨大差异之上,如何将西方传播学理论中的普遍性与中国传播实践的特殊性结合起来,并在此基础上深化、补充和完善传播学理论。换言之,如何在传播学宏观理论叙述与中国本土化传播学实践中形成一个中观层次的理论联结,从中国解决新闻和传播问题的研究中归纳出符合中国国情与时代特征的传播学理论或传播路径,这正是本文所要关注的重要问题。

二、文献回顾

传播学的基本研究范式主要源于美国学术界的传播学理论,特别是"二战"时期形成于美国的结构功能主义。改革开放以来,中国的传播学有了长足发展,但多是基于美国结构功能主义的传播学理论发展起来的,尚未形成符合中国国情和时代发展的传播学理论。胡翼青指出,中国传播学发展40年来,仍然功利主义倾向严重,多以政策为导向,学科意识形态保守。[1]这与从最初引介、学习结构功能主义的研究范式不无关联,可以说,结构功能主义的传播学理论深刻影响中国的传播实践。

施拉姆(Wilbur Schramm)总结了传播媒介的3种功能,政治功能、经济功能以及一般的社会功能,为政府掌控社会提供了助力。拉斯韦尔(Harold Lasswell)也指出"考察任何国家传播过程,我们都看到3种专门人员。一种调查整个国家的政治环境,另一种使整个国家对环境的反应相联系,第三种把一定的反应方式从老一代传给年轻一代。"[2]他进一步分析指出,"传播的功能之一,就是提供关于对方的行动和实力的情报……此外,传播还被用于积极地同对方境内的受众建立联系。"[3]卢因(Kurt Lewin)也创造性地提出了"把关人"这一著名概念,"成为以后传播学领域系统分析和诠释新闻(信息)传播过程中内在控制机制理论的代表性观点和重要主张"。[4]可见,结构功能主义代表人物所论述的传播媒介之功能,正是在意识形态的控制与反控制之中发挥作用的。虽然结构功能主义作为一种理论范式,具有宏观上的普遍指导意义,对我们理解传播的功能及如何进行传播奠定了重要基础。然而,正是这种在"功能""工具"指导下的,同时又是为了维护西方民主意识形态的理论范式,无可避免地将使传播实践走上一条"政治化"的道路。这也为结构功能主义在当前自媒体时代遭遇重挫埋下了隐患。

结构功能主义产生于"二战"时期,具有特定的历史背景,且具有强烈的实用主义倾向。但是,在一定程度上,这种实用主义并未很好地发挥其功效,达到传播者的预期目标。例如,"二战"之后,美国向国外派遣的驻外人员、开设的项目工程都因为和落地地区的文化差异,而多多少少遭遇了挫折与失败。正如有学者指出的那样,那时的美国人是"文化文盲"。[5]因此,我们必须回到传播最本质的意义那里,才能更好地分析是哪些因素影响了传播者目标的实现。当前,中国正在积极地参与全球治理和推动一些项目"走出去",厘清这些影响因素有助于我们更好地实现跨文化传播。

从本质上而言,传播是不同文化背景的人与人之间的交流,爱德华·霍尔(Edward Hall)更是针对不同文化群体之间的交流提出了跨文化传播的经典论述。霍尔主要关注的是微观层面的人际传播,尤其重视非语言的文化,诸如语境和行为,他提出了"高语境文化"与"低语境文化"的重要论述,奠定了跨文化传播的理论基础。霍尔认为,在传播过程中,语言编码只是信息的一部分,而不是全部,人们必须去理解语境。他根据传播对语境的依赖程度,区分了"高语境文化"和"低语境文化"。"高语境文化"需要人们浸入式地感知和学习,才能达成理解和接受,这种文化通常是含蓄的、晦涩的、"只可意会"的;而"低语境文化"则简练明了、通俗易懂(见表1)。

表1　　　　　　　　　　高低语境文化差异

高语境文化	低语境文化
内隐、含蓄	外显、明了
暗码信息	明码信息
较多的非言语编码	较多的言语编码
反应很少外露	反应外露
圈内圈外有别	圈内圈外灵活
人际关系紧密	人际关系不紧密
高承诺	低承诺
时间处理高度灵活	时间高度组织化

资料来源:贾玉新.跨文化交际学[M].上海:上海外语教育出版社,1997:34-35.

同时,霍尔认为,文化根植于人类的生物性。不同的族群,有着不同的文化。这些文化或外露表现在日常的交流传播过程中,通过习得成为显性文化;或暗含在语境中,成为隐性文化。一般而言,同一族群中,有的文化经过漫长的历史发展,潜移默化中形成了共享文化,这部分文化不需要明示,成员彼此心照不宣、约定俗成,这就是隐性文化。因此,在跨文化交流过程中,由于彼此并不熟悉对方的隐性文化,在交流中必然会导致误解与冲突。尤其是高语境文化群体和低语境文化群体交流时,冲突和误解则更多了,这主要因为高语境文化更依赖于语境和隐性文化,而低语境文化更依赖于简单直接的外显文化。在中西方文化中,中国属于高语境文化,而西方属于低语境文化,具体表现在传播过程中就是中国人在交流中更注重语境的解读,而西方人把注意力更多集中在字面意思上。此外,高语境文化在时间观念上通常是多向性的,即在特定时间内能够同时兼顾多种事宜;而低语境文化在时间观念上则是单向性的,大多只能在既定时间内专注一件事,有序地安排事宜的先后顺序。以至于在日常生活中,我们经常听到这样的不理解话语,西方人觉得中国人同时处理多种事宜是杂乱无序的,而中国人常常觉得西方人没有效率。

通过上述分析可以看出,生物性的不同、文化语境的不同、时间观念的不同等因素导致了高语境文化群体和低语境文化群体对于信息解读的差异,也是导致误解与冲突的根源所在。虽然霍尔的跨文化研究理论对了解和指导传播实践提供有力支持,但是其仍有局限性。正如有学者指出的那样,霍尔的理论是特定历史背景下的产物,带有时代局限性和某种种族偏见,实证研究方法也不够科学。[6]然而,本研究认为,虽然霍尔的理论带有时代的烙印,但其中关于传播的深刻探讨却是具有指导意义的。不过,霍尔虽然对高低语境文化进行了区分,却未进一步明确如何弥合高语境文化与低语境文化之间的"文化落差",即在文化从高语境向低语境传播时,介入何种共通于两者的"中介"能使双方减少曲解和冲突?本研究正是基于此,希望对霍尔的跨文化传播理论作进一步补充。

三、理论支持与研究假设

就一般意义上的国际传播而言,传播的主体与客体往往涉及两个或多个国家,或者来自不同国家的人群。这些人群由于生长环境不同,他们对同一事物往往呈现出不一样的理解,也经常导致纠纷、误解甚至诉诸武力。而传播的意义就在于实现不同文化语境下人的相互理解与共鸣合作。因此,理解国际传播需要回答3个问题:(1)涉及的传播主体和客体分别是谁?(2)它们的文化语境有何差异?(3)当前的传播实践面临着哪些困境?对上述问题的回答,本文尝试立足于霍尔的高低语境文化论述,提出"还原"路径,以解释传播理论变迁中的中国经验。

当前,中国国力不断发展,各国友人对中国的传统文化产生了浓厚兴趣,中国政府也日益重视对外传播中国文化。然而,中国与西方最大的不同在于语境的不同,中国属于高语境文化国家,因此,必须加以研究的应当是高语境文化国家向低语境文化国家如何传播的问题。对从高语境文化向低语境文化传播路径的研究，在一定意义上讲，正是对霍尔传播理论的补充和完善（见图 1）。

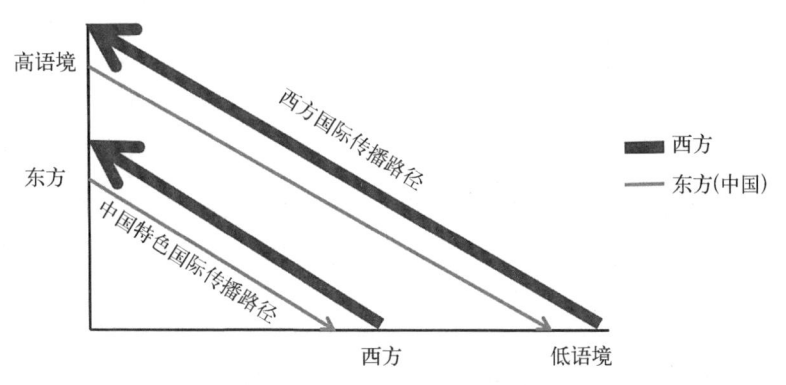

图 1　东西方国际传播路径差异

由于中国与西方国家不同的文化背景，中国文化完全被西方国家所理解和接受几乎是不可能的。对于中国书法而言，其代表的是一种"Silent Language"（无声的语言）①，与西方国家分属不同的思维体系和文化体系，其对外传播实质上是一种跨文化传播的行为。目前，学术界已有不少学者意识到中国书法对于传播中国文化、影响目标受众的重要作用，但探讨中国书法国际传播路径的还较少。这些研究大都主要基于结构功能主义的视角出发，带有目的论的导向，主要探讨书法对于增强中国软实力、实现中国文化"走出去"的作用，其根本上是将书法视为一种传播工具，主要研究书法的功能。[7][8][9] 中国书法确实具有传播中国文化的功能。然而，在当前的时代背景下，信息技术空前发展，民主人文思想深入人心，结构功能主义遭遇挫折，如果仍然将书法视为"工具"以传播中国文化，将适得其反。

因此，如何使中国高语境的文化有效地传播到低语境的西方国家，并使中国的国际传播兼具"功能"与"人文关怀"成为本研究的重点。研究认为，从低语境国家向高语境国家传播信息是易于理解的，但由于高语境国家的话语含

---

①　这一说法来自爱德华·霍尔在 1959 年发表的著作《无声的语言》（*The Silent Language*），在霍尔看来，无声的语言（silent language）主要指传播者语言编码之外的信息，如肢体、文化背景、环境、表情等。在这里，说中国书法文化是一种"silent language"，主要指的是，中国书法文化传达的并不仅仅是那个写出来的汉字，更重要的是这个汉字背后的中国文化，以及书写者通过书写这个汉字所表达出来的精气神、思想感情、性格偏好等。

蓄、晦涩,信息从高语境国家传向低语境国家,却是不容易理解甚至是容易被曲解和误解的。高语境文化传播到低语境文化国家,由于存在着文化差异和"文化落差",高语境文化需要"还原"成低语境的文化,采用与低语境文化有关的形象或图形与低语境直接对接,将高语境文化还原成低语境文化群体所能理解的形式,才能为低语境人群所了解和接受。基于前期调研情况,本研究提出3个研究假设:

(1) 书法是一种"还原"媒介和国际传播载体,在文化交流过程中能够将中国的高语境文化还原成低语境国家能够接受的形态,更容易使低语境文化人群接受、理解和学习。

(2) 书法这种易于被低语境文化人群接受的文化艺术形式能够获得汉语教授者的认可,有利于中国汉字和文化的传播,并且易于增强外国友人对中国的兴趣和好感度。

(3) 书法在文化交流过程中重诉了人文关怀的思想路径,还原了传播媒介之于个人与社会的意义。

四、研究方法

中国属于典型的高语境文化的国家,而中国书法的艺术形式又是高语境的巅峰,是东方文化最高等级的文化形态。一般来说,在由高语境国家文化向低语境国家文化的传播过程中会有很大的困难和障碍。书法是以汉字为载体的艺术形式,由于西方没有与之相对接的文化艺术,所以大部分人认为中国书法很难传播到西方,如果能够传播也是一种小众传播。然而,笔者团队经过近10年的中国书法传授经验,将中国的汉字还原成低语境国家能够接受的形态展示出来则更容易使学生接受、理解、学习,也更容易记忆。

本团队老师通过多年的授课实践观察、问卷调研和深入访谈相结合,运用实证的研究方法获得相对客观的结论。研究所选取的研究对象全部来源于团队老师过去8年中所教授书法的学员,经历的时间跨度从2011年至2019年,参与书法教学实践的学生有美国、欧洲和联合国的学员,包括学龄前儿童、小学生、大学生、白领和社区居民等不同年龄和职业共计1790人,研究对象的涵盖面具有一定广泛性。具体调研时间段、学校名称、授课对象、调研学生人数和他们对书法十二生肖文字的辨识率参见表2。

表 2　　　　　　　　　书法教学实践调研概况

学校名称	授课对象	学生人数	调研时间	猴、鸡、羊、牛 第一梯队辨识率	马、猪、虎、蛇 第二梯队辨识率	鼠、狗、兔 第三梯队辨识率	龙 第四梯队辨识率
联合国国际学校	小学（一年级）	18×8个班＝144人	2014.4—2019.10	84.72%（122人）	43.75%（63人）	8.33%（12人）	3.47%（5人）
美国圣地亚哥巴娜德小学	小学（二年级）	35×5个班＝175人	2013.5—2014.4	80.00%（140人）	37.14%（65人）	5.14%（9人）	2.29%（4人）
秘鲁利马天主教大学	大学生	36×10个班＝360人	2015.7—2015.8	82.22%（296人）	40.00%（144人）	6.11%（22人）	3.06%（11人）
美国亚洲协会培训班	白领	35人	2018.11	82.86%（29人）	40.00%（14人）	5.71%（2人）	2.86%（1人）
美国宾夕法尼亚州立大学	大学生	150人	2011.6—2011.7	80.67%（121人）	37.33%（56人）	7.33%（11人）	2.00%（3人）
美国里海大学	大学生	200人	2011.9—2013.5	80.00%（160人）	39.00%（78人）	5.00%（10人）	2.00%（4人）
美国华美协进社	学龄前儿童	53人	2011.4—2012.8	79.25%（42人）	39.62%（21人）	7.55%（4人）	1.89%（1人）
美国华美协进社	社区居民	150人	2011.4—2012.8	80.00%（120人）	41.33%（62人）	6.00%（9人）	3.33%（5人）
美国纽约图书馆	社区居民	200人	2015.10—2018.10	82.00%（164人）	41.00%（82人）	6.00%（12人）	2.00%（4人）
联合国中文组	联合国各国外交官与联合国职员	17×9年＝153人	2011.9—2019.11	86.93%（133人）	45.10%（69人）	7.19%（11人）	3.27%（5人）
德国柏林洪堡大学	大学生	100人	2015.7—2015.8	84.00%（84人）	44.00%（44人）	8.00%（8人）	4.00%（4人）
比利时西弗兰德大学	大学生	30人	2019.10	83.33%（25人）	43.33%（13人）	10.00%（3人）	3.33%（1人）
比利时法语布鲁塞尔自由大学	大学生	40人	2019.9—2019.10	85.00%（34人）	42.50%（17人）	7.50%（3人）	2.50%（1人）
总计		1 790人	历时8年	平均82.12%	平均40.67%	平均6.48%	平均2.74%

同时,本研究在上述机构中随机抽取了秘鲁利马天主教大学、比利时法语布鲁塞尔自由大学和美国华美协进社等3个机构,对其中110名汉语教师开展问卷调研,旨在了解书法教学对外国学生学习汉语和了解中国文化的作用等问题。本次问卷调研回收问卷110份,其中有效问卷108份。问卷调研的具体学校、调研对象、被试人数和调研时间情况参见表3。

表3　　　　　　　　汉语教师问卷调研基本情况

学 校 名 称	调研对象	被试人数	调研时间
秘鲁利马天主教大学	汉语教师	40人	2015.7
比利时法语布鲁塞尔自由大学	汉语教师	40人	2019.9
美国华美协进社	汉语教师	30人	2011.5
总计		110人	

另外,基于平时的书法教学实践观察和问卷调研结果,本研究针对一些具体问题,随机挑选联合国12名学员(有2名访谈对象来自中国,其余人员均来自墨西哥、加拿大、英国、西班牙等不同国家)进行深入访谈,以期进一步探索中国书法教学对认识和了解中国文化的影响和作用。

五、分析与讨论

本团队书法老师从多年的书法教学中发现这样一个有趣现象:在向国际学生教授中国书法时,如果直接教这些学生中国汉字,他们很难认知和理解这些汉字及其所代表的含义,但是如果将中国汉字还原成象形文字,这些国际学生对中国汉字的兴趣和辨识率大大增加,并且也更容易理解和接受中国文化。那么,将晦涩难懂的中国汉字还原成国外受众能够理解的形式,是否更有利于国际受众认知、学习和理解中国汉字与文化呢?为了验证这一问题,本团队分别从书法学习者和汉语言文化教授者的视角进行了以下实验。

(一)"还原"与实践对象的认知力分析

表2的实践调研主要从书法学习者角度展开。在实践调查中,书法教师将十二生肖的汉字直接展示给调研对象,让他们说出对应的中文文字,实践对象对这十二个汉字的辨识率很低。在进一步的实践中,教师将十二生肖的象

形文字展示给被试学生,让他们辨别出这十二个象形文字分别代表着什么汉字(见图 2)。

图 2 十二生肖的象形文字

研究发现:

1. 象形文字越接近十二生肖动物本身,则学生对象形文字的辨识度越高

学生们对象形文字"猴、鸡、羊、牛"的平均辨识率高达 82.12%,我们称之为第一梯队;对"马、猪、虎、蛇"这四个字的平均辨识率是 40.67%,称之为第二梯队;对"鼠、狗、兔"这三个字的平均辨识率是 6.48%,称为第三梯队;对"龙"的平均辨识率是 2.74%,这是第四梯队。在第一梯队中的"猴、鸡、羊、牛"的象形文字符号更接近动物本身的样貌,所以在 1 790 人的样本中这四个字的辨识率是最高的。第二梯队的"马、猪、虎、蛇"的象形文字虽然没有第一梯队那么接近动物本身的形态,但是也还具有一定的相似性,所以有 40.67%的认知率。而第三梯队里的"鼠、狗、兔"的象形文字与动物本身的样子就离得比较远了,所以只有 6.48%的辨识率。"龙"字因为与现实中的动物没有对应关系,所以要认知龙字必须对中国文化有所了解,而且要知道龙字,所以认识龙字极其不容易,不是一般的外国人都能认知的。能认出龙的实验对象要么是猜测的程度比较大,要么是对中国的生肖文化比较熟悉才能认知龙这个字。

2. 人们对以图形为载体的文字具有一种天然的接受度

在给西方的小学、学前儿童上课的实践中,把中国的十二生肖文字做成卡片,问有认识这十二个汉字的吗?没有人说认识。接着说现在有12个动物,你们能猜猜它们分别是什么动物吗?结果大家能猜出50%左右的汉字。这说明,不管什么国家的人,对以图形为载体的文字有一种天然的接受意识(见图3)。

图3 美国小学生:"五彩缤纷的龙世界"

3. 年龄越小对象形文字的辨识率越高

小学、学前儿童能通过象形文字猜出50%左右的汉字,大学生和其他成年学员能认知的比率则为40%左右。从数据对比来看,年龄越小的学员对象形文字的辨识率越高,因为儿童对形象生动的符号刺激反应比较敏锐,对象形文字或者图形的认知相对敏感。而大学生和其他成年人,由于受生长环境、经历的影响,在头脑中形成了一定的思维定势和思维习惯,而对形象生动的刺激反应也比较迟钝。

文字具有社会性,是语言的一种载体和符号,代表了一个文化群体对某一事物的"再现"的集体认同,不同文化群体对于同一事物的"再现"有着不一样的文字符号,也就是语言的任意性。因此,从某种意义上而言,传播就是要实现不同文化群体对彼此文化符号的认知和了解。索绪尔提出,语言符号由所指与能指构成,"所指与能指分别代表着概念和音响形象"。[10]所指指的是具体的事物，这事物经过人的心理过程进行的"再现"，从而形成一个语言符号和文字符号，逐渐被社会群体所认同，所指是意义性和概念性的。能指主要指的是声音和形象，这种声音和形象也是通过人的心理过程对具体事物的声音和形象进行"再现"，同时通过口头发音来完成。概言之，一个"再现"具体事物的文字符号，由两部分组成，一部分代表着意义和概念，一部分表音和表形。显而易见，面对陌生文化群体的语言符号或者文字符号，我们比较容易接受的是其表音和表形的部分，而对于意义和概念的理解则较为困难。

从日常教学的实验结果可以看出，汉字作为高语境文化的代表之一，对于低语境文化的人群来说是晦涩难懂的，他们很难直接将中文文字符号与现实生活中的具体事物联系在一起，因此，让他们直接猜出中文文字符号所对应客观实物是十分困难的。而书法更具象形性，是对现实生活中具体事物的一种图形性或者线性的"再现"，因而和其所表征的实物在外形上具有极强的相似性与情感上的交融、暗示特性，人们就很容易猜到其表征的实物是什么，这也就是为什么人们对以图形为载体的文字具有天然接受度。尤其是对于未受社会规训的儿童来说，他们想象力更加丰富，对形象生动的刺激反应就更加敏锐，能更容易地猜到具体事物。

由于语境差异，低语境文化人群很难理解晦涩高深的中国文化，但由于人们对以图形为载体的文字具有天然接受度，对形象生动的刺激反应比较敏锐，中国的高语境文化可以通过形象化、生动化的形式还原成低语境文化，从而使得低语境文化人群更好地理解中国文化。将高语境晦涩、抽象、难懂的文化还原成低语境文化人群易于理解的形式，有助于提高低语境文化人群对高语境文化的认知力、理解力和接受度。因此，假设1得到验证。

在学习中国文化的过程中，首先要了解和学习汉字，这是典型的由高语境文化向低语境文化的传播过程，此时通过中国书法的介入和学习，将汉字还原成低语境文化国家更容易接受的象形文字或者表音表意文字来传授，即把高语境的文化还原成低语境的文化，形式上的还原，拉近了两者之间的跨度，减少文化之间的差异，降低文化间交流传播的难度。然而，在通常的由高语境文化向低语境文化传播过程中，传授者往往忽略了利用低语境国家学习者更容易接受的汉字的象形性或者直截了当的图形来辅助对高语境国家文字和文化的学习作用。另外，在由高语境向低语境文化传播过程中需要注意的是汉字的表音表义,即汉字的形声性。在汉字语言教学中,三点水偏旁(氵)表示与水(water)有关的意思,如"河、湖、江、海"等字在字意和字音上更容易使低语境文化的人群产生联想,也就便于他们理解和记忆。

(二) 书法与传播中国文化的分析

从表1的授课实践中发现,通过书法进行"还原",国际受众更容易理解、学习和接受中国文化。那么,表1的实践结果是否客观,为进一步验证实践结果,我们还需要从汉语言文化教授者的角度去观察和分析。为此,本研究团队问卷调研了110名对外汉语教师,并对其中108份有效问卷进行了分析。

在表2的问卷调研中,研究团队通过对108份调查问卷进行分析发现,参加此次问卷调查的对外汉语教师有99名来自中国,其余9人分别来自美国、秘鲁和比利时,且这108名教师均从事对外汉语教学1年以上,其中,从事对外汉语教学3年及以上的教师人数占总人数的88.89%,5年以上的为56.48%(见图4)。

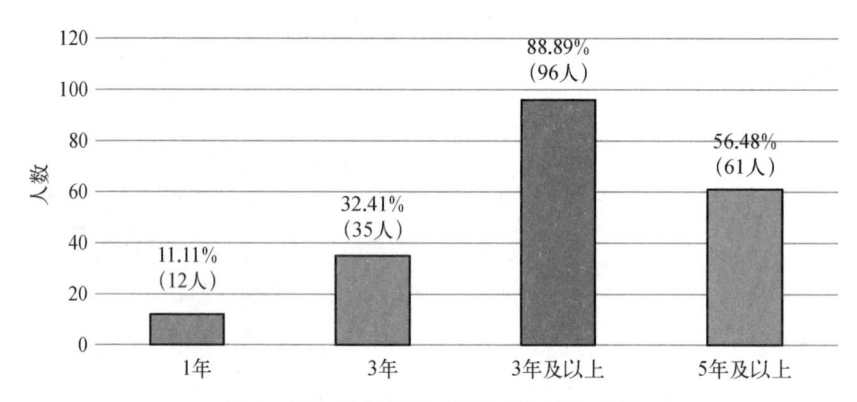

图4 汉语教师从事对外汉语教学的时长

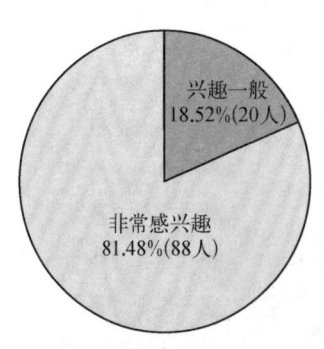

图5 汉语教师对书法的兴趣如何

在所有被访者中,有88人(占总人数的81.48%)表示对书法非常感兴趣,仅有20人(占总人数的18.52%)对书法的兴趣一般(见图5)。

可见,几乎所有人对书法都保持了一定的兴趣。由于受试者从事对外汉语教学均有较长时间,且91.67%的被访者来自中国,他们对于中国书法、中国文化及其对外传播都有较为深刻的认识和理解,因此,他们的问卷所显示出来的结果是较为客观实在的,有助于理解中国书法国际传播的现状。

此外,为了考察书法对于传播中国文化的作用以及中国书法传播面临的困境,本次问卷还设计了另外两组问题。

第一组,考察书法对于传播中国文化的作用。涉及的问题包括:

(1) 在汉语教学中进行书法教学可以提高学生学习汉语的兴趣。(赞同/不好说/不赞同)

(2) 增加书法内容有助于学生了解中国文化。(赞同/不好说/不赞同)

(3) 本次书法培训很有必要。(赞同/一般/不赞同)

(4) 本次书法培训对我最大的帮助是什么?(开放式答案)

对本组问题结果分析发现,95.37%(103 人)的被访者认为在汉语教学中增加书法教学可以提高学生学习汉语的兴趣,仅有 4.63%(5 人)的受试者持怀疑态度,认为这"不好说"(见图6)。

但是,所有人都认为增加书法内容有助于学生了解中国文化,并且所有人都认为本次书法培训很有必要。在最后一个问题中,有 25 人提到增加互动和书法教学可以提高学生学习汉语的兴趣,48 人提到从书法可以引申到对汉字字形的认知和记忆,23 人提到书法可以培养对中国文化的喜好,12 人提到书法可以提高学生的想象力和创造力(见图7)。

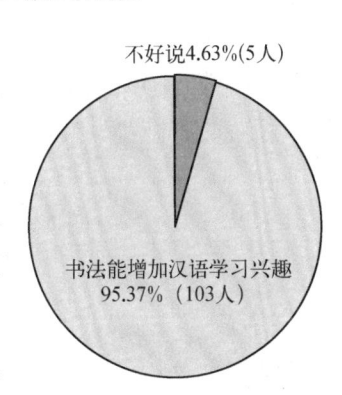

图6 书法是否能增加汉语学习兴趣

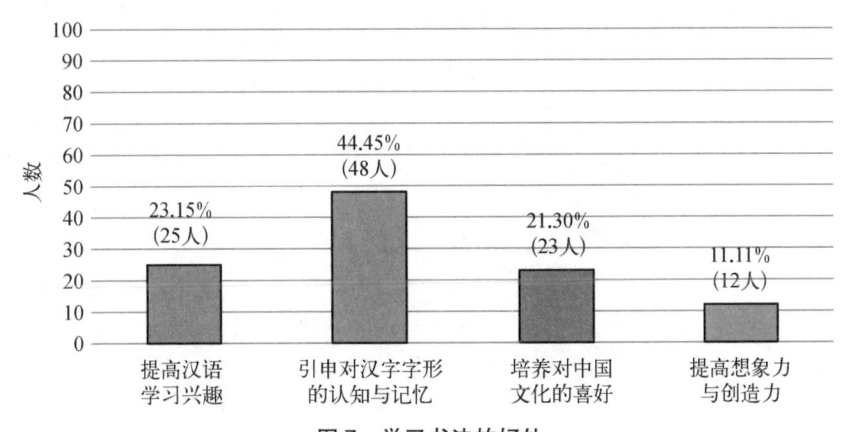

图7 学习书法的好处

第二组,考察书法传播面临的困境。涉及的问题包括:

(1) 我想在教学中增加书法内容,但没有条件,因为(　　)。(课时紧张/本人不懂书法/缺乏合适的书法教材/学生不感兴趣/缺乏经费/其他[多选])

(2) 我平时在汉语教学中进行书法教学或开展书法活动的频率。(经常/偶尔/从未)

(3) 我在今后的教学中会不会增加书法教学或活动?(肯定/不确定/肯定不)

(4) 你会用怎样的方式向汉语学习者或当地民众介绍中国书法?(开放式答案)

对本组问题结果分析发现,书法教学面临的最大问题是缺乏合适的书法教材是(见图8)。其次,开展书法教学或活动的频率较低,也是书法国际传播面临的主要问题之一(见图9)。

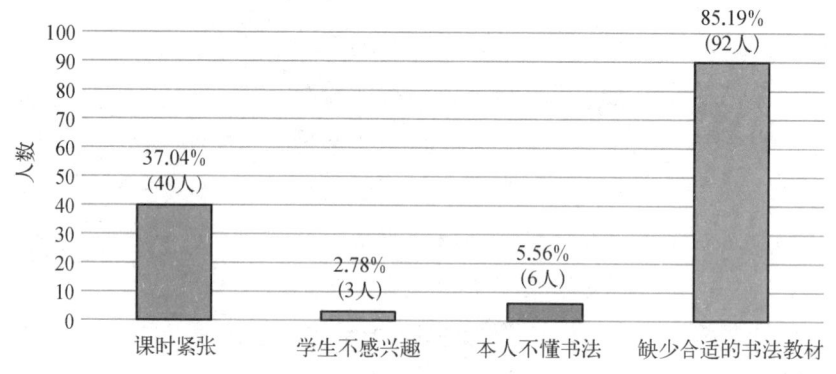

图8　未开展书法教学或活动的原因

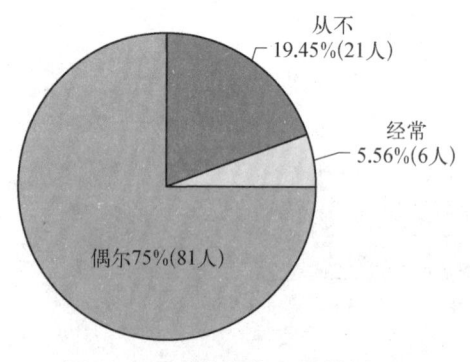

图9　开展书法教学或活动的频率

但是,在此次书法培训的108人中,105人(占总人数的97.22%)表示肯定会在以后的教学中增加书法教学或书法交流活动。在最后一个问题中,有67人(62.04%)提到今后会通过教授书法课和现场演练的方式向汉语学习者或当地民众介绍中国书法,25人(23.15%)会采取请书法家讲座的方式,53人(49.07%)会采用绘画与书法结合的方式培养学生兴趣,39人(36.11%)会采取开展书法交流活动的方式,33人(30.56%)会采用放映书法作品的方式(见图10)。

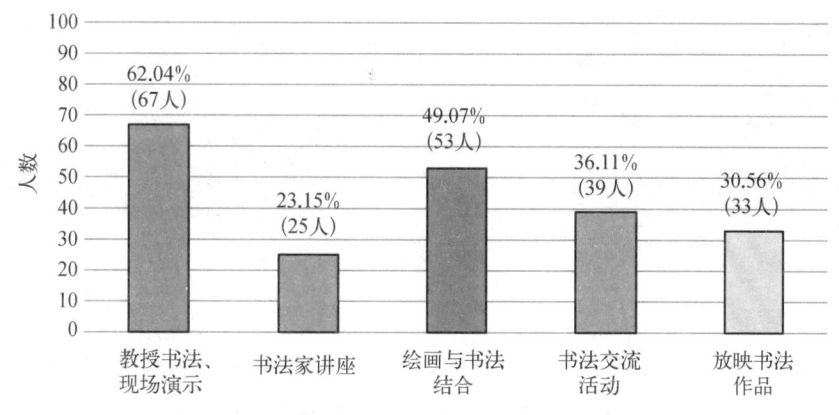

图10 今后开展书法教学或活动的方式

可见,无论中国的对外汉语教师还是外国的对外汉语教师都对传播中国书法有着浓厚的兴趣,他们希望通过不同的教授形式向汉语学习者介绍和展示中国书法,并且大部分老师相信中国书法艺术是学生习得汉字和了解中国文化的良好媒介。另一方面,从汉语教师对教授书法形式的诉求来看,国外汉语教学过程中的书法教授是极其缺乏的,因此,通过书法艺术来增强外国学生对中国汉字和中国文化的了解和学习还有很大的发展空间。

通过以上对汉语教师的问卷调查看出,在汉语教学实践过程中,书法能增强外国学生学习汉字的兴趣,并且有助于他们了解中国文化。具体来说,书法的线条感、艺术感及其赋予书写者的创造性、想象力能增强学生学习汉字的兴趣,能促使学生由浅入深,从学习中国汉字到深入了解中国文化。可见,书法作为一种媒介,能将高语境的中国文化还原成低语境文化人群易于理解和接受的形式,有助于中国文化的传播,并且得到国外汉语教师的喜爱。因此,假

图11 一起过春节：通过书法理解中国文化

设2得到验证。

将高语境的文化还原成低语境人群所能理解的形式，将能有助于低语境文化人群更容易地认知、理解和接受高语境晦涩难懂的文化。一般而言，人们对以图形和线条为载体的文化形式具有天然的接受度。中国书法虽为中国的高端文化艺术，但在用笔上、线条、形状等都与绘画特别相似，因而，中国书法又简练易懂。从这个层面上而言，中国书法至上可达中国最凝练的文化深处，至下可为有温度的描述性的线条与图形，因此，中国书法是连接深奥、晦涩、难懂的高语境文化与低语境文化之间的优选桥梁。

然而，中国书法国际传播也面临着问题。书法作为一种传播媒介的重要性已经被越来越多的人所认识到，但在实践中，由于缺少系统合适的书法教材，书法教学和活动开展的频率低、普及面狭窄等原因，使书法并没有被大多数西方人所接触和了解。这恰恰说明书法作为传播中国传统文化的载体和途径还有相当的发展空间。

(三) 书法之于个人与社会的意义分析

基于以上实践观察和问卷调研的结果，我们从教学实践和学习认知两方面得出结论，即书法有助于国际学生认知、学习和理解晦涩的中国文化，反过来说，就是书法可以成为高语境文化国家向低语境文化国家进行国际传播的"还原剂"，有利于中国文化的传播，进而提高中国的文化软实力。

但是，长期以来，中国书法一直被视为一种高端的文化享受，是千百年来中国文化的精髓，被各朝各代的文人墨客所追崇。难道如此高雅的艺术仅仅具有传播中国文化，提升国家软实力的"传播工具"的作用？除此之外，中国书法在国际传播的过程中是否还保留着其最根本的陶冶情操、修身养性等人文关怀的作用？在表3的问卷调查中，我们也发现了这样一个有意思的现象，108名汉语教师中有12名提出"中国书法可以提高个人想象力和创造力"。可见，书法在国际传播过程中仍保留了其最根本的人文关怀的意义。为更进一步对此问题进行验证，研究团队对12名人员进行了深入访谈。

本研究针对12名受访者，其中包括来自不同国家的10名联合国工作人员和2名来自中国的对外汉语教师，围绕以下几个问题进行了深入访谈：

（1）以前是否学习过中文？接触过中国书法吗？

（2）怎样看待中国书法？

（3）书写中国书法时的感觉是什么？

（4）书法对你的生活或工作有所帮助吗？

（5）用硬笔书写和用毛笔书写，两者之间有什么区别，你更喜欢用那种方式？

（6）怎样看待这次书法培训？

研究团队对这12名访谈对象的访谈视频进行分析发现，12名访谈对象中，有2名访谈对象来自中国，其余人员均来自墨西哥、加拿大、英国、西班牙等不同国家。尽管个别人员已经学习中文1年或者2年，除了一位对外汉语教师平时上课时会偶尔给学生开展书法教学外，其余人员基本都是第一次接触到中国书法。可见，在中国文化进行国际传播的实践过程中，书法作为一种传播媒介，还没有得到普及和应有的重视。

在访谈中，尽管有2名访谈对象表示，书写书法时，用毛笔比用硬笔更加困难和更具挑战性，但由于使用毛笔可以自由表达、"忘记所有事情"（forget everything），因此，他们更喜欢书法。除此之外，所有人都表示，用硬笔写字只是一种"模仿"（follow），比较"中规中矩"（formal），而书法极具"创造性"（creative），使人"放松"（relaxing），更像一种"舞蹈"（dance），像一种"冥想"

(meditation),仿佛置身于"另外一个世界"(outside of the world/another world),可以"表达自我"(express yourself),使人感觉到"平和"(peaceful)。可见,书法作为一种媒介,本质在于赋予人以意义,人们通过书法,而获得精神上的放松和慰藉,通过这种方式实现同中国人的交流和对中国文化的学习。同齐美尔的玫瑰、货币、门与桥一样,书法本质的意义在于对人与社会的关怀,而不仅仅是结构功能主义所谓的"工具"。假设3由此得到验证。

访谈中,来自加拿大的白先生,学习了3年中文,这是他第一次接触中国书法,他进一步指出:"西方国家用简单的单词和语言能表达更多想说的,而中文是另外一种话语体系,你必须学习话语之后的背景,中西方是两个完全不同的思维体系""书法有助于学习更多中国汉字"。伍女士也表示,老师用"舞蹈"(dance)、"天鹅"(swan)等形象的事物进行书法教学,使人更容易记住所学的汉字,因此会对学习汉语更加有信心。来自中国的对外汉语教师王老师也指出,她平时在教学中会用书法来协助教学,这些学生通常把书法看作一种艺术,对学习汉字也更加有兴趣,认识汉字也更加容易一点。

通过深入访谈,我们发现中西方分属两个完全不同的思维体系和语言体系,两者之间存在天然的差异,西方的话语更简洁明了和外显,而中国的话语更加晦涩难懂,需要学习其文化背景,才能真正理解中国字、中国话。然而,书法因其形象性、艺术性和创造性,可以将晦涩的高语境中国文化还原成西方易于接受的"简练的""形象的"形式,更有助于低语境文化人群学习、理解和接受高语境的中国文化。深入访谈的结果再次印证了假设1的结论。书法作为一种媒介,既有促进中国文化传播的功能性的一面,也能给人带来人文关怀。因此,书法不仅将高语境文化还原成了低语境文化人群易于接受的形式,同时还原了媒介本质的意义,重塑了媒介之于个人、社会的意义,是对"二战"以来美国主流传播理论的反思。

六、结论

传播学成为一门独立学科发源于美国,"二战"以来,因现实需要,美国的国际传播理论以结构功能主义为主导,摒弃了齐美尔传播理论对于人的关怀,但正因为如此,致使结构功能主义在自媒体兴盛的时代招致困境。另一方面,结构功能主义根植于美国的现实,虽然其作为理论具有普遍性,但由于中美两国的国情不同,中国自然也不能照搬照抄。简言之,由于结构功能主义面临现实困境,加之中国与西方的截然不同,中国需要在宏观的国际传播理论的基础上,根据自身实践总结归纳出符合中国自身特色和时代发展的国际传播理论,来为中国的国际传播实践提供理论指导。通过以上的授课实践、调查问卷和深入访谈,本研究得出了以下结论。

中国与西方分属两个不同的语境文化,由于中国属于高语境文化,西方属于低语境文化,两者之间存在巨大的天然差异,中国文化晦涩难懂,而西方文化简练明了,将中国文化传播到西方,西方人是不容易学习、理解和接受的,因此,在从高语境文化向低语境文化传播的过程中,需要一种媒介将高语境文化还原成低语境文化人群所能理解和接受的形式。书法因其形象性、艺术性和创造性,通过书法教授中国汉字和文化,更易于被西方人接受和理解,故而,在中国的国际传播中,书法可以成为一种重要的"还原媒介"。此外,中国书法具有陶冶情操、放松自我、修身养性等作用,在国际传播中仍然保留了作为媒介的最本质意义,即对人与社会的关怀。这一定意义上重塑了人文关怀,是对"二战"以来的结构功能主义的反思。

图12 书法带来的人文关怀:联合国大使正在认真学写中国字

在中国逐渐走向世界舞台中央的过程中,向世界传播中国文化,有利于世界理解和接受中国,但这并不是一件容易的事情。由于中西方语境的不同,在国际交往中,西方人往往不能完全理解中国的举措和意图,常常造成对中国的误解。特别是西方长期处于结构功能主义思想的指导下,因此常常会将中国的国际传播理解为"不怀好意",诸如将中国不断上升的软实力理解为"锐实力"。在此背景下,如何实现从高语境文化向低语境文化的传播,是中国必须要思考的问题。

此外,建构符合中国自身特色的国际传播理论,我们还应该思考中国应该走什么样的道路。美国的结构功能主义"二战"后占据了传播学理论的主流,有其产生的历史条件和需求,如果站在当下去一味批判其"政治化""工具性",不免有些偏颇。作为国家而言,利益永远是国家的根本,以至于一切对外活动都应以国家利益为中心,这也不可避免地要使一些跨国活动,包括国际传播,带上"政治化"和"工具性"的影子。但另一方面,自媒体时代对民主、自由的诉求达到了新的高度,一定程度上要求国际传播在维护国家利益的同时,最大限度满足对人的人文关怀。因此,中国国际传播理论的建构也需要在结构功能和人文关怀之间寻求平衡。

中国书法既能作为传播中国文化的载体,提升中国的文化软实力和国际影响力,也能通过国际传播获得可持续发展的动力,促进文明的兼容并蓄、共同发展。国家主席习近平在2015年的博鳌亚洲论坛上曾说过,"要促进不同文明不同发展模式交流对话,在竞争比较中取长补短,在交流互鉴中共同发展,让文明交流互鉴成为增进各国人民友谊的桥梁、推动人类社会进步的动力、维护世界和平的纽带。"[①]中国书法作为高语境文化和低语境文化之间的有效桥梁之一,也正通过中西方文化的交流碰撞衍生出更具时代意义的书法艺术,正是这种文化与文化之间的交流互鉴、取长补短,促进着中国书法走向世界,为世界人民所喜爱。如果说经济、科技促进的全球化为人类的交流和国际传播提供了条件,那么有关文化的载体,诸如书法,将是促进人类形成共情、相互理解和求同存异的精神纽带,为实现"人类命运共同体"奠定了精神支持。

当然,本研究也存在一定的局限性。例如,选取的个案中国家不够广泛,选取的人群分布较为集中,对人群的文化背景考察不足等。目前只是根据授

[①] 中国网.习近平关于中华文明的精彩论述[EB/OL]. http://guoqing.china.com.cn/2019zgxg/2019-05/14/content_74782684.html.

课实践,以及有条件的问卷、访谈进行分析,今后会做更加大而全的调查统计,优化研究结构,并试图通过眼动仪、核磁共振等脑功能仪器对认知低语境象形文字脑部反应区进行跟踪,通过更科学的仪器剔除一些可能影响结果的因素,使研究结果更加科学和客观。

参考文献

[1] 胡翼青,张婧妍.中国传播学 40 年:基于学科化进程的反思[J].社会科学文摘,2018(11):109-111.
[2] 张国良.20 世纪传播学经典文本[M].上海:复旦大学出版社,2003:201.
[3] 张国良.20 世纪传播学经典文本[M].上海:复旦大学出版社,2003:205.
[4] 李长津,杨达.西方传播学理论流变与学术贡献述要[J].贵州省党校学报,2018(4):109-115.
[5] Fred E. J. Intercultural Communication: An Introduction[M]. Thousand Oaks, CA: SAGE, 1995.
[6] 李海军.爱德华·霍尔的跨文化传播思想研究[D].南昌:江西师范大学,2006:1.
[7] 王岳川.书法输出:中国文化输出的排头兵[J].中国投资,2013,(06):108-109.
[8] 王岳川.书法文化输出与书法国际传播[J].中国书法,2013(03):148-168.
[9] 虢子莹,孙南南.中华书法文化的国际传播与推广研究[J].辽宁经济管理干部学院学报.2018:47-49.
[10] 费尔迪南·德·索绪尔.普通语言学教程[M].高名凯,译.北京:商务印书馆,1980:102.

欧洲华裔中小学生华文教育研究
——以温州籍华裔中小学生为例

包含丽

摘　要：本文以温州籍华裔中小学生为例，结合温州大学留学生招生经验，聚焦于欧洲华裔中小学生华文教育的情况，采用问卷调查法、访谈法等，分别对欧洲华裔中小学生的华文学习现状、学习动机进行研究，并提出有针对性的发展欧洲华裔中小学生华文教育的建议。

关键词：欧洲华裔；华文教育；温州籍华裔

一、引言

近10年来，随着我国经济稳健发展和国际地位不断提升，越来越多的国家掀起"中文热"。这使得欧洲华文教育基础差、底子薄，教育供应能力弱与需求旺盛之间的矛盾更加突出，并已引起党中央、国务院领导的高度重视。原国家主席胡锦涛指出"海外华文教育是我们义不容辞的责任"。温州是享誉中外的侨乡，全市有42.5万海外华侨华人、港澳同胞，分布在世界93个国家和地区。温州籍华裔青少年是海外温州人的生力军，开展好温州籍华裔中小学生的华文教育意义深远。

温州市华裔中小学生的华文教育工作起步于1998年。截至2011年，已成功举办十届温州华裔中小学生"中国寻根之旅"夏令营活动，参加营员达1 700多名，联系了数十所海外华文学校。2011年5月5日—16日，笔者赴欧洲为温州大学新推出的"海外温州人读温州大学，拿中美、中丹本科双学位"政策，及"中国寻根之旅"海外华裔中小学生夏令营进行宣传工作。每到一地举行座谈会，都引起当地侨领和媒体记者的重视，在当地中文报纸和国内媒体都有较多报道，引起了很好的反响。

鉴于此，课题组以温州籍华裔中小学生华文教育为例，聚焦欧洲华裔中小学生华文教育的情况，在分析新时期欧洲华文教育面貌的基础上，提出有针对性的欧洲华裔中小学生华文教育发展的建议，以期为促进欧洲华文教育的发展与深化贡献力量。

二、欧洲华文教育研究的现状及主要问题

华文教育是以海外华侨华人或长期居住国外的中国人为主要对象，而进行的中华民族语言和中华优秀文化的教育。当前，欧洲华文教育更多地得到华人居住国政府及主流教育部门的理解、宽容，以及政策上的倾斜。教育的对象已不仅仅局限于华裔中小学生，非华籍人士日益增多。

欧洲各国的华教事业近年来取得前所未有的进步，总体形势喜人，但也存在亟须解决的问题。

关于华文师资队伍建设问题。众多专家认为要坚持两个原则来培养师资：一是"增强华文教育本土化的造血功能"，即在中国设立专门培训基地以提供海外华文教师长期的、系统的学历教育；二是"完善中国华文教师输出体系"，即制定统一的《华文教师标准》《华文教师等级培训大纲》等指导性文件，丰富各种渠道的优秀华文教师输出。

关于教材问题。国务院侨办曾为东南亚和欧美地区初学汉语的华裔子弟，主持编写了《中文》和《汉语》。虽然这两套主干教材基本适合海外实际需要，但不能很好满足华文教学的需要。目前，海外对丛书的要求增多，不仅希望能出中文和其他语言的对照版本，也希望在教材中加入所在国的国情、侨情等。由于人力物力有限，"在教材方面，我们只能在数量上保证'吃饱'，但不能保证在内容上'吃好'"。

综合文献来看，目前的华文教材少，针对性不强，无法满足各年龄阶层学习需要。为此，推出本土化、生活化、形象化、系统化、针对性强的教材成为当务之急。教材编写应遵循"本土化"和"标准化"相结合，"趣味性"和"认证性"相结合，"语言性"与"文化性"相结合的三大结合原则。

三、欧洲华裔中小学生华文学习分析

欧洲华裔中小学生尽管身在异国他乡,但字正腔圆的中国话,横平竖直的中国字一直受到他们的热捧。据调查,欧洲华裔中小学生学习华文的人数迅猛发展,学习华文已经成为一种潮流!

(一) 欧洲华裔中小学生中文学习现状调查及分析

笔者以温州籍欧洲华裔中小学生为主要研究对象,采用两种方式来收集数据。一是研究者直接对参加 2010 年华裔中小学生冬令营(温州)的营员进行问卷调查与访谈;二是请参加 2010 年夏季华文教师培训班的欧洲华文教师帮忙,对他们所在华文学校的华裔中小学生进行问卷调查。为了保证问卷的信度、效度,问卷在三位华文教育方面的专家指导下,在部分华文教师的帮助下完成。共发放问卷 176 份,收回 127 份,收回率 72.16%。其中,有效问卷 120 份,有效率为 94.49%。在所有发放的问卷中,冬令营发放问卷 19 份,收回 18 份,收回率 94.74%,有效问卷 17 份,有效率为 94.44%;华文教师发放问卷 157 份,收回 109 份,收回率 69.43%,有效问卷 103 份,有效率为 94.50%。

为了对华裔中小学生的中文学习现状有较为全面深刻的认识,我们对他们在华文学校"学什么""为什么学""怎样学"及"学习效果如何"等进行综合调查分析。

一是学什么。研究学生学什么,有利于改进华文教育的教学内容,提高华文教育的教学效能。鉴于此,我们对欧洲华裔中小学生学什么进行了调查。发现华文学员除了把中文当作一门语言学习外,大多数(68.85%)表示喜欢中国文化,对中国历史感兴趣(60.66%)。还有 77.05% 的学生渴望到中国旅游,对中国的大好河山充满向往。分析其原因,我们发现许多温州籍华裔中小学生都有在中国生活的经历,即使出生在当地的华侨二代,多数孩子也有过回国学习汉语的经历。这种经历,为他们以后的华文学习打下了一定的基础。

二是为什么学。欧洲华裔中小学生学习华文的原因很多,排前五位的分别是:对中国文化、历史感兴趣(19.67%);父母要求学习中文(13.11%);希望交更多中国朋友(9.84%);想到中国旅游(8.20%);想跟中国人做生意(8.20%);父母都说中文(8.20%)。这个结果整体上与我们的预期一致。进一步对学生的学习积极性进行调查,发现 62.30% 的学生都能积极主动地学习中文,能从中文学习中获得乐趣,得到较高的自我效能感。

三是怎么学。我们对华裔中小学生华文学习的目的、方式、环境进行调查。当问到"我学习中文的目的很明确"时,回答符合与比较符合的合计30人,占49.18%,但回答不太符合和完全不符合的也占32.79%。对于学习方式,欧洲华裔中小学生学习华文的方式很多,有的上华文学校,有的请华文家教,还有的直接回国内学习中文。欧洲华裔中小学生的中文学习环境,整体来说不如国内好,但比起纯粹的外国人学汉语,他们的中文学习环境还是比较好的。

四是学习效果。近年来,随着华文学校的增多与成熟,许多华校都摸索出了一套独特的管理方法和教学方法,教学质量稳步上升。在问卷中,我们让华裔中小学生对自己的汉语水平进行自评,结果如表1所示。

表1　　华裔中小学生汉语水平自我评估情况表

水平 项目	完全不会		非常困难		基本没问题		完全没问题	
	人数	百分比	人数	百分比	人数	百分比	人数	百分比
普通话听	1	0.9%	5	4.3%	29	25.2%	80	69.6%
普通话说	1	0.9%	8	7.0%	48	41.7%	58	50.4%
普通话读	2	1.7%	13	11.3%	47	40.9%	53	46.1%
普通话写	2	1.7%	24	20.9%	60	52.2%	29	25.2%

(二) 欧洲华裔中小学生中文学习动机调查及分析

由于华文教育的独特性,对华裔中小学生中文学习动机的研究较为缺少。本研究在2009年对欧洲华裔中小学生学习动机进行调查的基础上,对参加2010年海外华裔中小学生"中国寻根之旅"夏令营的部分欧洲华裔中小学生的中文学习动机进行进一步研究,共发放问卷132份,回收118份,回收率89.4%。其中,有效问卷93份,有效率为78.8%。来自意大利、法国、荷兰、葡萄牙等国家,年龄跨度为9—19岁。

表2　　　　　　　　被试的基本结构信息　　　　　　　单位:人

性别		中文水平		国　　籍					
男	女	高级	中级	意大利	法国	荷兰	葡萄牙	西班牙	比利时
50	43	44	49	58	19	7	2	5	2

年龄(岁)										
9	10	11	12	13	14	15	16	17	18	19
1	2	2	13	10	20	16	13	10	3	3

上表中的中文水平高级相当于国内四五年级水平；中级相当于国内二三年级水平。

欧洲华裔中小学生中文学习动机总得分为7.63分,说明他们的中文学习动机是良好的、健康的。具体来看,在中文学习动机得分上都没有超过14分（见表3）,说明他们的中文学习动机是良好的,不存在严重的问题或困扰。但是,有81.7%的华裔中小学生得分在6—13,这表明大部分的华裔中小学生在中文学习动机方面还是有一定的问题和困扰。18.3%的华裔中小学生得分在0—5,说明在中文学习动机方面,他们较少存在问题或困扰。

表3　　　　欧洲华裔中小学生中文学习动机得分情况

得　分	0—5	6—13	14—20
人　数	17	76	0
百分比(%)	18.3	81.7	0

进一步对量表包含的3个纬度（如表4）进行分析,发现欧洲华裔中小学生在成就动机、学习兴趣、成就目标等维度上都状况良好,仅有14.0%的华裔中小学生学习中文动机太强,8.6%的华裔中小学生动机太弱。根据耶克斯-多德森定律,中等强度的学习动机有利于欧洲华裔中小学生中文的学习。调查中,77.4%的华裔中小学生中文学习动机处于中等水平,这与我们一个月来与营员接触的感性认识基本上是一致的。

表4　　　欧洲华裔中小学生中文学习动机三个维度得分人数情况

得分 \ 维度	成就动机 动机太强	成就动机 动机太弱	学习兴趣	成就目标
0—3	80(86.0%)	85(91.4%)	88(94.6%)	90(96.8%)
4—5	13(14.0%)	8(8.6%)	5(5.4%)	3(3.2%)

调查发现,华裔中小学生中文学习动机平均得分为 7.63 分,说明他们的中文学习动机是良好的、健康的,存在的问题较少。然而,这一得分超过了 5 分,尽管超过得不多,但仍说明华裔中小学生的中文学习动机应该加以改善。具体来说,有 81.7% 的华裔中小学生得分在 6—13,说明在中文学习动机的产生上存在一定的问题或困扰,这与欧洲华裔中小学生这一特殊主体可能存在一定的关系。

年长的华裔中小学生中文学习动机比年幼的强,存在中文学习动机过强的问题。年长华裔中小学生动机太强的得分达到 2.48,远远大于年幼组的 1.48,造成这一现象的原因可能是多方面的。在个案访谈中,部分年长的孩子讲述了自己回国后,因为汉语不好而不得不放弃一些旅游机会的经历。汉语的经济价值和实用价值对部分年长的华裔中小学生也可能产生影响。在欧洲的许多国家,会汉语对其升学、就业和将来的发展都有帮助,这成为部分华裔中小学生学习中文的一大动力。

四、欧洲华裔中小学生华文教育的发展对策

今天,欧洲华文教育得到前所未有的发展,但仍有许多困难与问题摆在我们面前。为了进一步加强与改进欧洲华文教育,在宏观层面进一步深化改革开放,提升我国政治、经济、文化、教育的国际地位,继续保持与欧盟的友好关系。在微观层面的对策,主要有以下几点。

第一,华文教材必须具有一定的针对性,各华文学校,特别是同一国家、同一地区的华文学校,应加强校际之间的合作,通过合作共同开发出适应性较强的华文教材。

第二,华人社区与相关组织应大力发展华文教育,特别是高中华文教育,争取在华人社区有完整的中文基础教育,让华裔学生在高中也有中文可读。

第三,利用教育新技术,开展网络课程教育,满足广大未上华文学校的华裔中小学生学习中文的愿望,将优质的教育资源与广大华文教师、学生共享,从而实现华文教育功效的最优化。

第四,制定海外优秀华文学校标准,促进华校的持续发展。标准的制定可以参考国内中小学的标准,结合欧洲华文教育的实际情况,从办学指导思想、师资队伍、教学条件与利用、课程设置、教学管理、教学制度等方面入手,制定详细标准,以保证华校的发展规划有据可循。

第五,建立家长学校,让家长参与到华文教育中来。鼓励家长积极参与华文学校管理,为学校发展贡献力量,家长学校也为家长提供一个交流、学习、分享经验的场所。通过家长学校,相互交流经验,互帮互助。

五、结束语

欧洲华裔中小学生华文教育研究尚处在发展阶段,还有许多问题值得进一步研究,如华文教育的界定,华文教育的定位,华裔一代与华裔二代华文教育的异同,欧洲华裔中小学生的师生关系、同伴关系研究等。我们希望有更多的有识之士、专家学者、教师、家长、政府官员来关注欧洲华裔中小学生的华文教育,使之得到更好、更快的发展。

法国温州籍华裔语言现状研究
——以巴黎地区温州籍华裔继承语者为例

朱淑婷[①]

摘　要：作为法国的主体华人移民群体，温州籍华裔的继承语学习及传承具有独特的研究价值。目前针对温州籍华裔的继承语研究大多集中在意大利及荷兰，而对于法国温州籍华裔群体的研究较少。本文通过问卷与半结构化访谈相结合的研究方法，对巴黎地区温州籍华裔继承语者语言使用现状进行分析，发现他们具备继承语者的基本特征，并且带有明显的祖籍国地域方言特征及家庭背景特色，影响继承语者的语言习得或学习过程及学习策略。

关键词：法国；温州籍华裔；继承语者；现状分析；建议

一、引言

随着全球化进程不断推进，当今世界人口呈现出活跃的迁移、流动状态。不管是出于何种迁徙原因，这些移民离开了祖籍国，并将自己的语言、文化及其他祖籍国特征带入了居住国，与当地社会产生各个层面上的交融与碰撞。在经历了一系列的融合与冲突之后，越来越多的移民少数族裔、学者及官方部门意识到了少数族裔文化对自身认同感，对未来发展及对社会多元化发展的重要性，而语言作为文化的载体自然成为他们首要关注的重点。然而从语言

[①] 朱淑婷，法国诺欧商务孔子学院中文教师。主要研究方向：继承语教学、二语教学、语言教师发展。

的性质角度而言,这些在居住国的少数族裔学习(习得)的"少数族裔语"不同于祖籍国国民在主流语言环境中习得的母语,也不同于居住国主流群体选择学习的第二外语,因此,"继承语"(heritage language)一词应运而生。

继承语一词最早出现于1977年加拿大的"安大略继承语项目"的描述中,不过直到20世纪90年代,学者们才开始在语言政策和语言教育领域广泛使用这一术语。[1]继承语也可以指一种祖传语言,与学习者有着某种特殊家庭联系的非英语语言,这种语言可能在家里或社区中使用,也可能不使用。[2]与继承语这一术语相似的概念还有社区语言[3][4][5][6],家庭语言[7][8],少数族裔语[9][10]等。除此之外,在各个国家及地区,继承语在社会团体中,尤其是在学校中也有不同的名称,例如在美国被称为"继承语学校",在澳大利亚被称为"社区语言学校",在英国及荷兰被称为"辅助学校"。在中国的语境下,教授中文继承语的学校被称为"华校",中文继承语也被称为"华语"或"华文"。

与继承语这一术语相对应的语言学习者是继承语者,Valdés在2000年提出了一个学界较认同的继承语者概念,即依据说或者理解这种语言的能力来定义继承语者,认为继承语者是在说非英语的家庭里长大,他们会说或者能听懂这门家庭语言,并且一定程度上具有英语和这门继承语的双语能力。[11]虽然这个定义被Silvina Montrul认为在国别上过于狭隘,同时她又赞成Valdés提出的定义中的两个特征,即继承语者是在母语及强势语环境下长大的,具有双语能力的人。她将继承语者总结为具有以下6个特征的人(详见表1)。[12]

表1　　　　　　　　　　继承语者特征

在双语家庭中长大,精通两种语言的人
在家里说的第一语言或第一语言之一是社会语言学上的少数民族语言(继承语)
会双语的人通常掌握社会主流语言(尽管也存在继承语与主流语相平衡的人)
继承语通常是较弱的语言
对继承语的熟练程度从零起点到流利掌握,各不相同
对社会主流语言的掌握一般到达本族人的语言程度(取决于教育水平)

与美国及加拿大等移民大国中生活着人数可观的少数族裔情况类似,法

国也有基数可观的少数族裔群体,其中华人为法国第三大少数族裔群体,总数约为60万—70万人。[13]虽然拥有庞大的华人群体,然而法国官方并没有像美国、加拿大等国家一样将继承语视为一种国家语言战略资源,并为此设立专门的教育项目,或将继承语者视为有价值的国家语言资源。[14]因此,在将华语作为继承语教育方面法国起步较晚,法国华人社团到了20世纪80年代中期,才开始成立免费的中文补习班,并于20世纪90年代转变为有偿服务的中文学习班。[15]与此同时,中国经济的腾飞让越来越多的在法华人意识到了中文是一种社会资源,学习中文是对未来工作生活的投资。华裔学习中文的热情空前高涨带动了华校的发展,近30年来,涌现出了一大批华文学校及华文补习班。

白乐桑教授在2013—2014年的一项调查中指出,巴黎地区华文学校的华裔学生大多来自中国温州。[16]法国华人社区的专家Donatien Schramm也曾表示,在60万—70万的法国华人移民中,大约有35万人来自温州,尽管具有假设性质,但是不可否认这些数字反映了在法温州华人的规模。[17]这些在法温州华人在法国社会、经济、文化生活的发展及融入过程引起了国内外学者们的关注,他们对温州籍华人的移民史[18],财富积累[19],社会融入[20],文化传承[21],商业模式[22]方面都进行了相关的研究。

对于具有方言背景的法国温州籍华裔继承语者,尤其是生活在超级多样化[23]和液态现代化[24]的巴黎的温州籍华裔而言,他们不仅面对着来自主流社会对文化及语言的影响,也面临着近年来大量来自中国北部的新移民和早已侨居在巴黎的东南亚的老移民群体带来的文化及语言影响,关于他们的语言现状的研究有待深入。

本文以Montrul提出的继承语者特征为参照,以法国巴黎地区的温州籍华裔继承语者为例,尝试从继承语者的基本信息、家庭背景、语言使用情况及社会背景分析温州籍华裔语言现状及特点。

二、法国巴黎温州籍华裔继承语者基本情况调查及分析

本次研究通过抽样半结构化访谈及问卷星发放问卷,共收到100份,回收率为100%,调查的对象为巴黎地区平均年龄为17岁的温州籍华裔。下面是对本次调查结果的分析。

(一) 继承语者基本情况分析

1. 继承语者以法国本土出生者为主体

参与本次调查的男性人数为 44 人,占总调查人数的 44%;女性人数为 56 人,占总调查人数的 56%。受调查者的年龄跨度为 12—20 岁,平均年龄 17 岁,其中有 97% 的受调查者在法国出生,2% 的受调查者在 4—12 岁入境法国,只有 1% 的受调查者在语言关键期之后入境法国。28% 的被调查者为侨三代,72% 的被调查者为侨二代(详见表 5)。本次受调查者的年龄特征为全部出生在 2000 年及以后,距离最近一次的温州籍华人移民潮(改革开放后)约 20 年,大多初代移民已经选择定居法国,这也是本次受调查者大多出生在法国本土主要的原因。高本土出生率表明继承语者在出生之后大量接触主流语言,从而形成了主流语言占优势,继承语处于弱势地位的特征,既符合 Montrul 对继承语者特征的描述,又与下文关于继承语者自我语言水平评估的结果相吻合。

表 2 　　　　　　　　　　受调查者性别结构

性　别	男	女
人　数	44	56
百分比(%)	44	56

表 3 　　　　　　　　　　受调查者年龄结构

年龄(岁)	12	13	14	15	16	17	18	19	20
人数	1	1	5	5	21	23	20	19	5
百分比(%)	1	1	5	5	21	23	20	19	5

表 4 　　　　　　　　　受调查者入境法国年龄结构

入境年龄	法国出生	4—12 岁	12—18 岁
人　数	97	2	1
百分比(%)	97	2	1

表5	受调查者移民背景结构	
移民背景	侨二代	侨三代
人　数	72	28
百分比(%)	72	28

2. 继承语者家庭背景中的温州特色

与典型的温州人善贾形象相似,在法温州人将费孝通先生归纳的"小商品,大市场"和"家庭生产"的"温州模式"带入了法国,他们大多从事商业贸易活动,擅长经商。本次调查的温州籍华裔父母工作的确大多与商业有关,而且许多都是小本买卖,例如经营烟草店、开杂货店、从事批发工作、开餐馆、开服装店等。在父母受教育水平的调查中,父母教育背景为初高中的分别占43.06%和27.78%。这一调查结果与著名温州人研究专家王春光指出的"大多数巴黎温州人在中国国内都没有受过很高的教育"的论述一致。正是因为从事小本买卖的辛苦及本身知识能力的限制,大多数温州籍华裔的父母在法国工作的目的是为了赚钱并为他们的孩子提供未来。因此,在父母意识到会中文可以成为孩子未来工作生活的优势时,他们不遗余力地鼓励、要求,甚至强迫孩子学习中文。在家人是否要求受调查者说中文的部分,我们可以了解到92%的受调查者表示家人要求自己会说中文,说明受调查者父母具有一定的家庭语言规划意识。

基于受调查者父母从事的工作大多与商业贸易有关,且根据笔者的实地调研观察,大多数受调查者家庭为了节约家庭开支及方便经营,他们会居住在自己的工作场所,如开餐馆的家庭一般用房模式为楼下用于开餐厅,楼上用于居住,这就导致了他们的孩子课后回家一般会在家帮助父母处理一些生意问题。例如,家里开食品外卖店的孩子会处理电话接单,转述客户订单需求等。因此,本次调查设置了受调查者是否有在父母的工作场所帮忙语言翻译的项目,与预想的结果一致,86%的受调查者表示有。在后期的访谈中,更有受调查者表示"我一出生就在店里帮我父母翻译",虽有夸张成分,但不难看出,相比部分将汉语作为第二语言和对未来学习、工作的投资,而目前没有太多目的语使用需求的中文学习者而言,温州籍华裔具备良好的家庭继承语使用环境,他们学习中文的过程是一个语言社会化的经历,具有更实际的意义,且具有现时实践价值(详见表6—表8)。

表6　　　　　　　　受调查者父母受教育经历

父母受教育水平	从未上过学	小学	初中	高中	大学	硕士	博士	总计
人　数	6	8	31	20	7	0	0	72
响应率(%)	8.33	11.11	43.06	27.78	9.72	0	0	100
普及率(%)	12.00	16.00	62.00	40.00	14.00	0	0	144.00

表7　　　　　　　受调查者是否被父母要求说中文

受调查者是否被父母要求说中文	是	否
人　数	92	8
百分比(%)	92	8

表8　　　　　受调查者是否有在父母工作场所帮忙翻译

受调查者是否有在父母工作场所帮忙翻译	有	没有
人　数	86	12
百分比(%)	86	12

注:2人未作答。

(二) 继承语者语言使用情况分析

1. 高比例的温州方言使用

在家庭语言使用情况部分可以了解到,大多数受调查者在双语家庭中长大,并且在家使用的语言多为继承语(中文普通话,温州方言),符合 Montrul 关于继承语者基本特征的表述。同时,受调查者的回应表现出了温州籍华裔继承语者语言使用的"方言化"特征。与温州方言在温州地区逐渐式微的情况相反,在和家人聊天使用什么语言的部分,温州方言使用的占比最高,为 36.61%,略高于 35.71% 的中文(普通话)使用,远高于使用法文的比例(详见表9)。这一现象与笔者多年在"中国寻根之旅"夏令营瓯海分营中观察到的语言使用现象一致,相对于使用中文,华裔青少年更倾向于使用温州方言或所在国语言,而且这些青少年的温州方言水平高于温州本地的同龄人。这种现象与华裔的家庭成员背景及家庭养育模式有关。在后期的访谈中,笔者了解到受调查者的父母(初代移民)一般出生在二十世纪六七十年代,他们在学校接受教育的时候,授课老师大多使用温州方言和普通话,两者夹杂使用,形成了"温普"这种带有方言特色的普通话。在接受完初高中教育后他们便移民法国。在法国生活的过程中,他们接触到的大多数人都是自己的同乡,鉴于本身普通话基础不扎实,且日常交流需要用到普通话的机会少,因此,初代移民更倾向于使用温州方言与孩子交流,孩子自然习得更多的方言。另外,家庭中有祖父母的华裔,或者是父母在外经商时将孩子留给祖父母照顾的华裔更倾向于使用温州方言沟通。

表9　　　　　　　　　　受调查者家庭语言使用情况

家庭语言使用	中　文	法　文	温州方言	其　他	总　计
人　次	40	30	41	1	112
响应率(%)	35.71	26.79	36.61	0.89	100
普及率(%)	80.00	60.00	82.00	2.00	224.00

2. 成为"秘语"的语言

在是否有学习中文普通话的调查项中,87%的受调查者表示自己有学习中文。在学习中文的原因中,赞同会说中文很酷这一选项的比率为24.50%,仅次于认为学习中文对未来有帮助。在法国有一句俗语"C'est du chinois"(这就是中文),法国人听不懂别人在说什么时便会使用这句俗语,可见对于大多数法国人而言中文是一门很难的语言,因此对于追求特立独行的青少年而言,会一门别人听不懂的语言是一件很酷的事情。另外,在笔者后期的访谈中了解到,大多数受调查者表示生活在法国社会,会中文普通话或者温州话是他们这个群体的"秘密语言",他们可以和家人、温州籍华裔朋友说"悄悄话"。有受调查者提及她的一段经历,即她和她的哥哥小时候曾在放学路上被人尾随,哥哥用中文提示妹妹如何摆脱尾随者,这段经历给受调查者留下深刻的印象,因此她认为会说中文很酷。

3. 去华校学中文,为未来做准备

在中文继承语习得(学习)情况调查中,去学校学习中文占50.00%,其余受调查者通过自学或在从小与家人交流中习得中文(详见表11)。中国经济的强劲发展,使得越来越多的华人意识到了中文的重要性,因此他们倾向于将孩子送入华校,希望孩子可以接受正规的中文语言教育。根据白乐桑教授在2013—2014年的一项调查,以三所位于巴黎的中文学校为例,巴黎同济学校2013—2014学年学生人数为1000人,其中有90%的学生来自浙江温州家庭;法国中法学校在2013年约有700名学生,70%的学生来自中国大陆家庭,其中温州家庭占据了80%;巴黎精英中文学校在2013—2014学年学生数为280人,其中80%的学生来自温州家庭,这些数据体现出了温州籍华裔学习中文的热情。[16]除此之外,在学习中文的理由中,30.06%的受调查者表示学习中文对未来有用,在各选项中占比最高,表现出温州籍华裔继承语者学习中文的动力源于对未来发展的规划,其中有个人的意愿,也受家人影响。

表10　　　　　　　　　　学习中文理由类型

学习中文理由类型	会说中文很酷	和家里人沟通	对未来有用	家人要求学习	其他	总计
人次	37	33	46	30	5	151
响应率(%)	24.50	21.85	30.46	19.87	3.31	100
普及率(%)	74.00	66.00	92.00	60.00	10.00	302.00

表11　　　　　　　　　　学习中文的方式

学习中文的方式	自学	参加学校中文课程	没有学,但是从小和家人用中文交流	其他	总计
人次	14	36	17	5	72
响应率(%)	19.44	50.00	23.61	6.94	100.00
普及率(%)	28.00	72.00	34.00	10.00	144.00

4. 以法语为主的主流语言占优势

在受调查者中文水平自我评估的环节,仅有4%的受调查者认为自己的中文水平很好,大多数受调查者认为自己的中文处于一般和好的水平。然而,在

法文水平自我评估的环节,42%的受调查者觉得自己的法文水平很好,同时也有5%的受调查者认为自己的法文水平很差,其中的原因可以从受调查者的受教育程度及社会融入等角度深入了解(详见图1—图2)。这个结果与Montrul的"继承语者通常掌握社会主流语言,并且继承语是较弱的语言,且对继承语掌握熟练程度不一,根据教育水平的差异,对社会主流语言的掌握程度一般达到本族人的语言程度"的表述吻合。除此之外,温州籍继承语者语言自我评估的结果与Maria Carreira和Ogla Kagan在2011年针对美国继承语的调查的结果分析中展现的被调查者继承语及英语自我评估结果类似,即认为自己英语能力很好的人数比例远大于认为自己继承语能力很好的人数。[17]这与此次受调查的温州籍华裔继承语者大多出生在法国本土有关。受调查者成长于主流的语言环境中,且接受主流学校的教育,虽有部分受调查者会自学中文或去华校学习中文,但是在继承语习得(学习)方面的时间及精力投入都不及主流语言,因此会产生主流语言强于继承语的特征。

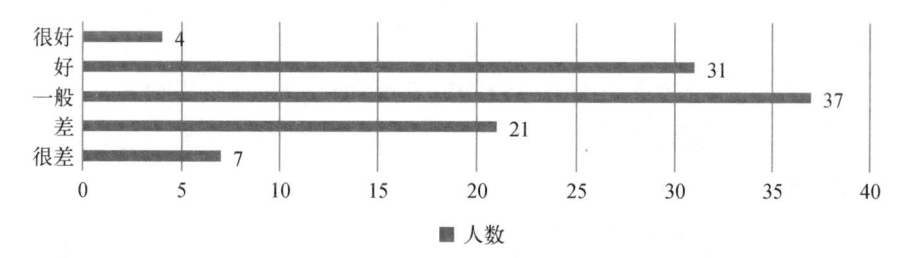

图1 受调查者中文水平自我评估

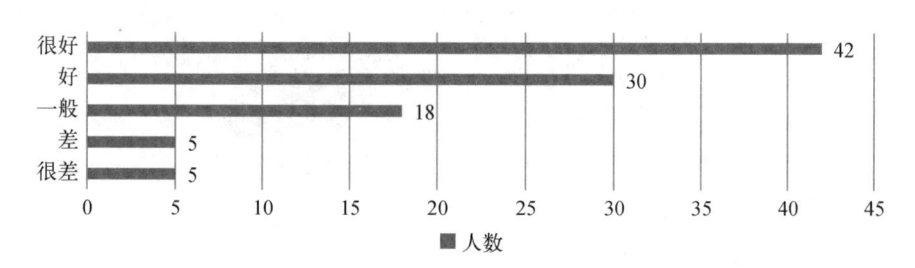

水平	人数
很好	4
好	31
一般	37
差	21
很差	7

图2 受调查者法文水平自我评估

水平	人数
很好	42
好	30
一般	18
差	5
很差	5

(三)继承语背景社会团体

在受调查者社会团体背景的调查部分,64%的受调查者认为自己认识更多的华人,36%的受调查者认识更多的非华人(详见表12)。与分散居住同法国主流群体混居的来自中国其他区域的华人中产阶级及知识分子不同,来自温州且从事商业贸易活动的华人群体更倾向于"抱团"聚居。如果从不同的社会角度分析的话,这种"抱团"的倾向有利有弊,但从继承语传承角度而言,这种族人聚居模式为继承者们提供了一个良好的外部继承语语言环境。笔者在后期访谈中了解到,大多数温州籍华裔继承语者在中国传统节日时会参加华人社团组织的庆祝活动,平时也有组织联谊活动增进感情,例如每年春节巴黎十三区举办的舞龙舞狮游行活动,中秋节同乡会聚餐活动或社团联谊演出。

表 12　　　　　　　　　　人际圈中华人比例

人际圈中华人比例	认识的华人多	认识的非华人多
人　次	64	36
百分比(%)	64	36

三、对巴黎地区中文继承语教育的建议

(一) 充分利用社会团体,发展团体服务学习

社区服务学习(Community Service Learning)作为一种新兴的语言学习模式,在美国的西班牙语继承语学习项目中取得了可喜的成果。[18][19]在本次调查中发现,大多数的温州籍华裔继承语者都在就读正规的华文学校,接受传统的班级制语言教育,同时他们还拥有一个庞大的温州籍华人社会团体。通过访谈发现,大多数温州籍继承语者聚居在巴黎几个比较大的华人社区,例如十三区、美丽城、庙街等。发展社区服务学习项目,鼓励华裔继承语者参与到社区的活动之中,例如组织每年春节的华人游行活动及其他传统节日活动,或者是为其他华人提供社团组织服务,中文水平比较高的继承语者帮助水平比较低的继承语者学习中文,组织读书会或者故事分享会、互助小组,定期组织照顾慰问社区中老一代的华侨等。

这些有组织的、自发的且异于传统课堂的非正式语言交流活动可以大大激发参与者的语言表达能力,有利于继承语者在语言社会化的过程中更好地习得语言,且可以增强继承语者的社会团体意识,帮助他们更好的了解法国及中国社会、文化、经济、传统等方面的差异,在语言水平提升和文化融合交流上

都有明显的效果。目前,在法国的温州籍华人组建了例如同乡联谊会、行业组织、维权组织、文化组织、治安组织等,这些社会团体可以从各个方面为温州籍华裔继承语者提供非正式的语言学习机会及实践经验,并且能够扩大继承语者在华人群体中的社会关系网,增进自身身份确认及增强团体归属感与荣誉感,而这些是普通学校教育所无法提供的。

(二)发展职业化中文教学模式

最近几十年来,英语作为特殊用途语言教学(English for Specific Purpose),在国内的对外汉语教学中得以借鉴引用,发展出了例如商务中文、医学中文等中文作为特殊用途的语言教学项目(Chinese for Specific Purpose)。商务汉语是专用汉语中的一种,根据学习目的和学习内容,又可以进一步分为专门商务用途汉语和一般商务用途汉语,而一般商务用途汉语的内容以一般的、日常的商务活动场景,商务活动话题或者典型商务案例为主,辅以中国商务文化常识或相关背景材料。语言技能方面则往往包括听、说、读、写、译的综合训练。[20]

由于大多数温州籍华裔有从商的倾向,但却没有明确的职业目标,为他们提供一般商务用途汉语课程可以有效且有针对性地帮助温州籍华裔继承语者投入实际生活中的社交应用。在本次调查中,许多被调查者都表示有在店里帮助父母翻译的经历,体现出继承语在实际商业活动中的应用,并且许多温州籍华裔在法国学习,然后可以加入法国公司或接管父母的生意,有些人成为中法之间的律师、会计师、IT 专家、服务提供商、中介公司经理。[21]因此,相关语言教育机构可以与当地商学院合作,通过系统设计针对法国温州籍华裔的商务汉语教学大纲,结合实际商业案例分析,商务交际礼仪文化教学及实践,提供参与中法企业的实习机会等,帮助继承语者了解中文语体在不同语境中使用的差异,针对性地为有语言基础且对商业感兴趣的温州籍华裔提供专业化的一般商务中文课程,助力他们将来的职业发展。

与此同时,华校也可以融合多种教学模式,例如设计多学科结合的沉浸式中文课程,除了教授传统的语文本体知识以外,与主流学校教育相结合,在语言课程中设计融入数学、科学、艺术、物理、化学等其他学科知识,培养语言学习者的可转移性技能;参考芬兰式软技能培养课程,在语言学习中带领语言学习者参观职业场所,了解职业技能,在活动中学习语言及技能。

(三) 拓宽学习渠道，鼓励多种途径学习

在本次调查中，笔者发现19.44%的受调查者是通过看电视和小说来习得中文，这种自发性的语言学习行为得益于网络媒体的不断发展，国内影视剧、综艺节目、小视频等通过各种渠道进入法国华裔青少年的"视界"。在笔者后期的访谈中发现许多华裔痴迷于近年来大热的TikTok，同时他们也有下载国内版的抖音APP，在抖音上刷着各种短视频，在潜移默化中学会了许多时下国内流行的流行语，例如"不讲武德""懂王""小丑竟是我"等，他们不仅喜欢在线观看短视频，也喜欢制作、上传视频与他人互动。这些内容有趣，形式短小，具有超强娱乐性及互动性的小视频让华裔继承语者不知不觉间沉浸在继承语输入的过程中，有受调查者表示他们每天几乎至少会有1—2个小时"刷抖音"，而此举是否可以有效地提高继承语者的中文水平还有待后期调查考证。

除了继承语者自主接触各类与中文相关的视频外，也有华裔继承语者表示自己会自主选择阅读一些继承语材料，例如网络小说，而这样的华裔继承语者的继承语水平相对较高，这一发现与克拉申所倡导可理解性输入的理念不谋而合。他在2020年研究了印度的一个学生群体将英语作为第二语言学习的阅读与语言能力，研究发现在50名受试者中，37名阅读小说的受试者的语言水平高于另外13名阅读报纸、科技及学术作品的学生[22]，同时，阅读小说可以大大提升语言学习者的词汇量[23]及延伸知识面[24]，扩展继承语者使用语言的深度及广度。

这些具有自主性质的活动在一定程度上激发了继承语者的语言学习热情，在笔者后期的访谈中有受调查者表示自己喜欢TFBOYS，因此会关注有易烊千玺、王源、王俊凯的综艺节目、电视剧及其他周边活动，这些延伸性的热爱在无形中拉近了继承语者与继承语之间的距离。同时，虽然参加本次调查的温州籍继承语者都有参加华校的正规课程学习，然而他们中大多表示学校课程乏味，教科书缺乏趣味，学习的积极性并不是很高。因此，鼓励继承语者自主接触继承语材料，拓宽学习渠道不失为一种有效的学习策略。

四、结语

在针对巴黎地区温州籍华裔继承语者现状的调查及分析中，可以发现温州籍继承语者具备Montrul所描述的继承语者特征，同时，温州籍华裔继承语

者还具有3个明显的特征,即"商业化"的家庭背景,"方言化"的语言风格,"族裔聚集化"的社会背景。为了有效利用温州籍华裔继承语者的特征,提高继承语者中文习得(学习)的效果,本文也提出了3种学习策略:(一)利用当地社团优势,发展社团服务学习;(二)利用继承语者商业背景优势,发展职业化汉语学习;(三)鼓励多种方式学习继承语,拓宽学习渠道。在巴黎地区温州籍华裔继承语者现状的调查中,笔者也发现了许多其他可能影响继承语者语言传承的因素,例如法国华校的教学与继承语者的语言能力的关系,温州方言对继承语者中文(普通话)学习(习得)的影响,温州籍华裔继承语者语言水平与社会融入的关联等,这些问题都有待探索。

参考文献

[1] CUMMINS J. A Proposal for Action: Strategies for Recognizing Heritage Language Competence as a Learning Resource within the Mainstream Classroom[J]. The Modern Language Journal, 2005, 89(4): 585–592.
[2] FISHMAN J. 300-plus years of heritage language education in the United States. [C]// Heritage Languages America: Preserving a National Resource. McHenry, IL: Center for Applied Linguistics. 2001: 81–97.
[3] CORSON D. Community-based Education for Indigenous Cultures[J]. Language, Culture and Curriculum, 1998, 11(3): 238–249.
[4] WILEY T G. On defining heritage languages and their speakers. [C]//Heritage languages in America: Preserving a national resource. Washington, DC & McHenry, IL: Center for Applied Linguistics & Delta Systems. 2001: 29–36.
[5] CLYNE M G, FERNANDEZ S. Community language learning in Australia. [C]// Encyclopedia of language and education. Berlin: Springer. 2008: 1267–1279.
[6] LO BIANCO J, SLAUGHTER Y. Language Policy and Education in Australia. [C]// Language Policy and Political Issues in Education. Berlin: Springer. 2017: 449–461.
[7] YEUNG Y S, MARSH H W, SULIMAN R. Can two tongues live in harmony: Analysis of the National Education Longitudinal Study of 1988 (NELS88) longitudinal data on the maintenance of home language [J]. American Educational Research Journal, 2000, 37(4): 1001–1026.
[8] TKACHENKO E, ROMØREN A S H, GARMANN N G. Translanguaging Strategies in Superdiverse Mainstream Norwegian ECEC: Opportunities for Home Language Support [J]. Journal of Home Language Research, 2021, 4(1): 1–13.
[9] Council of Europe. European Charter for Regional or Minority Languages[EB/OL]. https://www.coe.int/en/web/conventions/full-list/-/conventions/rms/0900001680695175 Strasbourg, 5. XI. 1992.
[10] DE BOT K, GORTER D. A European perspective on heritage languages [J]. The

Modern Language Journal, 2005, 89(4): 612-616.
[11] VALDÉS G. Heritage language students: Profiles and possibilities. [C]//Heritage Languages America: Preserving a National Resource. McHenry, IL: Center for Applied Linguistics. 2001: 37-77.
[12] MONTRUL S. The Acquisition of Heritage Languages. [M]. Cambridge: Cambridge University Press. 2016: 18.
[13] La Croix Histoire de la migration chinoise en France[EB/OL]. [2016-09-21] https://www.la-croix.com/Journal/Histoire-migration-chinoise-France-2016-09-20-1100790475.
[14] CAMPBELL R, PEYTON J K. Heritage language students: A valuable language resource [J]. The ERIC Review, 1998, 6(1): 38-39.
[15] 耿红卫. 法国华文教育发展现状分析[J]. 中学语文教学参考, 2015(18): 4-5.
[16] 白乐桑. 法国汉语教育研究[M]. 北京: 北京语言大学出版社. 2018: 36-40.
[17] CARREIRA M, KAGAN O. The Results of the National Heritage Language Survey: Implications for Teaching, Curriculum Design and Professional Development [J]. Foreign Language Annals, 2011, 44(1): 40-64.
[18] CABO D P, PRADA J, PEREIRA K L. Effects of Community Service-Learning on Heritage Language Learners' Attitudes Toward Their Language and Culture [J]. Foreign Language Annals, 2017, 50(1): 71-83.
[19] BELPOLITI F, PÉREZ M E. Service learning in Spanish for the health professions: Heritage language learners' competence in action [J]. Foreign Language Annals, 2019, 52(3): 529-550.
[20] 关道雄, 袁芳远. 商务汉语教学与研究[J]. 国际汉语教育(中英文), 2019, 4(04): 3-5.
[21] BERAHA R. Les Wenzhous de Paris et d'ailleurs[J]. Hommes & Migrations, 2014, 8(13): 55-63.
[22] KRASHEN S. Aesthetic Reading: Efficient Enough [J]. Journal of English Language Teaching, 2020, 62(2): 3-4.
[23] SULLIVAN A, BROWN M. Vocabulary from adolescence to middle age [J]. Longitudinal and Life Course Studies, 2015, 6(2): 173-189.
[24] STANOVICH K, CUNNINGHAM A. Studying the consequences of literacy within a literate society: The cognitive correlates of print exposure [J]. Memory & Cognition, 1992, (20): 51-68.

海外华文学校面临的
新机遇与新挑战

黄小捷[①]

摘　要：2020年年初，全球面临了一场史无前例的新冠肺炎疫情袭击，所有行业都受到了巨大的影响，海外中文学校更是受到了致命的重击。在学校被迫关门，学生不能继续上课这样严峻的现实面前，如何运用互联网优势，开设网络课程成了所有华校唯一的出路。在一年多的网络课尝试中，虽然已解决了部分学生足不出户就能在家学习中文的问题，但作为一种教学常态，如何让网课具有生命力和吸引力，如何保证课堂教学的持续性和有效性，如何朝着规范化、专业化和标准化方向发展等，都是新时代海外华校所面临的新问题与新挑战。

关键词：互联网＋；模式转变；源优势；学习效果；线上线下混合教学

一、海外网络教学的基本现状与特点

长期以来，中外教育界都把传统教育称为地面教育，是实地的教育，一名教师、单个教室、数名学生，就这样组成了一个教学课堂。而当我们进入了互联网时代后，我们的教学手段已经逐渐发生了变化，也享受到了互联网带给海外华校中文教学的甜头。尤其是这场史无前例的新冠肺炎疫情，把原有的传

[①] 黄小捷，西班牙马德里爱华中文学校校长。主要研究方向：海外华文教育管理及海外中国文化传播。

统课堂模式给打乱了,残酷的现实迫使各教育机构改革创新,寻找出路。尤其是欧美国家,在疫情极其严重的情况下,各所中文学校紧急采取措施,在短短的时间里赶鸭子上架,迅速开辟了各类网络课程。于是乎,网课成了全球教育机构的一个热门话题。就西班牙目前情况来看,有以下几方面的特点:

(1) 开网课已成了西班牙各地中文学校的一种普遍现象。从2020年2月开始,新冠肺炎疫情席卷了整个西班牙乃至整个欧洲,西班牙政府因此采取了警戒措施,于是,全民宅家抗疫开始了。工厂停工,商店关门,学校停课……面对这一严峻事实,西班牙各所中文学校在无奈之下,紧急采取措施,推出了网络课程,开网课的学校可以说是百分之百。

(2) 借助国内网络资源,转型网络课堂。各所华校从不断尝试阶段过渡到稳定状态,使用的网课软件从刚开始中国的钉钉网课,到后来的ZOOM网络教室,各校都是摸着石头过河,在不断的探索中走一步看一步,然后才逐步形成了相对稳定的网课课堂,可以说,这是师生们共同适应和成长的过程。

(3) 目前西班牙中文学校的网课主要以中文为主,同时也有西班牙语和英语课程。

(4) 各校的网课均是收费的,学费标准基本与之前的实体课堂一样。上课方式以班级为单位,既有小班授课方式(10人左右),也有大班上课方式(二三十人),不管学生人数多少,都是在老师的管理下进行。

(5) 目前来上网课的学生,仅占原来实体课堂学生数的30%—60%。原因是很多家长对网课的认知度和信任度不够,还有很多家长因不懂电脑成了门外汉而无法接受,也有家长对中文的重视程度不够,再就是经济压力关系等,因此还有很多学生及家长在等待观望中。

二、传统课堂和网络课堂的各自优势

传统课堂和网络课堂各有优劣势。一直以来,教师和学生都已经习惯了课堂教学,在面对面的课堂上,学生们除了能近距离地聆听教师的讲解外,还有视觉上所得到的满足感。师生之间除了语言交流的亲近感外,还有眼神的交流和肢体动作的亲近感,再就是同学之间的亲密互动和细微交流等,这些课堂教学优势是网络课堂永远无法替代的。因此,如果把面对面课堂和网络课堂分开让家长们去选择的话,家长们一定会毫无疑问地认定面对面课堂更加正规,孩子们的注意力会更集中,学习效果也肯定会更好。

然而,经历过一年多的网课尝试后,师生们已经从不习惯到习惯并成自然,而且还在这个过程中尝到了许多甜头。慢慢地,网课优势逐渐凸显出来,在笔者看来大致有以下几个方面。

(一) 对教师而言

(1) 教学资源丰富。新时代网络发展日新月异,资源非常丰富,可以说是应有尽有。它可以满足教师在备课中任何一门课程的需求,包括教材、相关图片、课文范读、与课文相关的辅助资料……所需的一切尽在网络上。

(2) 网络功能齐全。现代化的互联网时代,为我们提供了意想不到的功能效应,只要懂得操作和使用,其能量是极为丰盛的。电子白板、资料共享、学员管理、文字交流等,尤其是录制存档,能把精品课堂同步录制和存档,方便学生课后观看。同样的课程教师也不用再讲第二遍,利用录播功能就可以实现了。

(3) 教学手段灵活。网络课程虽然面对的是屏幕,但教师的教学手段却比实体课堂要灵活得多。比如生字教学环节,可以通过各种生动有趣的教学软件和游戏软件来进行教学,让学生们在愉快的过程中完成识字教学目的。在阅读教学中,则可通过音频、动画片等手段,不但能激发学习兴趣,还能给学生起到很好的示范作用,有效地达到了教学效果。

(二) 对学生和家长而言

(1) 足不出户就能让孩子居家学习,不但节省了接送时间,而且也安全可靠。

(2) 解决了因路途远或因生活在不同城市而无法去学校上课这一难题。我们学校的网课学生中,就有不少来自西班牙北部、南部和东部其他城市的学生,甚至还有来自意大利、德国和法国的学生。这些学生因网课实现了他们慕名来我校求学的愿望。

(3) 对学生而言,在家里上课非常随意,心情愉悦。

(4) 通过屏幕上丰富多彩的PPT课件和有趣的动画视频、音频及许多好玩的游戏,加上教师生动的讲解,吸引和满足了学生们的学习兴趣。

网络教学有助于提高学生的学习自主性,培养良好的学习习惯,学生的参与感更强了。改为网络上课后,课前预习和家庭作业这两个环节成了教师们更加注重的一个环节,学生们也逐渐适应了这一要求。

三、网络课程教学的有效性和存在的问题

在传统观念里,学校是"管"学生的地方,教师是管理者、是教授者。但在新的时代背景下,要想保证课堂教学的有效性,教师首先就要脱离传统观念的束缚,摆脱在学生心里的刻板印象,完成教学模式的转变。但是,在"传统教师"向"新型教师"过渡的过程中,依然存在着很多问题。

(一) 从教师角度来讲

脱离教学的舒适区并不容易。经验式的教学方法历史久远且根深蒂固,教师已经习惯传统的"备课、讲课"模式,很难一下子就从之前的教学模式中走出来。在教师队伍中,不乏一部分中年教师。如果说将互联网运用于教学领域对年轻教师来说还相对比较容易的话,那么对于中年教师来说,就显得难以胜任了。互联网是新时代的产物,不是所有人都能很快适应的,尤其对于40岁以上的老教师,因为受年龄限制和生活经历影响,对科技的接触较少,对新鲜事物的接受能力和对新型教学模式的理解度偏低,因此,对其来说,教学模式的转变会有难度。我校近40位老师中,愿意接受挑战,敢于尝试网课的只占60%,剩余的40%都处在等待观望中。

海外中文学校的学生大多是低中年级,他们缺乏自控能力,在很大程度上,非常依赖教师的管教和家长的监督。而事实上,改为网课后,教师和学生是隔着屏幕上课的,这在一定程度上,给教师的课堂管理增加了难度。而海外中文学生的家长们不同于国内的学生家长,大多数家长因为海外创业艰辛的缘故,没有足够的时间陪伴孩子,因此,家长监督是一个薄弱环节。

(二) 从学生角度来看

(1) 学生已经习惯了面对面地听老师上课,一旦改为网课,他们就像断了线的风筝,随风飘荡。学生注意力容易分散,老师隔着屏幕难以把控。我们在网络教学中发现,网课学习的效果如何,取决于学习者本身的学习态度问题。对于成人来说,一般具有强烈的学习欲望,不存在分心或开小差等问题。而对于未成年的孩子们来说,因为他们的天性是好动贪玩,不能自控,容易分心和走神,如果老师没有管理经验,把控不了学生的注意力,那么再好的课程也无法得以实施。

(2) 网络课堂缺乏同学与同学之间的交流与互动,而且同学和老师之间都是独立个体的存在。没有了课堂氛围,学习者的学习兴趣会受到很大影响。尤其对于未成年的学生来说,学习氛围和团队气氛非常重要,因为有老师和同伴在一起学习的过程,其感觉是不一样的。

(3) 因为网速关系,很容易出现卡顿或听不到声音等各种电脑操作和网络问题,而这些意想不到的小故障会影响到课程进度和师生情绪。为此需要教师具备各种应对能力。

(4) 没有办法像课堂一样的集体读课文,这就要求教师在教学方法上予以创新和改进,努力解决因网课不足带来的问题。

(5) 在"互联网+教育"的大背景下,随着教学模式的变化,学生也需要适应过程。倘若教师没有找到恰当的方法引导学生,不但没有办法达到教学改革应有的效果,反而使得学生对老师和学习产生反感情绪。

四、如何弥补网课的不足,尽可能发挥出更大优势

(1) 要有创新意识,努力钻研,与时俱进。如我们学校在推出网课前后,通过教师培训、研讨交流、学习分享和开设示范课等途径,努力让教师们通过学习、探讨和交流,在各自的实践教学过程中不断完善教学方法和手段,以此来不断提升网课质量和吸引力。

(2) 努力转型,挑战自我。不但要从一个传统的教师角色向着有感染力和吸引力的网红主播角色转变,而且还要运用丰富有趣的课件来吸引学生的注意力。

(3) 教师要高度重视网络课堂管理这一重要环节,这是未成年学生网课中最不容忽略的一个问题。如何让这些分散在各自家庭的学生们能始终跟随着教师的讲解认真听课并参与互动,对教师而言,是一个重要的挑战。教师要努力做到不能让学生有空子好钻。比如开摄像头问题,因为这是教师唯一能和学生互动的一个窗口。当然,对于学生来说,最好不开摄像头,因为在不开摄像头的情况下,他们就可以自由自在地做自己喜欢的事。为此,我们在网课中给学生们做了一个严格的规定,就是所有学生都要开着摄像头上课(极个别学生因情况特殊得到学校和家长双方一致同意外)。此外,教师要随时注意学生的动态和情绪变化,时刻与学生互动,努力做到让每一个学生都能紧跟教师

的节奏。

（4）取得家长的支持与监督。网络课程更需要家长方面的支持与监督。因为未成年学生缺乏学习主观能动性且贪玩，尤其是日益丰富的手机游戏，这对于孩子们来说是一大诱惑。当学生在网课上听教师讲课时，爱玩游戏的学生很容易被吸引。因此，教师要时刻注意学生的动向，一旦发现学生偷玩游戏或分心等，要及时与家长取得联系，通过各种方法予以制止。另外就是课前预习和课后作业环节，都需要通过家长来传递信息和监督。这一环节做好了，网课的效果才能得以保证。

（5）把好作业关。对于西班牙的中文学校来说，由于其性质属于周末制的，因此，每周2个小时的网络课程是远远不够的，只有通过完成作业来起到预习、复习和巩固作用。另外，海外中文学校的学生们因年龄和中文水平差异大这一特殊情况，在作业上必须要根据学生的实际情况来制定适合的作业量和要求。我校采取的办法是"抓中间带两头"，分A、B、C三类，B类作业针对大部分学生，而A类则是针对学习自觉性和水平都较高的学生，除了正常的作业外，还会多一些课外阅读或写作方面的内容。而C类作业，是针对特别差的学生。我们每个班都会有一些接受能力差的学生，他们因为起步晚，中文水平较差，但实际年龄又偏大了。对于这类学生我们就会把要求适当放低，只要学会简单常用的生字，能通读和理解课文就可以了。慢慢地，他们就会在不断的课文学习中逐渐提高。

五、网络课教学的现实意义

一场疫情突然间成了欧洲华文教育机构转型升级的机会，真可谓是危机中存在着商机，正是这场危机，给了所有海外中文学校迅速转型的动力和实现网课的可能。紧急之下，我们利用了网络优势，让传统教学功能插上了翅膀，满足了部分华裔学生坚持学习中文的需求，让不可能成为可能。

（1）互联网教学，无疑增加了师生之间、生生之间的交互。在网络课堂上，学生不再是机械性地完成作业，而是拥有了学习的兴趣。而在拥有双向互动的协同学习以及个别学习的指导作用之中，恰恰赋予了教师存在的意义，其重要性将会越来越大。

（2）互联网教学受训的空间更大，范围更广，不受距离影响，且时间成本也更低。尤其是用于大规模公开课和教师培训，低成本覆盖所有目标受众，具有很大的灵活性。比如，除了上课外，学校还可以通过网络云端，举办各类大型的庆祝活动和颁奖大会，让原本因无法租到大会场地的大型活动计划，在网课上得以实现；可以让原本没有时间去学校参加活动的家长，能如愿以偿地出席学校活动。如2020年11月，我们在网络云端举办了面向家长们的关于"陪伴孩子的重要性"公益专题讲座，深受家长们的欢迎。今年春节，我们在网络上举办了一场"2021爱华网络春晚"，近500位学生包括他们的家庭成员通过各自的电脑，出席了网络春晚。中国驻西班牙大使馆参赞韩亚慧也亲临现场，并为师生们做精彩的致词，给予了孩子和家长们很大的鼓舞和温暖。

（3）随着现代教育信息技术的迅速发展及华文教学方式的日益多元化，在海外华文教学中，多媒体教学也开始变得越来越受到关注。本校一份调查数据表明：在多媒体对于华文教学的作用方面，没有人认为多媒体技术不重要；高达90%的教师愿意在教学中选择使用合适的多媒体技术；70%的教师在上课过程中会使用多媒体设备。这些数据说明，随着现代教育技术的发展，多媒体教学在海外华文教学中的作用越来越重要，教师也越来越重视多媒体教学手段的使用。

六、提高互联网教学效果的具体措施

（1）深化情境化教学。互联网技术在教学领域的应用，使得不可能的事情成为现实。在"互联网+教育"的背景下，情境化教学成为可能。将情境化教学与教学内容和教学目的相结合，能有效地提高学生的学习兴趣。在传统的教学模式下，最典型的授课方式就是：老师教，学生听。由于学生的课堂参与度不高，理论教学的内容大多较为枯燥，容易使学生丧失学习兴趣。爱因斯坦说："兴趣是最好的老师。"情境化教学能很好地激发学生的学习兴趣，提高学生的课堂参与度，使学生成为课堂的主人。

（2）有利于个性化教育。互联网技术的应用，有利于个性化教育的实现。在一个班集体中，每一位学生都是独特的个体，有的同学成绩好，有的同学成绩差。通过运用互联网技术，教师能够根据每一位同学实际情况，制订切实可行的学习计划。相较于之前"眉毛胡子一把抓"的教学情况，这样的教学方式，显然对提高学生的学习成绩更有帮助。除此之外，互联网将教师和学生连接

在一起,教师可以通过互联网了解学生的学习进度以及生活状况,更好地了解和关爱学生,增进师生感情。

(3)线上线下的有机结合。学生的课上学习时间是有限的。有时候,教师的教学任务无法按时在课上完成,这时,学生在线下保质保量完成剩下的学习任务就显得尤为重要。互联网技术在教学中的使用使得教师能够准确掌握学生的学习情况,更好地完成教学任务。现如今,随着微信的普及化,微信已经成为教师线下与学生和家长沟通的重要途径。教师通过微信及时和家长取得联系,了解学生的实际情况,促进学生的学习进步。

(4)采取线上和线下同时教学模式。一年多的网课实践证明,网络课已经深受家长们的肯定,很多家长甚至觉得让孩子上网课,不但效果好,而且还能节省家长的接送时间。重要的是,当习惯了这一网课方式后,哪怕恢复课堂上课,对于有些路途遥远的家长,还是愿意让孩子继续上网课的。对此,华校要采取线上和线下同时开课,即线上网课、实体课堂、线上和线下同时上课这三种方式,唯有这样才能满足家长们的各自需求,这也才是未来华文学校最有效的教学途径。

通过以上分析可以发现,网络教学与传统教学各有所长。当下的西班牙,因为疫情依然严峻,因此,网络课程是目前各所中文学校唯一的教学途径。但未来的教学趋势,一定会朝着线上线下混合教学模式这一方向发展。我们可以综合互联网教学与传统教学的优势,将两者相辅相成,形成较为完整的教学模式,以满足各类学生的需求。

七、结束语

如同所有新鲜事物一样,"互联网教学"模式当然也存在着诸多不足。互联网如何更好地推动海外华文教育的发展仍是我们一直关注的重点问题。事物发展的道路总是曲折的,教育模式的转变也不是一朝一夕的事情,我们需要有敢于开拓与创新的勇气和信心。如果我们用发展的眼光看问题,以移动网络、大数据和人工智能等技术为核心的互联网,必将为海外华文教育的现代化注入新的动力。智能手机和平板电脑等设备的普及,互联网教学的软硬件环境已经具备。大量学习支撑系统的出现,学习者基于互联网而实现的"人人皆学,处处能学,时时可学"已成为可能。基于互联网进行人才培养模式变革,实现学生知识、能力与思维协同发展的个性化学习,通过"课堂革命"重构传统教学已成为一种必然趋势。

我们相信,通过海内外同仁们的不懈努力,有朝一日,互联网教学必定会成为海外华文教育发展的共享机遇。

海外华文教育新格局之思考与探索

张忠民[①]

摘 要：任何语言，本质上都代表了一种不同文化内在的世界观。汉语作为中国文化的特殊符号与血脉传承的民族精神家园，一直具有强大的生命力和创造性。从社会功能而言，它是华人建立自我身份的有效途径。从文化心理上定义，它是获得精神人格的完美象征。从市场需求上来说，它也是满足华人华侨及后代生存与发展的基础保障。虽然狭义的华文教育是指海外华侨华人在居住国或来中国接受中华民族语言文化教育，但是，究竟是海外统一教材还是各国各取所需？是靠个人自发热情还是靠国内外联合办学机制？是非学历教育补习为主还是全球统一考评标准？是传授汉语知识为主还是积极传播中国文化系统优先？诸多问题一直困扰华文教育至今。本文试图在探索相关认识论和方法论的同时，对当前海外华文教育所面临的问题与挑战加以深入思考。

关键词：海外华文教育；新隐忧；新思路；新功能

一、引言

华侨华人虽身居海外，却不忘传承汉语和中国文化。可以说，有华侨华人居住的地方，就有不同形式的华文学校和汉语培训机构。据不完全统计，目前

[①] 张忠民，新东方文化学院院长。主要研究方向：中西传媒跨文化交流、汉语国际教育推广。

有600多万在改革开放后从大陆移居海外的新华侨华人,其中包括100多万各类出国留学人员,这给海外华文教育增添了新的活力。因此,海外华文学校是海外华文教育的主体之一,也最具中国文化的传播影响力。

华文教育是中华文化海外传承和传播的重要载体,不仅被视为中华民族在海外的"留根工程",同时也是"希望工程"。近年来,随着中国政府高度重视华文教育工作,有针对性地加大了华文教育的支持力度,海外华文教育迎来了快速发展的好时机。然而,在海外华文教育的"战略"和"战术"两个层面上的问题也日益凸显,受到了许多有识之士的高度关注。

二、海外华文教育新隐忧

目前,海外华文教育呈现出一派欣欣向荣的美好景象。但我们也应非常清醒地看到,海外华文教育在其迅速发展过程中存在着诸多的"老大难"隐忧。

(一) 教师的数量和质量问题

外派教师数量不足,不能满足海外华文教育的巨大需求。为缓解海外华文教师的不足,国侨办每年都会派出大批教师赴海外任教,但海外华文教师的缺口仍然巨大。同时,海外华文教育的师资来源明显不足。虽然国内暨南大学、华侨大学等高校本科设有华文教育专业,但开设此专业的高校数量较少;《华文教师证书》和华语水平测试工作也才初步完成;还没有类似汉语国际教育的"中国志愿者计划"和"海外志愿者计划"。这些滞后问题阻碍了海外华文教育的发展。

海外华文师资质量不足主要体现两个方面:一方面是缺乏能完全适应所在国华文教育实际情况的教师。很多外派教师不会当地语言,对当地的文化、国情也不甚了解,与学生沟通方面存在一定的障碍,这些情况给外派中文教师和对外汉语教师的工作带来了一定的影响。另一方面是本土化的教师队伍整体素质不高。有研究者发现,海外华文教师存在年龄结构不合理,严重老龄化,学历层次低,专业结构欠合理等问题。这些存在的客观问题都严重制约着华文教学质量的提高。近年来,国侨办有针对性地实施了"输血计划"和"造血计划",但是"造血计划"的规模还远远不够。据国侨办相关问题研究发现,"造血计划"在10年间只培养了151名教师,每年的培养人数在15名左右。这在一定程度上显示出"造血计划"缺乏稳定性和后续性不足的问题。中国政府要继续加强"请进来"的师资培训计划,多提供一些机会让海外华文教师利用暑假期间回国参加短期培训。事实证明,回国参加师资培训的效果是最为显著的。本校每年都有收到大使馆发来的培训信息,教师们对此也很感兴趣。经过为期半个月或一个月的集中培训,教师们不但能系统地学习基础教学理论知识和教学技巧与方法,同时也能通过走访与体验,感受到中国政府对华教的重视,对其教学来说,可以说是一次大提升。据不完全统计,10多年来,本校40位新老教师中,有40%的教师参加过各类师资培训,几乎100%的教师表示大有所获,除了对业务方面有提高外,还增加了荣誉感和使命感。

(二) 教材的针对性与实用性问题

现行的中文教材大多是"以教师为中心",没有从学生视角出发,难以满足学生需求,体现在国别化教材的编写实践方面,编写者并不了解海外学习者的实际情况,仅从编写者的母语思维角度编写教材。因此,笔者认为,在编写教材过程中,应当转变以往的"以教师为中心"的理念,树立"以学生为中心"的理念。因为教材的国别化问题才真正具备现实操作的可行性。

由于海外华文教材的使用缺乏衔接性和系统性,各校在使用教材方面显得比较随意,因而导致了各地各华校的教学规划不统一问题,而事实上也很难统一。由于全球各国的华侨华人情况不同,各华校的学生结构也不同。最大的区别在于全日制中文学校和周末制中文学校,这是完全不同的机制,对教材的要求有根本上的区别。所以,要编印出一套适合全球通用的教材几乎是不可能。因此,只有结合各国实际情况来编印一套符合本国华校需求的教材,才能真正做到有针对性和使用性。

对此,笔者建议由国内知名大学教材编印组牵头,组成一个由各国知名华校(海外华文教育示范校)代表参与的教材编写组,分成五大洲。可以先从欧洲开始,因为欧洲华文学校的历史都不长,而且各国情况差异不大,几乎都是周末制,可以先作为试点予以推广。如果适用的话,那将会对欧洲华文学校走向规范化起到推动作用。

由于每套教材都有自己的编写理念、适用对象以及教学内容,这种各自为政的现象导致各阶段、各层次的华文课程严重缺乏衔接性和系统性。在还没有完全适合本土学生的中文教材情况下,各华校要发挥出老师的作用。当前海外华文教材在内容上侧重于介绍中华传统文化,没有与学习者所在国家的情况相联系，这就造成教材中的文化环境比较单一，教材内容缺乏针对性和多元性，偏离生活实际和教学实际，难以充分满足所在国学习者的要求。如我们在调查中发现：有41%的教师认为所用教材不太合适。对于教材的不足之处，有59%的教师认为内容不贴近国外生活，缺乏趣味性，还有12%的教师认为课文进度设计不符合海外中文教学实情。由于海外教学存在着很强的随意性，因此各华校在教材的选择上自由度很大。就拿西班牙来说，大多数华校以国内小学部编版教材（人民教育出版社）为主，这是由当地华裔学生的特殊情况而决定的。在西班牙华侨华人中，有70%左右来自浙江省。考虑到华裔学生们这一特殊群体的籍贯特点和他们的需求，西班牙各中文学校采用的教材几乎都是浙江省小学生使用的部编版小学语文课本。虽然这个课本不太适合海外学生，因为不管是课文内容，还是课本与学习者的年龄等方面，均不太符合，但在没有一本完全合适的教材前提下，这本教材还是在广泛使用，并且受到了家长们的认同。这套部编版教材的一大优势，就是极大方便了不断从中国来西班牙定居的华裔孩子们，他们可以在西班牙中文学校插班到合适的年级继续学习中文。

我们学校的做法是，以部编版小学教材为主，穿插暨南大学编印的《中文》教材，两种教材有机结合，也就是每年暑假班用《中文》教材，两套教材相互融合，达到了很好的教学效果。

众所周知，中文学校在海外属于周末补习学校性质的范畴，不是主流学校。这就决定了海外中文教学是在非主流语言与文化的背景下进行的，有着明显的特殊性。如何认识这些特殊性是海外中文教学取得成功的关键所在。这里需要明确的是，海外中文教学有别于本乡本土的语文教学。如在中国大陆和中国香港、台湾地区甚至新加坡等海外华语地区，中文是社交的主流语言，它有着天然的文化背景和社会环境，学用结合是自然而然的事情。可是对那些出生并侨居在非母语国家的华裔后代而言，学习中文并非易事。他们每周充其量只有大半天待在中文学校学习中文或有关知识，其他时间都在所在国的当地学校上课。平时除了在家跟父母说中文外，更多的是用家乡话交流，其他场合里，中文根本用不上。久而久之，侨居国的语言成了优势语言或第一语言，本该是母语的中文则退化为劣势语言或第二语言。针对这一特殊性，我们的中文教学倘若继续沿用国内或其他华语地区盛行的语文教材和教学方法,恐怕难以达到预期的目的。

多媒体教材数量不足,开发尚显落后也是一个问题。据一项研究发现,全球共有800多种华文教材,其中多媒体教材只占全部华文教材的21.2%,这一比例明显比41.7%的全球含多媒体教材的比例低。由此可见,与多媒体教材巨大的实用性相比,多媒体教材数量明显不够。此外,目前市场上的多媒体教材开发方式比较落后,多是将纸质教材数字化,即采用光盘和网络等作为载体将教材内容用多媒体技术来包装,这种开发方式明显落后于现代信息技术的发展。

(三) 教学定位和教学方法问题

海外华文教学定位不清晰,导致华文教学理论依据不明确。近些年来,学界对于华文教学的性质问题仍缺乏一致的认识,诸多观点和争论说明了海外华文教学的性质非常复杂,有待进一步廓清。在华文教学过程中,采用何种教学理论是建立在对华文教学的准确定位基础上的,由于海外华文教学定位的不确定,造成了海外华文教学理论体系的不健全。虽然海外华教界将多种教学方法和教学模式引入华文课堂教学中,但是仍有很多华文教师,特别是那些没有受过专业训练的本土华文教师教学观念落后、教学方法单一,在授课过程中仍然延续着以教师讲解为主,学生被动学习的教学方法。如很多华校所采用的仍然是传统的灌输式、填鸭式教学方法,教师仍是课堂教学的中心,学生只能被动地接受教师所传递的知识,一般是教师讲、学生听,教师问、学生答。

多媒体技术在教学中运用范围不广,手段单一。虽然华文教学中越来越多的教学方法已经结合多媒体教育手段,但是从总体来看,多媒体技术手段运用的范围还是很有限的,因为运用多媒体手段是建立在一定经济基础之上的,而海外学校普遍来讲,没有足够的经济实力来支撑,因此很多创新教学手段无法实现。就拿我们学校来说,虽然每个教室都安装了投影仪,但随着网络时代的不断更新与发展,我们的硬件设施还远远跟不上先进水平。而从教师的角度来看,除了理念跟不上互联网时代要求,实际运用和操作能力也很有限,需要不断学习和提高。

从我们的调查中发现,在海外华文教学中很多教师对于多媒体的使用只限于制作PPT以及少量播放视频和动画,其他的多媒体技术手段利用不够。原因在于:一是受制于经济条件,很多地区的华校缺少高级多媒体设备;二是很多教师对多媒体技术的运用不够熟练。

三、海外华文教育新思路

目前海外华文教育的新问题不容乐观，我们需要从以下几方面着手，以保证海外华文教育的蓬勃发展。

（一）教师和教学队伍，需要可持续性发展培训机制。期盼中国政府加大扶持力度，从政策、资金等方面加大对海外华文教育的投入，培养完善华文教育志愿者队伍。对此，可以从以下几方面入手：

1. 完善外派教师师资储备库。为解决海外华文师资匮乏的状况，我们认为应该扩大外派教师人选储备库，将外派教师的资格条件放宽，建立外派教师交流平台。由于外派教师分布在不同国家、地区和学校，彼此之间沟通不畅。因此，亟须建立一个外派志愿者的信息交流平台，为外派教师提供一个可以相互交流、沟通的信息平台。

2. 建立外派教师保障机制。海外华文师资遇到的一个重要问题是外派教师的流动性较强，稳定性难以保证。这是因为很多外派教师在归国后面临就业竞争日趋激烈的问题，导致很多教师不愿参与外派体验。因此，对于在职的外派教师，可以在职称评定方面给以适当的照顾政策，对于未毕业的学生可以参考国家"支持西部志愿者"有关优惠政策给予他们一些支持。

3. 积极统筹国内院校与海外华校优势，扩大造血能力。海外华文教育的发展不能总是依靠外援，提高自身的"造血功能"才是解决海外华文教师队伍发展困境的一条重要途径。为了培养本土化的师资队伍，各所学校应该有培养新教师的计划，依靠自身力量，来解决师资问题。比如利用所在国的中国留学生这一现有资源。这些学生有一定的外语实力，年轻有朝气，让他们利用课余时间来学校实习和体验，既能给留学生以有机会锻炼，又能解决教师缺乏的问题，而且可以做到因地制宜，以解燃眉之急。

（二）选择合适的师资培训方式，加强师资培训的针对性和实用性。海外华文教师的来源主要有两种：1. 旅居所在国的、之前在国内有过教学经历的华侨华人，他们的优势在于既有教学经验，又熟悉居住国的情况，而且有合法居留；2. 中国留学生，他们的优点在于年轻，学历高，学习能力和接受能力强，懂得相关的语言学理论与方法，但缺乏实践，需要对其进行实际教学能力的培养。

（三）期待华文课程大纲问世，让华文教育尽快走向国际中文的规范化。目前，华文教育的发展已经出现可喜的成效，为了让华校能真正向专业化和规范化发展，希望中国政府组织有关专家、学者加快研制符合海外华裔学生特点的、全球通用的海外中文教程大纲及测试机制等。有了大纲，不但可以为编写华文教材提供依据，还可以为华文教师的教学指明方向。比如，暨南大学刚推出不久的"华文水平测试"，是一个很好的举措，已经受到海外中文学校的青睐。但实际操作下来，这个测试的标准偏高，形式上也过于复杂，希望通过尝试后，能根据实际情况予以完善和调整，以符合海外华文学生的实际需求。华测大纲虽然还未得到国际社会的认可，但是毕竟为中文课程大纲的编写迈出了至关重要的一步。

（四）可以联合中国学者与本地学者共同合作，一起编写教材。中外合编教材既可以在内容方面接地气，也可以在设计方面避免不符合学习者学习心理的缺憾。对于那些没有能力组织编写教材的国家和地区，可以在现有教材的基础上，根据当地的教学实际和需要进行"本土化"改编。

（五）结合现代信息技术，共同开发多媒体教材。随着现代信息技术的不断发展，多媒体教材的开发已成为海外华文教育发展的必然趋势。因此，我们要借助于多媒体和网络技术的优势，充分利用教学资源的信息化、多元化、开放化，开发出适合不同学习需求的多媒体华文教材。我们要做的，一方面是进一步大量开发多媒体教材，将现有的优秀纸质教材多媒体化，另一方面利用快速发展的电子和网络技术，把各种相互作用、相互联系的媒体和资源有机地整合，形成立体化教材，以适应现代化的信息发展需要。

（六）教法和教学手段，需要灵活多样。华文教学的性质如何，必将影响华文教学的内容与方法。因此，我们首先要做的就是要明确海外华文教学的本质是什么，这就需要对海外华文学习者的背景和需求进行研究，研究他们的心理特点和学习特点。在此基础上，要关注第二语言教学发展的新动向，吸取西方教学法的优点，并结合海外华文教育自身的特点，不断优化海外华文教学的过程，建立多元、优化、富于动态性和实践性的海外华文教学法体系，以有效指导海外华文教学。对此，可从以下两方面入手：

1. 要让海外华文教师转换自己的定位：从过去传统的知识传递者转变为

学生学习的引导者;从课程教学的执行者转变为课程教学的开发者;从以教师为中心转变为以学生为中心。为此,在师资培训中,要着重强调教学方法的重要性,着重介绍多样化的有效教学方法,让华文教师根据不同的教学对象、不同的课型、不同的教学内容来采取不同的教学方法。

2. 加大多媒体技术设备投入,完善多媒体教学方法的使用。我们首先鼓励各华校要加大资金投入力度,合理优化教育资源配置,不断完善教学设施设备,如购买计算机、投影仪等多媒体基础设施,在此基础上建设多媒体教室、网课教室等,为海外华文教学的顺利实施提供必要的硬件设备。其次,要对华文教师加强培训,提高他们运用多媒体技术的能力。现今华文教师使用多媒体技术的目的主要是为活跃课堂气氛,提高学生学习兴趣,主要做法是将传统板课本内容制作成PPT。这两点虽说也非常符合多媒体教学特点,但我们应该进一步挖掘多媒体的其他潜力,如可以利用多媒体资源,以此来丰富学生的课后学习方式和作业形式,还可以利用网络技术的交互性等特点建立资源共享的公共学习平台等,以达到更好的教学效果。

四、海外华文教育新功能

海外华文教育发展至今已有好几百年的历史,但其快速发展还是近20年的事。究其原因主要有以下几个方面:首先是中国改革开放和汉语地位的提升;其次是随着中国改革开放、综合国力的迅速增强,各国与中国在政治、经济、文化等领域的交流与合作日益扩大;再次是汉语作为跨文化沟通交流的重要工具,其国际需求及商业价值迅速上升。

众所周知,任何人类文明的社会共同体,其谋生的部分是经济,其组织的部分是社会,其管理的部分是政治,而其理念之所寄、心灵之所依的则是核心精神文化基因。中国文化不但历史悠久,而且灿烂辉煌,海外儿女无不为之感到骄傲和自豪。虽然我们身处异国他乡,但中国文化是我们血脉相连的纽带,也是海外华人华侨的精神家园。我们相信,不但可以通过海外华文学校等平台去弘扬和传播中国的优秀文化,也可以在中国政府的指导下,把中国文化的推广不断引向新的高潮,为中华民族伟大复兴的中国梦注入全新的价值与活力!海外中文教育不仅是知识内容的传授,还包括生命内涵的领悟、意志行为的规范和灵魂的启迪。教育的关键在于选择完善的中国文化内容并使学生的精神导向价值的本源。华文教育所背负的使命之中存在着中国文化精神体认的巨大财富。2020年以来，中国开始迈入一个新的时代，它或许可被称为"中国时代"。这个事实不仅涉及中国的财富和权力，还影响着其他方方面面，如政治和社会的，不仅仅是经济的；中国商品、融资、基础设施建设等带来的影响力；中国游客、商人、学生和移民的影响；中国人带来的文化，包括商业文化的影响；中国国家主导的活动及其寻求人类命运共同体等。这些影响力都极大地激发了华侨华人的中国意识和文化自信。

经过20多年的海外中文学校和对外汉语培训机构的创办经历，我们深深体会到，华文教育和汉语的传播，与祖籍国的经济发展及国家命运紧密相连。海外华文教育也更加关注培养具有全球视野和国际竞争力的人才的教育实践。枯燥的传统教学法已经远远不能满足海外华裔学生的学习需求。所以，作为海外中文学校，我们应该在课程中尽量穿插有趣生动的内容，努力让原本有难度的中文教学内容，通过教师在教学中贯穿中国文化而使其变得丰富有趣，这是每一位海外华文教师所要面临的崭新挑战。一路走来，我们见证了海外华文教育的不断发展与壮大，离不开祖籍国政府的支持与关爱，更离不开大使馆领事部的指导与帮助。作为千千万万的海外办学人之一，尤其是本校获得"海外华文教育示范学校"称号之后，深感肩负的使命和责任之重大。虽然新冠肺炎疫情打乱了我们的正常教学秩序和生源，但我们初心不变，不管以什么方式教学，"留根工程"是我们始终如一的神圣职责。在经历了这场史无前例的疫情后，我们更加坚信危机中蕴含着机遇。只有认清新形势，不断探索新方法和新经验，才能做到与时俱进；只有不断与时俱进，采取有效的应对措施，才能在迎接未来的挑战中，扎扎实实做出一份无愧于时代的应有贡献。

海外华裔儿童线上华文课堂互动研究
——以优少中文为例

王红霞　陆方喆[①]

摘　要：二语教学中，互动对效果有较大影响，线上华文教学也是如此。本文以主要面向华裔儿童的优少中文教学机构为例，通过课堂观察，运用改进型弗兰德斯互动分析系统，对优少中文两节线上华文课堂进行互动比例分析和矩阵分析。结合对部分教师的访谈，文章总结了优少中文在线华文课堂互动的特点以及存在的问题，并提出了具体的建议。

关键词：线上华文教学；华裔儿童；课堂互动

一、引言

二语教学中，互动对教学效果有较大影响。互动能在很大程度上帮助学习者提高语言学习效率、培养语言交际能力。目前，线下课堂互动的研究成果相对丰富，而线上教学作为一种新兴教学模式，课堂互动的情况如何，怎样才能增强线上华文教学课堂互动，这些问题都有待研究。

笔者于2020年7月底在武汉优少科技有限公司（以下简称"优少中文"）实习，该公司主要以海外华裔儿童为教学对象进行线上华文教学。本文以优

[①]　王红霞，华中师范大学文学院2019级汉语国际教育硕士生，主要研究方向：汉语国际教育。陆方喆，华中师范大学文学院副教授，主要研究方向：汉语国际教育、汉语语法词汇。

少中文为例，结合笔者的课堂观察和对部分教师的访谈，研究海外华裔儿童的线上华文教学互动。

二、海外华裔儿童线上华文教学特点

海外华裔儿童学习华文时有儿童学习第二语言的特点，也有自身的特殊性。

与成人相比，儿童学习第二语言有着自身的特点。首先，儿童的接受能力、模仿能力与短时记忆能力明显更强，在语音学习方面优势较大。其次，与成人学习第二语言相比，儿童受母语的影响较小，很少将母语的规律迁移到第二语言的学习中。再次，儿童的抽象思维能力尚不成熟，学习第二语言时不需要太多理论性学习。另外，儿童的注意力不易集中，课堂管理方面更难。

华裔儿童学习华文也有一定的特殊性。学习华文的海外华裔儿童一般以居住国语言为第一语言，华文已经成为他们的第二语言。因此，他们学习华文时会表现出学习第二语言的特点，但与非华裔儿童学习华文相比，也有其特殊性。首先，华裔儿童或多或少有一定的华文基础。虽然华裔儿童的居住国语言一般比华文好，但他们或多或少会说华文。另外，他们的听说能力一般比读写能力强，大部分儿童认识的汉字较少。其次，华裔儿童有一定的学习华文的语言环境。他们在家或多或少会接触到华文，对华文有一定的感知能力，有些家长还会有意教授儿童华文，对他们进行文化熏陶。总的来说，相较于非华裔儿童来说，华裔儿童学习华文时具有一定的优势，比非华裔学生有更多的练习机会。

三、优少中文线上华文课堂互动观察与分析

（一）优少中文介绍

武汉优少科技有限公司是一个专注于海外华人少儿华文一对一及一对多学习的在线教育平台，2018年5月成立于武汉，平台网址为 https：//www.51kid.com/。

学员方面，目前平台拥有付费学员2 000余名，分布在意大利、德国、法国、美国、英国、西班牙、加拿大、阿根廷、奥地利等超过50个国家和地区。学生年

龄段主要集中在5—12岁。教师方面,平台现有教师500多名,老师均有普通话二级甲等以上证书,且100%具备汉语言、教育专业学士及以上学位。录用的教师会参加师训,了解公司现有课程,熟悉线上上课流程,并进行模拟教学。课程设置方面,优少中文虽然发展时间不长,但有多样化的主修课程和辅修课程,课程体系多样,课程内容丰富。上课流程如图1。

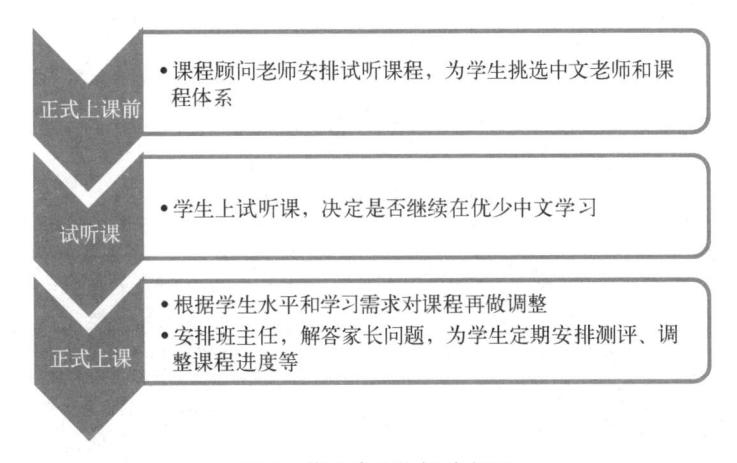

- 正式上课前：课程顾问老师安排试听课程,为学生挑选中文老师和课程体系
- 试听课：学生上试听课,决定是否继续在优少中文学习
- 正式上课：
  - 根据学生水平和学习需求对课程再做调整
  - 安排班主任,解答家长问题,为学生定期安排测评、调整课程进度等

图1 优少中文上课流程图

(二) 分析工具介绍

改进型弗兰德斯互动分析系统(improved Flanders Interaction Analysis System,简称 iFIAS)由 FIAS 调整优化而来。20世纪70年代,美国学者 Flanders 提出了弗兰德斯互动分析系统(Flanders Interaction Analysis System,简称 FIAS)。这一系统是近半个世纪以来影响力最大的一种课堂观察技术。弗兰德斯互动分析主要有以下3个步骤:课堂观察记录、构建分析矩阵以及结果分析。

1. 课堂观察记录

在对所观察的课堂进行记录时,每隔3秒钟,研究者要记录一个最能描述教师和学生行为的相应编码。

2. 构建分析矩阵

整理第一步中的课堂观察记录表,建立数据矩阵,具体步骤如下:(1)将每一行前后两个相邻的编码相连,得到一个组合数据,一般称为"序对"。(2)整理所得序对,计算相同序对的个数,并填入矩阵表中的相应位置。

（3）将各行和各列的值分别相加得到总计值，进而计算相应行为的时间。

3. 结果分析

利用课堂观察记录表和矩阵进行相关分析，包括比例分析和矩阵分析，下文将具体介绍。

FIAS 提出时间较早，虽然得到了广泛应用，但没有考虑到技术支持的学习。2012年，我国学者方海光等人在保留 FIAS 系统分析方法的基础上对其编码系统进行了优化，形成了 iFIAS，让研究者能够更客观、更全面地分析课堂师生互动情况。本文参考的 iFIAS 具体编码系统见表1。

表1　　　　　改进型弗兰德斯互动分析编码系统

分类	编码		内容
教师言语	间接影响	1	教师接受情感
		2	教师鼓励或表扬
		3	教师采纳学生观点
		4 教师提问 / 4.1	提问开放性问题
		4 教师提问 / 4.2	提问封闭性问题
	直接影响	5	教师讲授
		6	教师指令
		7	教师批评或维护教师权威
学生言语		8	学生被动应答
		9	学生主动发言
		10	学生与同伴讨论
沉寂		11	无助于教学的混乱
		12	有助于教学的沉寂
技术		13	教师操作技术
		14	学生操作技术

这一系统将课堂上的言语互动行为分为四大类，14种情况。其中编码1—7为教师言语，8—10为学生言语，11—12为课堂中可能出现的沉寂或混乱，13—14为技术操作。

(三) 优少中文线上华文教学互动课堂观察

笔者对优少中文同一课程的两节线上华文课堂进行了观察记录。其中，一对一教学的一节，下文分析中记为课堂 A、教师 A 和学生 A。一对二教学的一节，下文分析中记为课堂 B、教师 B、学生 1 和学生 2。公司要求的时长均为 30 分钟，实际时长以及教学内容见表 2（注：第一个"L"表示"level"［级别］，"U"表示"unit"［单元］，第二个"L"表示"lesson"［课程］）。

表 2　　　　　　　　课堂时长及教学内容表

课　　堂	课堂 A	课堂 B
时　　长	32 分钟	33 分钟
教学内容	L0 - U1 - L3	L0 - U4 - L2

1. 比例分析

比例分析方面，笔者运用比例计算公式分别对两个课堂进行了计算，得到表 3。

表 3　　　　　　　　课堂互动比例分析表

变　　量	计算公式	课堂 A(%)	课堂 B(%)
教师语言比例	$\sum_{i=1}^{7} \text{tally}(i) / \text{Total}$	59.87	57.34
学生语言比例	$\sum_{i=8}^{10} \text{tally}(i) / \text{Total}$	19.12	22.94
有益于教学的沉寂比例	$\text{tally}(12) / \text{Total}$	7.68	9.63
技术应用比例	$\sum_{i=13}^{14} \text{tally}(i) / \text{Total}$	9.25	3.06
教师言语中对学生的间接影响与直接影响比例	$\sum_{i=2}^{4} \text{tally}(i) / \sum_{i=5}^{7} \text{tally}(i)$	24.33	52.08
教师言语中对学生的积极强化与消极强化比例	$\sum_{i=2}^{3} \text{tally}(i) / \sum_{i=6}^{7} \text{tally}(i)$	73.17	36.08
教师言语中提问所占比例	$\text{tally}(4) / \sum_{i=1}^{7} \text{tally}(i)$	12.57	24.80

续表

变量	计算公式	课堂A(%)	课堂B(%)
学生言语中学生主动说话比例	$tally(9)/\sum_{i=8}^{10} tally(i)$	21.31	25.33
信息技术应用中教师操纵技术比例	$tally(13)/\sum_{i=13}^{14} tally(i)$	47.46	55.00
信息技术应用中学生操纵技术比例	$tally(14)/\sum_{i=13}^{14} tally(i)$	52.54	45.00
教师提问开放性问题占教师提问比例	$tally(4.1)/tally(4)$	45.83	50.54

(1) 教师言语比例分析

上文列出的iFIAS系统中,编码1—7是教师言语方面的行为类型。

由表3可知,两位教师的言语比例均达到了50%以上,说明两位教师均讲得较多,需要给学生更多的发言机会。教师B的言语比例相对较低,一定程度上给了学生更多的言语机会。课堂B是一对多的课堂,教师在进行互动时要兼顾到两个学生,且学生1和学生2的基础相对较好,乐于表达,所以总体而言学生的发言机会更多。

(2) 学生言语比例分析

上文列出的编码系统中,编码8—10是学生言语方面的行为类型。

由表3可知,学生A、学生1和学生2整体的发言比例均不高,说明学生的参与性不高。结合笔者的课堂观察,学生A的华文基础较差,虽然有一定的言语比例,但课堂上教师和学生英语的使用频率均较高,学生刚开始甚至不太愿意跟读。学生1和学生2参与课堂比较积极,但整体的言语比例仍较低。

(3) 有益于教学的沉寂比例分析

笔者在记录时,对于教师提问后学生3秒内的沉默视为学生在思考问题,记为有益于教学的沉寂。如果学生6秒内没有做出有效回答,则第一个3秒记为有益于教学的沉寂,第二个3秒记为无益于教学的混乱。其他情况则按相应条件记录。

根据笔者的课堂观察,教师提问后大部分情况下学生能在3秒内进行回答,尤其是封闭性问题。总体来看,两个课堂有益于教学的沉寂这一互动行为在整体的课堂互动行为中所占比例都不高,说明教师在课堂管理方面没有花费太多的时间。但两个课堂都有一定时长的无益于教学的混乱,教师应尽力减少这种情况的发生。

(4) 技术应用比例分析

笔者主要将教师在屏幕上标注拼音、圈点词句、书写汉字以及学生在屏幕上连线、圈点词句、书写汉字等互动行为记为技术应用。

由表 3 可知,课堂 A 和课堂 B 的技术应用比例有一定差距。课堂 A 中,学生写字速度较慢,教师在教授汉字时会反复书写,因而比例相对较高。课堂 B 中,教师的技术操作较少,而学生主要是在玩"找茬"游戏时进行了技术操作,整体操作平台的时间较少。另外,两个课堂教师和学生信息技术的操纵比例相差不大,说明教师和学生在平台操作方面时间比较均衡。

(5) 教师言语中对学生的直接影响与间接影响比例

iFIAS 中,教师言语中编码 2—4 是教师对学生的间接影响,编码 5—7 是教师对学生的直接影响。若二者比例大于 100%,说明教师对学生的鼓励、提问等较多,有利于对学生积极发言、大胆质疑行为产生正向强化。若二者比例小于 100%,则说明教师应多对学生进行学生赞赏和鼓励,给予他们积极的反馈。

由表 3 可知,两位老师在这方面都需要加强,尤其是教师 A,比例明显小于 100%。课堂 A 中,教师在讲解知识点时较依赖英语,导致教师的讲授部分占比很大,对学生的鼓励、表扬以及提问等行为在总体教师言语中占比相对较少。教师 A 应注意鼓励学生开口,遇到基础不好的学生也不能过度依赖媒介语。

(6) 教师言语中对学生的积极强化与消极强化比例

iFIAS 中,教师言语中编码 2—3 是教师对学生的积极强化,编码 6—7 是教师对学生的消极强化。若二者的比值大于 100%,则说明教师对学生多是采用鼓励、赞扬等积极方式强化知识;若二者比值小于 100%,则说明教师需要注意对学生的积极性反馈。

由表 4 可知,两位教师都需要加强对学生的积极强化,尤其是教师 B。学生 A 基础很差,教师采取了部分措施鼓励学生开口,学生的一点进步教师都会表示鼓励。但整体来说,教师的指令仍较多,对学生的反馈比较单一。教师 B 的这一比例相对较低,说明学生在回答完问题之后,教师的反馈不足。虽然两个学生的基础较好,但积极的反馈也是必要的,这方面教师 B 需要加强。

(7) 教师言语中提问所占比例

提问互动是课堂互动中的一种常用方法。由表 3 可知,教师 A 与教师 B 的提问比例有一定差距,在提问引导学生方面需要努力,教师 B 则在一定程度上通过提问引导了学生的语言活动。

在提问开放性问题方面,两位老师都需要注意。相较于封闭性问题,开放性问题更能促进学生思考,更能促使学生开口说华文。教师应注意开放性问题和封闭性问题的平衡。

(8) 学生言语中学生主动说话比例

由表 4 可知,学生 A、学生 1 和学生 2 都有一定的主动说话的比例,但学生 A 主要是用英语说的。课堂 B 中,学生 1 遇到问题时更愿意主动开口问老师,学生 2 主动发言多表示自己已经知道了这个知识点。整体而言,学生主动说话的比例都不高。

2. 矩阵分析

矩阵分析方面,按上文中的步骤,笔者对两个课堂分别构建了分析矩阵,下面将从课堂结构、课堂控制和特征序对 3 个方面进行分析。

(1) 课堂结构分析

笔者从教师言语行为频次和学生言语行为频次方面进行了课堂结构分析,相关数据见表 4。

表 4   课堂结构分析相关数据表

课堂	教师言语行为次数	教师言语行为次数/总频次(%)	学生言语行为次数	学生言语行为次数/总频次(%)	教师言语行为比值—学生言语行为比值(%)	无助于教学的混乱次数	无助于教学的混乱次数/总频次(%)
课堂 A	366	60.4	112	18.48	41.92	24	3.96
课堂 B	354	57.1	148	23.87	33.23	37	5.97

由表 4 可知,课堂 A 中教师言语与学生言语的比值相差较大,说明教师讲

得很多,对课堂的控制较强,学生在课堂中的地位比较被动。学生 A 的华文基础较差,在学习初期较难主动开口,需要教师进行更多的引导。课堂 B 中教师言语与学生言语的比值相差相对较小,说明学生的参与相对较多。学生 1 和学生 2 的基础较好,乐于用华文进行表达,且都有一定的竞争意识。

两个课堂的无助于教学的混乱比值很低,说明课堂纪律较好,学生的注意力没有长时间分散,教师没有花费太多时间在课堂管理上。但一对多的教学中教师需更加注意课堂管理。

(2) 课堂控制分析

笔者从教师的间接影响与直接影响的比值方面分析了教师言语对课堂的控制情况。若比值小于 100%,说明教师对学生施加影响主要是通过讲解、发出指示的方式;若比值大于 100%,说明教师对学生的积极强化方面做得较好。相关数据见表 5。

表 5　　　　　　　　课堂控制分析相关数据表

教　师	间接影响次数	直接影响次数	教师间接影响/教师直接影响(%)
教师 A	76	290	26.21
教师 B	131	223	58.74

由表 5 可知,两位教师的间接影响与直接影响的比率均小于 100%,说明两位教师在对学生的积极强化方面都需要努力。教师 A 的比例明显小于 100%,结合课堂观察来看,教师 A 的讲解、指令较多,导致对学生的积极强化在整体中占比较小。教师 A 应注意遵循精讲多练的原则,即使学生基础较差,也应尽可能调动学生积极性,让学生多用华文进行表达。总体而言,两位教师都应加强对学生的积极强化,讲解尽量精练,对学生的多一些积极的、具体的反馈。

(3) 特征序对分析

构建的矩阵中,频次较高的序对代表了该教师常有的一些教学行为,反映了该教师某些突出的教学行为特征。两个课堂各自频次排名前三的序对及占比如表 6。

表 6　　　　　　　　　两个课堂代表特征序对表

频次排名	项目	课堂 A	课堂 B
第一	序对	(5,5)	(5,5)
	占比	18.81%	10.65%
第二	序对	(5,8)	(12,12)
	占比	11.39%	6.13%
第三	序对	(8,5)	(4,8)
	占比	10.56%	5.65%

由表 6 可知,两个课堂中,(5,5)这一序对出现频次最高,占比最大,说明这两个课堂中,教师持续时间较长的言语输出较多,讲解较多,尤其是教师 A,在讲解时较依赖翻译。

课堂 A 出现频次第二的序对为(5,8),第三为(8,5),两者比例相差不大。结合笔者的课堂观察,在课堂 A 中,教师领读、学生跟读的环节较多。

课堂 B 中,出现频次第二的序对为(12,12),第三为(4,8)。教师设计了一个"找茬"游戏,需要学生独立且相对安静地完成,故(12,12)这一序对占有一定比例。(4,8)这一序对出现的频次也相对较高,说明教师提出问题后,学生一般会紧接着回答。值得注意的是,(10,10)这一序对出现频次只有 8,说明学生和学生之间的讨论较少。在一对多教学中,教师应创造机会,促进生生互动。

四、优少中文在线课堂互动特点与建议

(一) 优少中文在线课堂互动特点

与线下互动相比,优少中文的在线课堂互动有着自身的特殊性。

1. 受教学环境影响较大

线上教学中的互动与教学环境有很大的关系,对师生双方的网络质量以及设备有一定要求。如果其中一方的网络状况不佳,延时问题就会比较严重,有时会严重影响到师生之间的互动。教师或者学生掉线后,双方再次回到课堂时教师需要额外花一些时间吸引学生的注意力,这对互动的效率影响较大。

2. 师生之间有一定的距离感

虽然线上教学中师生可以互相看到对方,但与线下教学相比,师生之间没有面对面进行互动,具有一定的虚拟性,学生可能觉得教师没有那么真实。

访谈中有两位教师明确表示,线上教学中,学生和教师之间会有一定的距离感。线下互动中,学生能明显感觉到教师是真实存在的。教师还可以走到学生身边,和学生进行近距离互动。但在线上互动中,有些互动学生可能没有如临现场的感觉。

3. 教师进行互动设计的思路受限

优少中文课程的课件制作者和最终用课件上课的教师一般是不同的,而教师上课主要的依据就是课件。教师没有直接参与课件的制作,对课程内容的把握、知识点的讲解主要是依据已经做好的课件,课件中包含了互动设计,例如练习、游戏等。所以,教师在进行互动设计时其思维一定程度上会受到课件的限制。

4. 针对性强

线上教学中,尤其是一对一的线上教学,通过和家长的交流以及对学生的授课,教师能够较快了解学生的华文基础、性格特点以及学习需求等,从而进行更有针对性的教学。互动亦然。面对不同的学生,教师可以选择合适的互动方式,调动学生的积极性,和学生更好地相处。教师还可以根据学生的变化,在后续的教学中调整互动策略。

(二) 优少中文在线课堂互动问题

根据笔者的课堂观察和实习听课体验,优少中文在线课堂互动存在着以下问题。

1. 教师讲解较多,学生表达较少

结合前文的互动比例分析和矩阵分析可知,优少中文线上华文课堂中,教师的言语比例较高,学生的言语比例相对偏低,即教师讲得较多,学生表达较少,学生在课堂中的地位比较被动。虽然学生一定程度上参与了课堂,但主要是跟读、回答教师的提问等,很少提出自己的见解,也很少主动提问,整体表达较少。

2. 互动模式单一

结合前文中的矩阵分析以及笔者实习期间的听课感受,优少中文线上华文课堂互动模式比较单一。主要有两种模式：教师提问—学生回答—教师反馈，即 IRF 模式，以及教师讲解—教师带读—学生跟读模式。虽然课堂中还有游戏和练习题等，有的教师还会根据教学内容加入视频或者音频，但主要模式仍是这两种，比较单一。

3. 课堂难以管控

在优少中文上课的大多是海外华裔儿童，学生年龄集中在 5—12 岁，上课时很容易分心去做其他的事情。访谈中有两名教师表示，线上课堂互动中的课堂管理是一个难点。家长没有参与的课堂中，有时候学生会随意使用平板或电脑，教师通过语言提醒学生不一定会听从。家长参与的课堂中，教师对学生提问时，有的家长可能会进行提示，或者学生直接向家长求助，导致教师无法准确掌握学生真实的学习情况。

4. 学生主动发起话题的不多

上文的课堂观察分析中，学生 A、学生 1 和学生 2 主动说话的比例很小，学生 1 和学生 2 主动说话的比例相对大一点，但整体来说都比较低。基础较差的学生刚开始学习华文时，遇到问题时可能不知道要怎么去问，加上面对陌生人和课堂环境，学生可能觉得难以开口。有的学生则是因为性格偏内向，不太愿意主动开口说话。另外，教师在提问时限制较大，导致学生只能从教师限制的范围内进行回答，学生很难有主动发起话题的契机。

（三）增强华裔儿童华文线上教学互动性的建议

1. 加强课件设计与审核

优少中文上课的课件一般是由教研部门专人制作，审核通过后上传到课件库。教师一般没有参与课件制作，对课件的理解可能和制作者有出入。因此，设计课件时，设计者应充分考虑该课面向的学生基础、心理特征和学习特点，认真设计，必要时对自己的互动设计做标注，便于教师理解。另外，课件设计者和课件审核人员都应仔细检查，避免犯低级错误。已经上传的课件发现错误后，应联系相关部门，及时改正后再上传。

2. 加强师资培养

虽然公司现有的教师较多，但真正教学能力突出的教师并不多。因此，机构应加强对师资的培养。录用教师后，应及时与教师交流他们在教学中遇到的问题，推广好的互动处理方式，提升教师的教学应变能力。另外，兼职教师的时间相对于专职教师来说不太稳定,有时甚至会出现一个学生频繁换授课教师的情况,引起学生和家长的不满。公司可适当增加专职教师的数量,尽量避免这种情况的发生。

3. 了解学生情况,进行更有针对性的教学

正式上课前,教师应尽量了解学生的基本情况,例如华文基础、学习需求、文化背景等,以便在试听课中更好地安排教学。在教学的过程中,教师应逐步了解学生的性格、喜好等,采用学生更喜欢或者更能接受的互动方式,和学生更好地相处,建立亲密信任的师生关系。课后教师应及时总结学生的学习情况,在后期教学中学生不足的地方教师应多加强化。

4. 选择恰当的互动方式

教师不仅要考虑学生的情况,还要考虑教学内容,选择恰当的互动方式,在不同的教学环节灵活变换互动方式,调动课堂气氛。

针对不同基础的学生,教师采取的互动方式应有所不同。另外,通用课件不一定适用于所有学生,教师应根据学生的情况,对教学内容进行调整。例如,在学习词汇时,有的例句对学生来说可能太难了,教师可以改成适合学生水平的句子。另外,教师在不同的教学环节采取的互动方式也应有所变化,增加趣味性。

5. 精讲巧练,反馈具体

授课时,教师要注意精讲巧练,对学生的反馈要具体。

讲解方面,教师的讲解应准确简练,不能过度依赖媒介语。练习方面,教师应创造多种形式、多种内容的练习活动,做到讲练结合,让学生在反复练习中理解并运用知识点。练习的形式尽量要有趣味性,富于变化。

反馈方面,对于学生的正确回答,教师应给予奖励,例如发放奖杯、口头表扬等。口头表扬应更加具体,例如"你的发音很棒""很好,你说了一个句子"等。如果学生回答错了,教师也应及时纠正那些影响到交际的错误,但要注意反馈方式,要维护学生的自尊心。

6. 一对多教学中合理利用同伴

一对多的教学中,学生拥有学习同伴。同伴之间的竞争、交流会在无形中帮助学生相互促进。教师不仅要兼顾到每个学生,还应利用学生的这种竞争意识,激发学生的学习积极性。当一个同学回答错误时,可再对其他的同学进

行提问,给回答错误的同学一定的思考时间。但教师要注意教学时间,因为学生越多,分配给每个学生的机会就越少。

7. 灵活管理课堂

线上华文教学中,课堂管理是很重要的一部分。华文课堂纪律的建立是从第一课堂开始的。学生年龄较小,第一次上课时大部分情况下家长会一起上课。在开始讲课之前,教师可以和家长以及学生进行沟通,明确课堂纪律,必要时可请家长帮忙翻译。另外,刚开始教学时家长可协助学生操作平台,还可以帮助教师管理课堂纪律。但要和家长说明,教师对学生提问时,家长不能提示学生。下课后,可以请家长督促学生完成布置的作业,教师再对课后作业进行针对性反馈。

总的来说,教师应告诉家长,陪同学生上课时,家长不应影响到教师对学生真实水平的了解。教师制定课堂管理的规则后,要严格实行。

8. 加速平台建设,加强网络保障

目前,优少中文平台的功能能够满足华文学习者的基本需求,但也有部分教师表示还有可以完善的地方。访谈中,有教师表示一对多教学中的相关技术(例如拖动学生下台)可以加强,有的教师希望可以保留自己已经上传的课件。

总的来说,稳定的网络环境是线上教学的保障。公司相关部门的人员应完善后台技术设备,相关技术人员在后台进行实时维护,加强网络保障,尽量维持教室的稳定性。

五、结束语

本文通过对两节优少中文线上华文课堂的观察,总结了优少中文线上华文课堂教学互动的特点和存在的问题。运用iFIAS,从比例分析和矩阵分析两个方面对优少中文线上华文课堂互动情况进行了考察。结合对教师的访谈,笔者总结了影响线上华文教学互动的因素,最后给出了相应的建议。

随着互联网时代的发展,未来线上华文教学将会成为汉语国际教育事业的重要组成部分。希望笔者的研究能够为那些对线上华文教学课堂互动感兴趣的人提供帮助,也希望更多研究者能够关注线上华文教学。期待未来线上华文教学的发展更进一步。

参考文献

[1] 鲍蕊.汉语作为第二语言课堂互动研究述评[J].汉语国际教育研究,2018.
[2] 方海光,高辰柱,陈佳.改进型弗兰德斯互动分析系统及其应用[J].中国电化教育,2012,(010):109-113.
[3] 高思怡.海外华裔儿童线上汉语教学研究[D].武汉:华中师范大学,2020.
[4] 黄晓颖.对外汉语教学的课堂组织管理艺术[J].云南师范大学学报:对外汉语教学与研究版,2005(04):14-18.
[5] 李丹丽.二语协作任务中同伴支架对语言输出的影响[J].中国外语,2014.
[6] 李燕."互动假说"与语言课堂教学互动策略及效用研究[J].语言文字应用(S1):38-42.
[7] 刘晓燕.对外汉语网络一对一教学中的互动研究[D].成都:四川师范大学,2020.
[8] 罗庆铭.谈对华裔儿童的华语教学[J].世界汉语教学,1997(03):87-91.
[9] 马燕华.论海外华裔儿童汉字教学的特殊性[J].北京师范大学学报(社会科学版),2003(06):110-114.
[10] 王建强.互动教学在对外汉语课堂教学中的运用[D].南京:南京师范大学,2011.
[11] 王建勤.第二语言习得研究[M].北京:商务印书馆,2009.
[12] 王巍,孙淇.国际汉语教师课堂技巧教学手册[M].北京:高等教育出版社,2011.
[13] 张海.弗兰德斯互动分析系统的方法与特点[J].当代教育与文化,2014(2):68-73.
[14] 张志卓.网络同步课堂中师生有效互动的探究[J].基础教育研究,2019,507(05):34-36.
[15] 赵新燕.谈对华裔儿童进行汉语教学的若干问题[J].海外华文教育,2000(03):26-29.
[16] 周茜茜.海外华裔儿童网络汉语教学研究[D].济南:山东师范大学,2011.
[17] 祖晓梅.汉语课堂的师生互动模式与第二语言习得[J].语言教学与研究,2009(1):25-32.
[18] VYGOTSKY L S. The development of higher forms of attention in childhood[J]. Soviet psychology 1979,18(1):67-115.
[19] LONG M H. Native speaker/non-native speaker conversation and the negotiation of comprehensible input[J]. Applied linguistics,1983,4(2):126-141.

论中华文化技能传播的现状、存在的问题及对策
——从"汉语桥"世界中学生中文比赛才艺节目来看

姚月燕[①]

摘　要：随着中国国际地位及影响力的不断提升，中文已成为一门在全球流行的热门语言，越来越多的外国人开始走进课堂学习汉语，以便更进一步地了解中国的语言和文化。各地孔子学院、孔子课堂以及大中小学中文课程的设置促进了中国文化与世界的交流，特别是一年一度举行的"汉语桥"比赛，更是吸引了数以百计的海外师生不远万里来到中国，这都为中国文化的推广和中华文化技能的传播提供了有利的条件。本文通过调研第九届和第十届"汉语桥"世界中学生中文比赛才艺表演的节目来研究当前中华文化技能传播的概况，发现外国学生所了解、掌握的中华文化技能不仅涉及广泛，种类丰富多样，而且向着更加专业和方向性发展。同时也发现，中华文化技能传播存在诸多问题：外派志愿者和教师本身文化技能缺失；中华才艺对外传播的类型不够丰富，同种类型下方向又比较固定单一；具有地方特色的中华文化技能尚未被认识和挖掘；高校开设中华文化才艺课程有限。针对这些问题，给出了提高中华文化技能传播的相应对策：增设提高中华文化技能的课程，培养学生对中华文化的兴趣及感悟力；提高对外派志愿者和教师文化技能方面的重视

---

① 姚月燕，云南师范大学华文学院、国际汉语教育学院讲师，硕士研究生导师。主要研究方向：华文教育、华文文学。

和培养；挖掘和推广独具地方特色的中华文化技能；文化课的教授中有意识地穿插文化技能的内容；多在独具特色的地方举办汉语赛事或活动。

关键词：中华文化技能；汉语桥；传播概况；问题；对策

随着全球经济一体化和中国国际影响力的不断提升，外国民众对中文及中国文化的热情持续升温，越来越多的外国人走进中文课堂学习中文，很多国家把中文作为中小学的必修科目，在全球掀起了一股"汉语热"。为了适应世界各国人民对汉语学习的需求，增进对中国语言文化的了解，促进中外文化的交流和融合，国家汉办更是在世界各地建立了孔子学院和孔子课堂，促进了中国文化的传播，增强了各国人民对中国文化的认识和了解。

语言和文化是像一对孪生兄弟，两者相互影响、相辅相成。语言是文化的重要载体，也是传播文化的反映和传播工具，文化的发展也促进了语言的丰富，因此语言和文化密不可分。只有不断了解目的语国家的文化，才能真正透彻地领悟和掌握一个国家的语言，因此检验一个人对一种语言的掌握程度，不仅要考察他的语言水平，更要考察他对一个国家文化技能的掌握水平。从这方面来说，了解中国文化，掌握中国文化技能对一个汉语学习者来说就显得尤为重要。

目前世界各国很多重要的汉语赛事，在比赛内容上都会对参赛选手进行两方面的考察，不仅会有笔试、口试或演讲来考察其语言文化的认识和了解，还会有才艺展示等来考察选手对中华文化技能的掌握，由此可见掌握文化技能的重要性。"汉语桥"作为沟通世界的"语言之桥""文化之桥"，已成为各国青年展示中文水平的重要平台，近20年来，"汉语桥"系列比赛覆盖了160多个国家的150多万人次。"汉语桥"丰富的题型、广阔的知识面、灵活的提问方式、丰富的才艺展示，从不同角度考察了选手对中国语言文化的理解和掌握能力，其中的才艺展示环节更是五花八门、丰富多彩，真正反映出了中国文化在世界各国的传播情况。"汉语桥"世界中学生中文比赛从第五届到第十一届已连续七届落地昆明，所能掌握的资料比较丰富，因此本文以"汉语桥"世界中学生中文比赛才艺节目为研究对象，具体分析中华文化技能的传播概况，从而发现存在的问题，探讨其发展对策。

一、中华文化技能传播概况

随着汉语在全球的不断升温，中国文化伴随着汉语的推广传播到了世界各地,特别是随着孔子学院、孔子课堂在世界各地的不断建立,吸引着世界各地的汉语爱好者走进课堂学习和感受神秘多彩的中华文化。据人民网报道,截至2019年,中国已在162个国家(地区)建立了550所孔子学院和1 172个中小学孔子课堂,累计为数千万各国学员学习中文、了解中国文化提供服务,成为世界认识中国的重要平台。分布于世界各地的孔子学院和孔子课堂不仅教授学习者中文语言技能,更让他们认识了有着悠久历史文化的中国,让他们认识和掌握了很多的中华文化技能。

"汉语桥"是连接世界各国的"友谊之桥",更是增进世界各国文化之间交流融合的"文化之桥"。"汉语桥"世界中学生中文比赛,从第九届吸引了89个国家来参加,到第十届的96个国家,到第十一届的99个国家,再到第十二届的105个国家。参赛国家越来越多,参赛师生也是与日俱增,特别是"汉语桥"的比赛内容中设置了才艺展示环节,是各国学习汉语的青年互相学习交流、展示他们所擅长的中华文化技能的重要平台,也是我们了解中国文化传播情况的一个重要窗口。

笔者通过调查研究第九届和第十届"汉语桥"世界中学生中文比赛才艺表演的节目来分析目前中华文化技能的传播情况。

第九届"汉语桥"世界中学生中文比赛共有91个参赛组合、181位选手参赛,共展示了146个才艺节目,单个表演形式的有138个,复合表演形式的有8个,共涉及15种才艺类型,具体如图1所示。

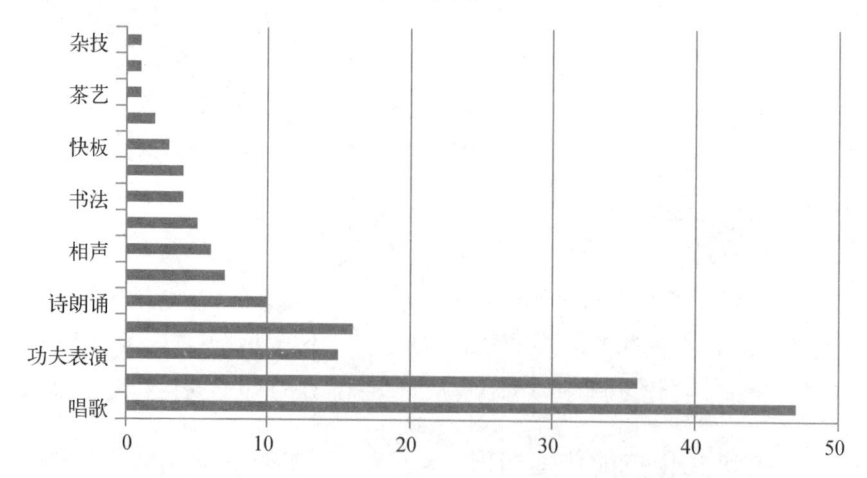

图1 第九届"汉语桥"世界中学生中文比赛才艺表演类型统计

数据来源:第九届"汉语桥"世界中学生中文比赛才艺展示节目单。

第十届"汉语桥"世界中学生中文比赛吸引了 96 个国家 105 个参赛组合、206 位选手参赛，共有 159 个才艺展示节目，单个表演形式的有 144 个，复合表演形式的有 15 个，共涉及 18 种才艺类型，具体如图 2 所示。

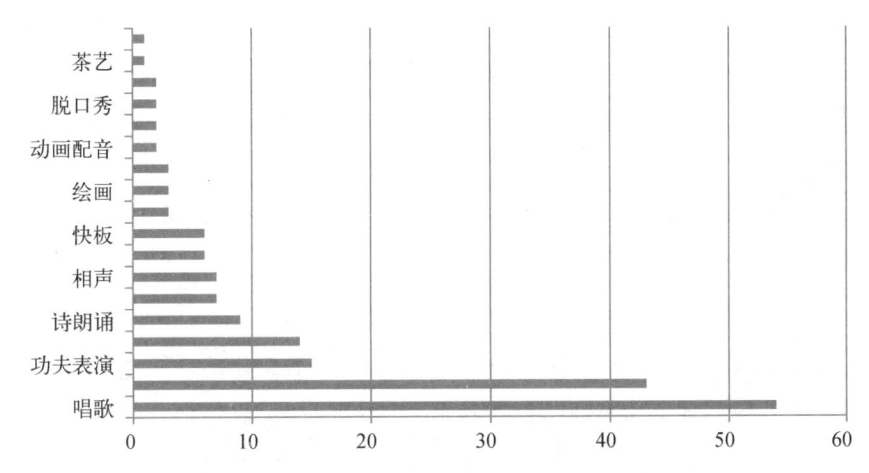

才艺类型	数量
茶艺	~1
脱口秀	~2
动画配音	~2
绘画	~3
快板	~5
相声	~6
诗朗诵	~9
功夫表演	~14
跳舞	~43
唱歌	~54

图 2　第十届"汉语桥"世界中学生中文比赛才艺表演类型统计

数据来源：第十届"汉语桥"世界中学生中文比赛才艺展示节目单。

第九届和第十届"汉语桥"世界中学生中文比赛参赛的国家从 89 个至 96 个，参赛组合从 91 个至 105 个，展示的才艺节目从 146 个至 159 个，由此可见，"汉语桥"已经吸引了越来越多的国家参与到这场语言和文化的盛事中，中国文化通过汉语让全世界越来越多的人认识和了解到，中华文化技能也被越来越多的青年所熟知和掌握。

从节目类型来看，对外传播的中国文化技能种类更加多样，向着更加专业和方向性发展。相较于早期主要以唱歌跳舞为主，现在"汉语桥"的才艺种类更加多样，功夫表演、器乐演奏、相声、小品、戏剧、诗朗诵异军突起，且占了很大的比重，不由得让人惊喜不已。除此之外，还增加了很多近些年比较火的文化节目类型，比如脱口秀、快板、杂技等，真是五花八门，种类繁多，可见对外传播的中国文化技能的更加广泛和全面。更让人惊讶的是，很多文化技能选手们接触得更加深入和专业，朝着方向性发展，比如舞蹈方面就有古典舞和民族舞，功夫表演除了少林功夫和太极拳，更是出现了八段锦、十方拳、朝阳拳、长拳、五步拳和混元剑等，诗朗诵不仅有经典古诗，也有很多现代诗，如徐志摩、戴望舒、海子等的诗，真是让人惊喜不已。这充分说明了当下中华文化的传播不仅涉及范围广,而且日益深入,已经向着更专业的方向性发展。

二、中华文化技能对外传播存在的问题

通过对第九届和第十届"汉语桥"世界中学生中文比赛才艺节目的调查研究,我们发现中华文化技能的传播相较于以前已经取得了可观的成效,并且随着国外汉语学习者汉语水平的不断提高和对中国文化了解的不断深入,中国文化的传播速度将更加迅速,他们所接触的文化类型将更加广泛,对文化技能的掌握水平更加专业。尽管如此,我们也不难发现中华文化技能的对外传播仍然存在一些问题。

(一) 外派志愿者和教师本身文化技能缺失

分布在全球各地的孔子学院和孔子课堂是中华文化传播的主要阵地,每年成千上万的志愿者和教师经过选拔和培训被派往世界各地,他们本身传播的技能关系着中华文化的传播力。根据孔子学院工作处官网的信息,志愿者和教师在外派之前都要经过一系列的岗前培训,其中就包括对中华才艺的培训,但因为时间有限,一般为一个半月左右,因此对中华才艺这一块的培训大多是具有代表性的元素,比如中国结、剪纸、功夫等。如表1所示云南师范大学2018年赴泰国汉语教师志愿者培训文化技能课程时间表。我们可以看出培训为期6周,共42天。每天近9个小时的培训,才艺课程才只占用了3天,而且仍是我们见惯了的功夫、剪纸和茶艺,葫芦丝增添了一抹云南特色风情,儿童歌曲也只是1次课而已。功夫和茶艺一直是中国代表性的文化元素,也是大家一直关注的热点,但现在随着外国学生对中国文化了解深入,这些才艺早已不再新鲜,在正规的汉语比赛中也不再具有优势,从第九届和第十届"汉语桥"世界中学生中文比赛的才艺节目类型来看,除了功夫尚具有一定的热度外,茶艺每届只有1个,剪纸第十届才有3个。

表1 云南师范大学2018年赴泰国汉语教师志愿者文化技能培训课程表

文化技能课程	第一周	第二周	第三周	第四周	总　计
五禽戏、八段锦	1个半小时	1个半小时	3个小时	1个半小时	7个半小时
剪纸	3个小时		1个半小时		4个小时

续表

文化技能课程	第一周	第二周	第三周	第四周	总　计
葫芦丝		4个小时	2个小时	2个小时	8个小时
茶艺				5个小时	5个小时
中国儿童歌曲	3个半小时				3个半小时

可见,我们在外派志愿者和教师的文化技能培训上,仍然存在很大的问题。要提高外派教师的文化技能,不光要在志愿者和教师的选拔和培训上严进严出,有文化技能特长的志愿者和教师优先考虑,在培训时更加要注重对中华才艺方面的培养,针对性地增加一些目前外国学习者感兴趣的才艺类型,培养他们对中华文化技能的学习兴趣。只有这样才能更好地发挥教师对外国学生的引导作用,促进中国文化的推广和传播。

(二)中华才艺对外传播的类型不够丰富,同种类型下方向又比较固定单一

从第九届和第十届"汉语桥"世界中学生中文比赛的才艺节目来看,参赛的才艺节目都有 150 个左右,而总的节目类型却不多,第九届有 15 种,第十届也才只有 18 种。由图 1、图 2 可以看出,才艺类型普遍还是以唱歌、跳舞和功夫表演为主,其他类型为辅。如第九届的才艺节目中与唱歌结合的有 47 个,与舞蹈结合的有 37 个,第十届与唱歌结合有 54 个,独舞或与舞蹈结合的有 43 个,可见数量之多。另外,同种类型下方向又比较单一。如戏剧演唱中,两届比赛选手们都选择了京剧和黄梅戏,黄梅戏又都选《女状元》;功夫表演中多会选择太极拳和太极扇,第九届"汉语桥"世界中学生中文比赛的 16 个功夫表演中有 5 个与太极有关;器乐演奏中多会选择古筝和葫芦丝,第九届"汉语桥"世界中学生中文比赛的 13 个器乐演奏类节目中古筝和葫芦丝占了 6 个;诗歌朗诵中又必会读《再别康桥》和《雨巷》……由此可见,同种类型下重复率非常高,选择类型相对局限于一域,这也是目前中华才艺传播存在的普遍问题。

(三)具有地方特色的中华文化技能尚未被认识和挖掘

通过对第九届和第十届"汉语桥"世界中学生中文比赛的才艺节目研究发现,一些文化技能已被他们认识和了解,比如舞蹈中的傣族舞、藏族舞、蒙古族舞蹈等,功夫中的少林拳、太极扇等,戏剧中的京剧和黄梅戏。但中国文化博大精深,这些仅是九牛一毛。中国56个民族的舞蹈除了上述的三四种,还有很多极具特色的民族舞蹈,如苗族的芦笙舞、彝族的竹竿舞、维吾尔族的萨玛舞、朝鲜族的顶水舞等,等待着外国学生去认识和了解。中国武术门派套路众多,其中少林、武当、峨眉、昆仑、崆峒为五大流派,武术拳法更是数不胜数,外国学生喜爱的太极扇、少林的拳法只是其中的一小部分。中国的戏剧更是历史悠久,种类繁多,中国五大剧种就有京剧、越剧、评剧、豫剧和黄梅戏,各个地方的剧种也有300多个,京剧和黄梅戏只是其中的两个,尚有诸多的极具地方特色的剧种有待开拓。

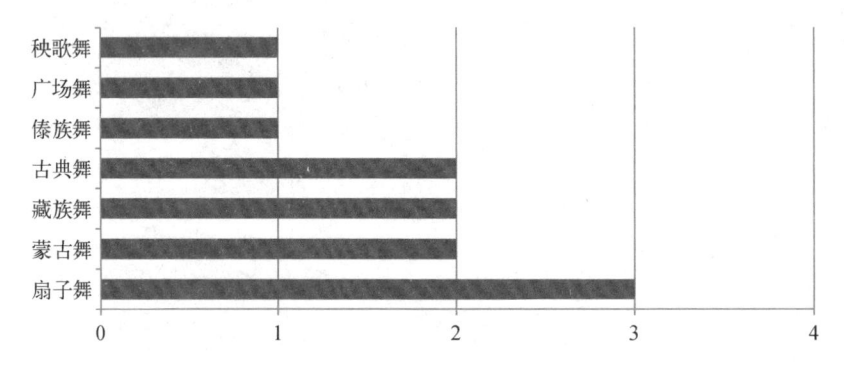

图3 第九届"汉语桥"世界中学生中文比赛舞蹈节目类型汇总

(四) 高校开设中华文化才艺课程有限

留学生课程和中国学生的汉语国际教育课程是与中华才艺传播有密切关系的两个方面。通过留学生可以把中国文化传播到世界各地,而国际汉语教育专业学生毕业之后多从事对外汉语教学。作为传播中华文化才艺的两大主体,这两个群体中华才艺技能是否具备直接影响着对外汉语的传播能力。笔者所在的云南师范大学华文学院近5年来在留学生的课程上,非学历教育一般在第一年的下学期开设功夫、茶艺或剪纸文化才艺课程,本科留学生一般在三年级开设文化才艺选修课程,主要也是功夫、茶艺和剪纸。中国学生的才艺课程更是寥寥,最多也只是功夫或茶艺的选修。由此可见,目前很多高校国际教育学院比较注重语言技能的培养,而在中华文化才艺课程方面却没有引起足够的重视,开设的课程虽都是比较热门的,但已经远远不能满足外国学生对中国文化的渴求。

三、促进中华文化才艺技能传播的对策

（一）增设提高中华文化技能的课程，培养学生对中华文化的兴趣及感悟力

笔者通过调查发现很多国际教育学院比较重视留学生的语言技能，而忽略了对中国文化技能的培养，殊不知在语言中传承着的是中国文化，中华文化技能的掌握水平也是各大汉语比赛的重要内容。笔者所在的云南华文学院、国际汉语教育学院是云南师范大学国务院侨办华文教育基地，也是中国为东南亚国家培训师资的基地，但即使这样，近5年来设置的课程仍然只限于茶艺、功夫和剪纸，而且也只有8周的授课时间。其他院校在文化技能课程上的设置也大抵如此。随着学生汉语水平的提高和对中国文化了解的深入，这几类课程已变得不再新鲜，迫切需要高校在培养源头上下足功夫，增设更多的选修课供学生选择，如在各大比赛上常获高分的古筝、长笛、二胡等乐器。也可以根据各地区的特色增设不同的课程，如云南的院校可以设极具云南特色的傣族孔雀舞，也可以教授葫芦丝、巴乌、三弦等乐器弹奏；在戏剧方面，课程设置也可以变得丰富多彩，如安徽、湖北的可增设黄梅戏，河南的可设豫剧，四川的可加入川剧等。丰富多彩的文化技能课程既可以激发学生对学习的兴趣，又可以传播中国特色的民族文化技能。

（二）重视对外派志愿者和教师文化技能方面的培养

随着汉语的不断推广，国家汉办、孔子学院每年都要输出成千上万的志愿者、教师，外派到全球各地的孔子学院、孔子课堂和大中小学，他们肩负着传播中国文化的重任，他们文化技能掌握的水平，直接影响着中华文化技能的传播，因此要格外注重对他们文化技能的培养。除了在选拔考试时特别留意他们是否有中国文化的某些技能，也要在培训方面格外注重对他们进行短期的文化技能强化。这强化并非只是泛泛地培训书法和绘画，要对近几年来外国学生的中华才艺展示内容进行调查总结，进行科学的分析，或对某个国家或地区的外国学生进行问卷或访谈调查，找出他们目前最热衷的中华文化技能，从而有侧重点地进行培训和培养。也可以根据外派的不同国家、不同院校有针对性地设置志愿者和教师的文化技能课程，如教学条件或时间有限的可以设置一些简单易学的文化技能课程，如唱歌、舞蹈、剪纸、诗朗诵、中国结等，教学

条件较好的欧美国家或时间较长的可以适当增加一些难度,如书法、绘画、古筝、戏剧表演等。

(三) 挖掘和推广独具地方特色的中华文化技能

中国文化博大精深,除了为外国人所熟知的功夫及茶艺之外,各个地方都有独具特色的文化有待汉语学习者去认识和了解。因此,各地院校特别是国际汉语教育学院要充分利用地方优势,不仅让学生熟悉和了解一些热门文化技能,还要推广具有本地特色的一些文化技能,设置一些特色文化技能的选修课,丰富学生的文化视野。云南师范大学在 2018 年培训赴泰国汉语教师志愿者时就增设了独具云南特色的葫芦丝演奏,深受志愿者的喜爱,同时也推广了云南特色文化。就"汉语桥"世界中学生中文比赛中比较热门的戏剧、武术和舞蹈类别,简单推荐如表 2。

表 2　　　　　　　　地方特色文化项目推荐表

类　别	地方特色文化项目
戏　剧	京剧、越剧、黄梅戏、评剧、豫剧、川剧、河北梆子、粤剧、皮影戏、木偶戏、花鼓戏等
武　术	河南少林拳、太极拳、四川峨眉拳派、山东螳螂拳、广东的咏春拳、甘肃崆峒拳派、湖北武当派、陕西红拳、天津北京八卦掌、东三省戳脚、湖南巫家拳等
乐　器	内蒙古马头琴、新疆的弹拨尔和热瓦甫、云南葫芦丝、浙江的琵琶和扬琴、西藏牛角琴和扎木聂、广西铜鼓和马骨胡
舞　蹈	傣族孔雀舞、藏族踢踏舞、新疆麦西莱甫、侗族狮子舞、朝鲜族扇子舞、蒙古舞、江南伞舞扇舞、苗族的芦笙舞、彝族的竹竿舞、维吾尔族的萨玛舞、朝鲜族的顶水舞

(四) 文化课的教授中有意识地穿插文化技能的内容

文化课是高校向学生特别是留学生推广中国文化、培养文化兴趣的主要阵地。目前,国家教育学院中一般都会开设文化必修课,无论是韩鉴堂编著的《中国文化》,还是王天玉编著的《中国文化通论》,都分板块对中国文化进行了一定的阐述。如在介绍中国民族概况时,可以穿插一些少数民族的歌舞、乐器等;在讲到中国文学部分时,可以介绍一些经典的古诗和现代诗,引导学生有感情地朗读,诗朗诵也是一种文化技能;在讲到茶文化时,可以介绍一些泡茶品茶的技巧方法,培养学生对茶文化的兴趣;在讲到书法绘画时,穿插一些名人字画供学生研习欣赏,激发他们对书法绘画的学习激情。所以,我们在文化课的教授中应多准备一些文化素材,充分利用现有多媒体的资源,有意识地引导或让学生自学,都可以潜移默化地培养他们对中华文化某些方面的兴趣,并经过不断学习变成独具优势的文化技能。

(五) 多在独具特色的地方举办汉语赛事或活动

推广汉语和中国文化的方法途径是多种多样的,在一些极具特色的地方举办汉语赛事或活动也是一个非常有效的方法。比如"汉语桥"世界中学生中文比赛从第五届到第十一届都落地昆明,每次都会吸引数百位海外师生来参加,比如第十届就吸引了96个国家110个赛区的206名参赛选手来华,第十一届有99个国家110个海外预赛区的215名参赛选手,再加上带队老师和工作人员,每次都会有300位左右来自海外的师生齐聚一堂。在比赛期间,师生们不仅进行语言文化的交流,也会在才艺展示环节上更凸显一些云南的特色,比如云南的少数民族歌舞、器乐等,这大大丰富了他们的文化视野,也推广了我们的特色民族文化。再比如第十二届"汉语桥"世界中学生中文比赛在河南郑州举行,这就带动了一系列的河南特色文化,选手们在郑州期间了解到了河南话、河南美食、少林功夫、豫剧、甲骨文等,选手体验到了课本中学不到的地方特色文化,在开拓他们文化视野的同时,也推动了河南特色文化的推广和传播,为他们进一步了解和学习文化技能奠定了基础。因此,要充分发扬中国传统文化、中国特色文化,把中国的文化魅力呈现给世界,在一些极具特色的地方举办汉语赛事和活动不失为一种直接有效的途径。

中国上下五千年,不仅有悠久的历史,更有灿烂的文化。中国文化博大精深、兼容并包,是中华民族的灵魂,也是我们力量的源泉。我们肩负着传承传统文化的重任。我们要向世界展示东方巨龙的文化魅力,通过汉语来推广和传播中国文化。尽管传播的道路是艰辛的,也存在诸多的问题,但我们坚信,通过不断的摸索和改进,我们一定能让世界遍开汉语之花,遍受中国文化雨露的滋养,以文化相通来助力民心相通,为推动"一带一路"建设、为实现"人类命运共同体"贡献自己的一份力量。

参考文献

[1] 孔子学院总部/国家汉办官网[EB/OL]. http：//www.hanban.org.
[2] 王天玉. 中国文化通论[M]. 昆明：云南大学出版社，2019.
[3] 韩鉴堂. 中国文化[M]. 北京：北京语言大学出版社，1999.

后疫情时代,海外华文教育何去何从?
——意大利米兰华文教育概述

郑周文[①]

摘　要:新冠肺炎疫情在全球暴发后,越来越多海外华校选择将线下教育转移到线上。火热的网络课堂背后凝结着海外华文学校和华文教育工作者的无数心血。当下疫情尚未消散,严抓防疫关,保护好孩子们的安全,是大家普遍共识。疫情之后,教育行业的垂直分工将会更加细致明确,教育行业将会更加市场化,更加注重学生的需求。未来,"线上+线下"的教育模式可能会长期共存,且随着技术的进步,两种模式的切换也会更加频繁。后疫情时代,华文学校将进一步拓展思路,不断完善教学,以激发更多孩子学习中文的热情。

关键词:后疫情时代;海外华文教育;米兰;概述

一、米兰地区华侨华人社会概况

意大利米兰地区地处意大利北部,覆盖伦巴第、皮埃蒙特、艾米利亚-罗马涅、威尼托等4个大区,下辖30个省,面积约8.98万平方千米,总人口约2 200万人。

(一)华侨华人人口构成及来源分布

据意大利移民局的统计,米兰地区华侨华人总数为15万人左右,其中入

[①] 郑周文,国际教育学博士生,浙江省语言学会会员,温州大学华侨学院兼职研究员,乐清市留学人员和家属联谊会执行会长。主要研究兴趣:海外华文教育和华侨华人社会学。

籍华人约3 000人，台胞300—500人。

从来源地分布看，华侨华人以浙江籍为主，占90%以上，其余为福建、山东、东北、天津、河南等。新移民主要有两种：一是已在意大利的华人通过意大利政府规定的外籍劳工申请、家庭团聚申请等方式申请国内亲友来到意大利，这部分移民仍以浙江籍、福建籍为主，到意大利后能申请得到当地的合法居留；二是通过办理旅游签证或商务考察签证来意，这部分移民的来源地多为山东、东北、天津、河南等地，到意后滞留不归，除了少部分通过与意大利人结婚得以居留之外，大部分无法获得合法居留。

(二) 侨团概况

米兰地区现有侨团42个，主要集中在米兰市区，有23个。其余主要分布在威尼斯、都灵、博罗尼亚等城市。历史最悠久，影响力最大的侨团是米兰华侨华人工商会。它成立于1945年8月，是全欧洲最早成立的华人社团，原名"意大利北部华人商会"，1986年换届后改名为"米兰华侨华人工商会"，沿用至今。

米兰地区成立较早，比较有影响力侨团有：旅意中区华侨华人联谊会、都灵华侨华人联谊会、威尼斯地区华侨总会、布雷西亚华侨华人联谊会、米兰文成同乡会、意大利瑞安商会、米兰温州华侨华人商会、米兰浙江华侨华人联谊会等。2002年以来陆续成立了米兰华侨华人企业家联谊会、米兰华侨华人妇女联合总会、米兰华侨华人妇女会、中意商联、米兰华侨华人青年联合会、意大利北部华侨华人经贸总会、意大利青田总商会、布雷西亚华商总会、雷焦艾米利亚华侨华人联谊会、意大利华人企业协会、意大利北部丽水同乡会、中意商贸交流促进会、中意"一带一路"交流促进会、意大利浙江大学校友会、意大利北部华侨华人餐饮业协会、意大利中文学校联合总会、意大利中华诗书画艺术联合会、都灵华侨华人工商联合会、都灵中意妇女联谊会、都灵中意青年会、皮埃蒙特大区移民协会、库内奥华侨华人联谊会、威尼斯华侨华人联合总会、威尼斯华侨华人企业家联合总会、维尼托华侨华人工商联合会、旅意中区华侨华人联谊会、艾米利亚华商会、艾米利亚华人企业家协会、旅意北部青田同乡总会、摩代那华商会、意大利波尔查诺华侨华人总商会、意大利宋庆龄基金会等。他们旗帜鲜明地反对台独、藏独、疆独、港独等分裂国家图谋，支持祖国统一大业。支持灾区抗震救灾，捐款捐物。支持国内贫困地区兴建校舍，捐资助学，修建道路等。同时，团结协作，和谐共处，积极开展一系列联谊和为侨服务的工作。

（三）华人移民经济行业构成及发展趋势

虽然华人移民意大利的时间并不长，但经过数十年的努力，在意华人的经济发展状况较好，多数华人已经拥有了自己的经济实体，并在各地出现了多个颇具规模的华人商圈。华人主要支柱行业为批发贸易、制衣和皮革加工、餐饮等行业，其他一些新兴行业，如零售百货业、服务业、电子产品销售等近些年也有了一定的发展，华人移民经营的企业数量依然保持上升态势。但由于近些年意大利经济不景气，华人企业不同程度地受到意大利国家经济萎靡的影响，各行业都面临诸多问题，前景堪忧。

1. 批发贸易行业

华人批发贸易商户多为二级批发，主要进货渠道为罗马等地的一级批发商户，直接从国内或其他地区进货的不多，主要客户群体是意大利北部各地的流动零售商，每笔产生的交易量不大，但总体销售量较大。该行业市场已近饱和，商家利润率普遍下降，一般都只能保持在10%—20%。据从事该行业的华人商户判断，可能已有80%以上的商户处于勉强维持的状况，尤其是近几年刚开始经营的新商户，在整体行业发展颓势和启动资金所产生债务的双重压力下，发展前景不容乐观。

2. 餐饮行业

餐饮行业是旅意华人重要的传统支柱产业之一。粗略估计，目前米兰地区有1 000多家中餐馆，仅米兰省就有约600家。但由于非典疫情、新冠肺炎疫情的影响以及自身的一些弊端，中餐业的发展也面临困境，逐渐呈现萎缩趋势，很多中餐业从业人员已逐渐转向经营日餐、西餐和酒吧。

3. 服装皮革加工行业

服装皮革加工业是在意华人传统行业之一。该地区约有近2 000家服装皮革加工企业，帕多瓦、博罗尼亚、摩德纳、特雷维佐等城市都是华人服装皮革加工业的集中地区。目前，华人服装皮革业以为意大利服装皮革生产企业进行来料加工或成衣辅助加工为主，自主设计生产的品牌寥寥无几。

4. 超市百货零售行业

超市百货零售行业也是近些年兴起的华人重要产业之一，主要以经营中国商品和日常用品、食品为主,近年来壮大速度很快。一般规模较小,利润在20%—30%。

5. 其他行业

其他一些华人新兴行业,如美容美发、物流、花艺茶饮等服务行业,电脑销售及维修,通信器材及服务,近年有较大的发展。当地《华人报》认为,由于成本低、利润高,美容美发、按摩、电脑销售等行业已成为华人的热门行业。

(四)华文媒体发展状况

1986年,米兰华侨华人工商会创办了该地区第一份中文报纸《华侨通讯》,每月一期,每期八版,发行量1 000份,免费赠送。现在米兰地区主要有5家华文报纸,其中《欧洲侨报》和《欧洲华人报》总部设在米兰市,发行量相对较大;《欧洲联合时报》《欧联时报》和《新华时报》为分社,总部设在罗马或佛罗伦萨。5家报纸发行期都为一周两期,内容一般集中与华人移民生活相关的话题以及家乡建设发展情况。目前纸媒均已停刊。米兰地区尚无华人电台或电视台。近几年出现了几家自媒体,如微视意大利和意大利华人街等。《欧华头条》总部设在佛罗伦萨,在米兰设有通讯员。

(五)融入主流社会及参政情况

目前,该地区有约3 000名入籍华人,虽然数量仍然在增加,但与拥有合法居留权的8万华侨相比,所占份额实在很小。老一代华侨落叶归根的思想较强,一般不太愿意入籍,华裔新生代入籍较多,融入主流社会意识较强。

二、米兰地区华文教育发展情况

米兰华文教育兴办于1996年,当时由米兰华侨华人工商会开办了米兰第一所中文学校,取名米兰工商会学校(现米兰第一中文学校),办有3个不同年龄级别的中文班,每周六下午两小时,学生100多人。1998年,米兰工商会在与米兰市议会对话时,把中文教育作为重点议题,要求市政府和议会给予教室、资金、师资等方面的支持。米兰市有关部门采纳了他们的建议,于2000年由米兰市社会事务局拨款6 000万里拉,用于解决华人子女中文教育的资金问题。2007年由胡光绍接任校长以后,于暑假以米兰华文教育中心名义向米兰市申请在VIA BODIO 22号公立学校开办暑期中文班,一举获得成功。学校现有学生400多人,15个班级,拥有专业的教师职工团队20余人。近年来,学校树立"以师生发展为本,办华侨人民满意教育"的办学理念,在积极开展华文教育事业的同时,全面实施素质教育,取得了突出的办学成绩,也成为米兰华文教育的先驱者和佼佼者。

目前,除了米兰第一中文学校外,主要还有米兰华侨中文学校、米兰孝德中文学校、米兰弘扬中文学校、米兰华阳中文学校、都灵华声中文学校等。华校均为周末及暑假(周一至周五全天)补习班的性质,主要面向华人子女及有学习中文愿望的当地人。华文学校多租用当地学校或公益团体的场地。除米兰华侨中文学校有国侨办外派老师,其余均在当地聘请,多为定居当地原留学生,非专职汉语教员。

米兰华侨中文学校是一所为侨居意大利的华人子弟提供中文教育的民办学校(其前身为意大利米兰文成同乡会中文学校,始建于2001年6月,2004年更名)。建校之初有63名学生,4个教学班。该校地处米兰市中心地带,交通便利。学校拥有一支稳定的、热爱华文教育事业、熟悉华裔学生特点、教学经验丰富的专兼职教师队伍,并聘请意大利著名汉学家及中国大学教授为教学督导。可以满足从学龄前到高中阶段的各年龄段、各层次的中文学习者的需要。截至目前,已发展为22个教学班600余名学生的规模。该校每年组织学生参加HSK(中国国家汉语水平考试)的基础和初、中等考试,均取得优异成绩;并举办每年暑假的"寻根之旅"夏令营活动,受到学生及家长的好评。

米兰孝德中文学校2014年创办,是面向所有华人子女的正规综合型中文语言学校。学校坐落于一所意大利高中校舍,校区广阔,环境优美,设施完备,全电子化教学。师资雄厚,管理严谨,质量至上,孝德教学理念是:以弘扬中华传统美德为己任,不断提高思想道德素养。以让每个孩子有一颗孝心、善心、爱心为办学宗旨;以让学生成才、让教师成功、让家长放心、让社会满意为办学目标;以诚信尚礼,厚德博学为校训。学校实行小班制教学,每班人数严格控制在18人以下,既能为学生提供良好的课堂氛围,又能给学生更多的机会,让老师有足够的精力指点每一位孩子,有助于老师精雕细刻,培养中意文化贯通的英才。校内课程内容非常丰富:中文、意大利语、英语、国学、书法、写诗作文、美术、特色数学(心算、速算、奥数)、硬笔字、舞蹈、对外汉语、主持人课等。该校特色的小主持人班,为米兰首家,多次带领学生参加小主持人大赛,曾邀请中央电视台主持人董浩来校亲自指导讲授。学校每年的活动数不胜数,每年举办春节晚会大活动(邀请领事馆和商会领导);每年夏天组织英国夏令营和回国文化之旅,尽可能为在校生提供开阔眼界,走向世界的机会,为学生未来教育选择之路提供帮助;积极参与各类比赛,如华文教育基金会组织的朗诵比赛、作文比赛、华文教育基金会实景课堂、首届世界青少年揭棋网络大赛等,均取得优异成绩。该校着重抓教师队伍建设,对整个教师团队定期进行培训,要求人人取得华文教育基金会的教师证书;每年组织学生参加 HSK 汉语等级考试,几乎百分之百通过率;每年参加意方举办的中意交流活动以及中意合办的春节活动,旨在推广中国文化,为中文在海外的传播提供媒介。目前,孝德创办了多个分校校区,不仅服务于米兰本地华人子女,还逐步辐射米兰周边城区,为更多的华人子女带去福音。

米兰弘扬中文学校成立于 2013 年,是由从事教育事业数十年的蔡爱秋校长带领一批有扎实教学经验、充满教学热情的教师团队组建的中文学校。学校秉承"有教无类,因材施教"的宗旨,为旅意华侨子弟和对中华文化感兴趣的外国友人提供学习中华文化的机会。学校现有教职员工 20 余名,学生 300 余名。据中国华文教育基金会微信公众号消息,该校于 2019 年 4 月开始动漫中文课堂第一期课程的学习,共开设 8 次课程,内容涵盖诗词歌赋、成语故事、寓言故事和国学启蒙等。学生们通过学习《十二生肖的故事》,了解到中国十二生肖的有趣故事;在《盲人摸象》的课堂上,学生们尝试着用小短剧的形式,来诠释自己对盲人摸象的寓意的理解;通过学习《三字经》,学生们在看图讲故事的过程中,接受了潜移默化的国学启蒙。

三、米兰中文热升温,龙甲教育学校成绩蔚然

随着"一带一路"建设的不断深入,中意两国经贸和人员交往持续扩大,亚平宁半岛学习中文的热潮已蔚然成风。特别是在国际商贸之都、时尚之都米兰,如何让青少年学好中文,更加深入地了解中华文化,已经成为当地教育机构和中小学校提高教学质量的重要举措。由此,也为中文学校和中文教育提供了更为广阔的空间。

米兰中国文化中心所属龙甲教育学校作为华文教育示范学校,不仅开辟了龙甲中文教学基地,广纳中文教育师资力量,并针对数以千计的侨胞子弟和意大利青少年开设了小学、初中、高中中文教育课程,更是把中华文化传播的

触角延伸至意大利校园,与意大利主流学校合作,让中文教师队伍走上了意大利学校的讲台。

龙甲教育总部位于米兰华人街,前身为"李老师中文学堂",始创于2006年,由旅意华人李群来出资创办。龙甲教育创办以来,以其规范的教学管理、先进的办学理念、良好的校风学风、高质量的教育教学水平、稳定及高素质的教师队伍赢得了国务院侨办、米兰总领馆、社会各界和众多家长的好评。经过全体教职工的共同努力,2013年米兰龙甲中文学校被国务院侨办遴选为"华文教育示范学校",也是国务院侨办"华星书屋"资格单位。意大利龙甲教育秉承"以爱育人,以智启人"的办学理念,坚持"一切为了孩子将来"为办学宗旨。在日常的教育教学管理中,始终以语言教学为主导,以养成教育为前提,以文化传承为内涵,以兴趣培养为导向,以面向未来为核心,以此来全面把握和评价教育教学质量和水平。学校针对不同的学生,实行区别化管理和教育,对每一个孩子精雕细琢;注重对孩子的养成教育,强调对孩子进行良好的行为习惯、生活习惯和学习习惯的培养,充分发掘孩子的学习和认知潜能;提倡赏识教育,关注弱势学生。学校实行小班精英教学制度(低年龄段限8—10人为一教学班,高年龄段限10—15人为一教学班),着重对孩子进行兴趣培养和艺术熏染。在全体教职工的共同努力下,经过9年来的不断发展与壮大,意大利龙甲教育现已发展成为以华文教育、对外汉语、英语教学、意语教学、艺术类教学为一体的综合性教育机构。目前,意大利龙甲教育下辖米兰龙甲幼儿园、米兰龙甲中文学校中心校区(米兰中国城)、米兰龙甲中文学校 VIA DE ROSSI 分校、米兰龙甲中文学校 VIA POMPEO LEONI 分校、米兰龙甲意语学校、米兰龙甲艺术学校;6个对外合作办学基地(米兰圣卡罗学院、米兰古文化高中、米兰科技高中、米兰老年大学、米兰省政府成人教育中心、米兰 GALDUS 职业技术学院),7个教学部(学前教育教学部、小学教育教学部、初中教育教学部、艺术教学部、意语教学部、对外汉语教学部、英语教学部)。截至目前,龙甲教育各种教学班共有36个,专兼职教师35名,各级各类在读学生380人。除了面向华人子弟进行系统的学前教育和基础汉语教学外,龙甲教育还和米兰手拉手意中文化交流协会、米兰省政府成人教育中心合作,共同组织意大利语初中高级意大利语课程,并为华人专门开辟 A2 意语水平考试绿色通道。成为米兰地区第一家被省政府授权组织 A2 意语水平课程及考试的华人教育机构。除了常规汉语教学外,学校还开设了钢琴班、古筝班、舞蹈班、围棋班、英语班、乒乓球班等兴趣班。米兰龙甲中文学校在坚持搞好华文教育的同时,积极参加国侨办组织的"中国寻根之旅"夏(冬)令营活动及其他各种文化活动,在米兰积极组织并参加中国文化宣传及中国传统节庆活动,为意中文化交流做出了积极的贡献。

最近,米兰当地与龙甲教育学校合作的一所高中,在定期请龙甲学校中文教师入校授课的同时,根据米兰教育主管机构对该学校的改革方案,学校校名已由原来的米兰科技高中,正式更名为米兰文化体育高中。学校同时增加了体育教育课时,并把中华武术作为了学校体育课的选修课程。为了适应米兰文化体育高中学校的改革要求,龙甲学校专门把该校的资深兼职武术教师、中国留学生周梦星安排到了意大利学校授课,受到意大利师生的一致赞誉。

米兰中国文化中心主任、龙甲教育学校校长李群来介绍,周梦星具有扎实的中华武术根底,留学前曾接受过专业训练。周梦星来米兰留学后,学习之余兼职龙甲学校武术教师已经有2年多的时间。李群来说,周梦星刚到中文学校时,学生们对中华武术的反应大都比较冷淡。通过两年来周梦星老师的趣味教学及文化普及,极大地激发了华侨子弟和意大利青少年对中华武术的热情。李群来表示,尽管周梦星被派到意大利学校授课不久,但其"弟子"却不断增多,米兰文化体育高中武术班,现在已由原来的一个班扩充至2个班,周梦星的授课方式越来越受到学校师生的喜爱。米兰文化体育高中学校武术班一位名叫贾米尔·罗姆达尼的学生,为了学习中国功夫,还专门购买了一套汉韵十足的武术服。罗姆达尼一副洋面孔身着中式服装,现在虽然他舞出的招式还够不上优美,却已经成为学校一道亮丽的风景线。另一位学习武术的意大利学生说,与周梦星老师学习武术,不仅可以学习中国功夫、强身健体,还可以学到课堂上学不到的中文知识。

米兰文化体育高中学校校长朱塞佩·达里戈说,中文课程已经成为学校学生重要的选修课程,为了增强学生们学习中文的兴趣,学校又增设了武术学习班。从目前教学效果上看,增加武术课程对学生们学习中文具有很好的促进作用。达里戈表示,最近几个学期,米兰文化体育高中学校在中文教育方面所取得的成绩,已经得到了米兰市教育局的高度认可,这要感谢龙甲教育学校和中文老师的大力支持。

四、意大利再掀"中文热",全意279所学校开设中文课

意大利 Affaritaliani 网援引 Fondazione Intercultura 基金会的一份调查报告表明,目前,意大利约有8%的学校(279所)已开设中文课程,约1.7万名意大利学生在学习和了解中文。在全意各个地区中,伦巴第大区的学生们学习中文的积极性最高,约11%的学校开设有中文课程。

在 Fondazione Intercultura 基金会对 500 名 14—19 岁的学生进行的一份问卷调查中,绝大部分学生认为,中文是继英文之后想要获取事业成功必备的语言技能。在这 500 名学生中,有近四成的青少年对中国文化,尤其是科技创新抱有浓厚兴趣;近七成的青少年认为,在未来五六年内,中国对意大利的经济影响力将会进一步增加。

值得一提的是,此次接受调查的学生中,大部分人对近年来中资大举收购意大利知名企业表示十分关注,从 AC 米兰、国际米兰两支意大利球队,到时尚品牌 Miss Sixty,再到倍耐力的收购事件,意大利青少年们对此都耳熟能详。如今,中国作为全球第二大经济体,科学技术、社会经济发展日新月异。对于不少仍身处经济危机之中的西方民众而言,中国的崛起意味着希望和机遇。不少意大利人已清楚地意识到,想要紧跟世界潮流,就要懂得汉语。

在所有已开设中文课程的学校中,高中学校占比74%,其中有近半数的学校将中文课程设置为必修课,同时还有不少学校将中文考试设置为高中毕业考试科目。通常情况下,中文课程平均每周课时为3.6个小时,分别由意大利籍教师和母语为中文的老师共同负责教学。设有中文课程的学校校长们均认为,学习中文不仅能为学生们的未来发展带去更多机会,同时也能开阔孩子们的眼界,认识和了解与西方截然不同的文明和文化。

尽管在外国人眼中,中文是一门与西方语言截然不同且难度系数非常高的语言,但是意大利学生似乎并没有被吓倒,反而从中找到了学习的乐趣。除在课堂上学习中文外,意大利高中生还积极参与国际文化交流项目。他们前往中国,受到当地家庭的热情接待,同时与当地高中生一起生活学习。对于他们来说,没有比这更好的学习汉语、了解中国文化的途径了。

五、当前华文教育存在的问题和挑战

目前,米兰孝德中文学校校长刘丽娜组织该校教师研讨小组从该校以往的教学经验出发,对于目前华文教育现状以及存在的问题,作了一次深度研讨,提出了一些看法和应对方式,希望能为其他投身华文教育事业的教师和学校带来一些参考。

第一,海外家长不够重视中国文化的培养和传承。首先,大部分家长由于出生或长年定居海外,中文水平偏低,普通话发音不标准,有家长在和孩子日常沟通中默认使用意大利语,间接影响孩子的中文学习。其次,潜意识认为中文在国外用处不大,将意大利语放到语言学习的首位,甚至将中文课程视为可有可无的课外补习班。再次,很少向孩子介绍和解释中国传统节日以及其背后的文化意义,导致孩子缺少文化归属感。

第二,海外优秀教师人才稀缺。任教教师以留学生居多,最初选择教学行业多是出于贴补家用,而意大利留学生大多选择艺术和经济类,导致专业不对口的情况普遍存在。同时毕业后仍然选择留在意大利并且愿意继续从事教育行业的更是少之又少,多数留学生教师会在任课后2年甚至更短的时间内由于种种原因而离职,直接导致人才流失。

第三,学生中文水平普遍低于国内同龄人。由于除暑假班外多数中文学校选择周末授课,使得学生的学习积极性和主动性降低,对于中文学习的关注度也容易分散,常出现课程上完,孩子不做课后的复习消化。一些孩子虽然年龄不小也上过一段时间的课程,但是基础十分薄弱,有时甚至无法用中文完整表达一句话,中文水平明显低于其年龄或学龄该有的水平。身边朋友或同学都和自己中文水平相近,由于感受不到自身水平差距而缺乏危机以及竞争意识。

第四,往往孩子年龄越大越抗拒中文学习。其中有几点可能的原因:一是其他课程的增多导致孩子时间不够,孩子选择把时间更多用在其他课程上。二是"够用"论,孩子会在日常和其他华人交流时有一种目前自身中文水平"够用"的错觉,导致安于现状,不图精进。三是有时会出现高龄孩子需要和低龄孩子同班学习,容易造成高龄孩子的抵触情绪。

对于目前海外华文教育现状和问题的一些观察总结,针对以上问题,在此

举出一些已经证实有用可行或者准备进行实施的具体解决方案,以供借鉴参考。

第一,重点加强对家长的文化熏陶,帮助家长更方便地对孩子进行文化传播与培养。可开展针对家长们的教育探讨课程,邀请国内优秀的教师到场和家长们沟通。长期保持稳定的微信公众号以及朋友圈更新,对中华传统文化和节日进行介绍和传播,方便家长向孩子们展示。

第二,加强教师以及学校对于孩子中文学习的督促。这能立竿见影地带动家长的积极性,看到教师和学校对于孩子的教育这么积极,多数家长会对中文学习更加上心。具体做法是每天的课程后教师在微信家长群中发送具体到每位同学个人的当日学习评价,以及当天上交的家庭作业的批改情况。在周一至周五没有中文课程的时间,教师主动在群内和家长交流,询问作业完成情况,督促学习进度,或纯粹和家长探讨交流,尽力把学校和教师在中文学习中的影响力发挥到最大。

第三,在尽量吸收优质专业教师的同时欢迎优秀留学生的加入。通过制定一系列计划和目标,持续培养一批又一批优秀的留学生教育人才,同时做好教师之间的交接,尽量做到无缝衔接,尽可能降低教师变动带来的负面影响。

第四,严抓教学质量。除了上文提到的加强教师课后的反馈和沟通以外,还定期由校长在各班听课和检查学生对于近期教学内容的掌握情况,尽量保证每位学生不掉队。如果在升班期间发现有个别学生出于特殊原因实在跟不上,立即由教师与家长沟通协调,对班级进行合理调整,由此减少学生和同班同学的中文水平差距。

第五,对于年长的学生,酌情减少中文课程的学习压力,教师的授课风格也以风趣幽默为主,让中文学习对年长学生更有吸引力,甚至成为他们在日常繁重学习后的一种思维放松。

第六,对于出现"够用"想法的学生,通过各种方式让他意识到自身中文程度的不足,如尝试难度偏高的中文试题,新颖些的方式有观看一些中文电影、电视剧片段,听一些优秀的中文歌曲,进行一些绕口令或者朗诵的简单训练,当学生意识到自身的不足,自然而然会打破固有的"够用"论。

第七,对于由于同班学生年龄差距造成的问题,对于年龄过大的学生直接开设专门的高年级班。由于班级人数不多,教师能为每个学生制订对应的学习计划,实现接近一对一的教学,而年龄相当并且中文水平适合进入现有班级的学生,多采用劝解加试课配合的方式,慢慢化解孩子的抵触情绪。

六、新冠肺炎疫情在全球爆发后,海外华文教育线上课堂火热

新冠肺炎疫情在全球爆发后,越来越多海外华校选择将线下教育转移到线上。火热的网络课堂背后凝结着海外华文学校和华文教育工作者的无数心血。疫情发生后,米兰华文学校开设的网络课程全部免费。为了适应网上授课模式,教师备课要比平时多付出几倍的努力。每天,教师要按时在线上批改学生作业并给出反馈意见,耐心回复几百条微信。教学从线下转移到线上并非易事。网络使用是第一道难关。面对突如其来的疫情,教师和学生缺乏相关网络授课和学习的经验。由于时间仓促,网络授课初期,遇到了比较多的问题,如使用软件不统一、网络设施差、部分家长不会使用电子设备等,影响了教学进度和质量。

但办法总比困难多。"学校召开网络教学的安排部署会议,在尽量短的时间内完成包括设备调试、教师培训、家校协作等工作。当地华人家庭、侨团等都积极配合学校工作,使得转移工作能尽快完成。"陈小微说,学校不仅积极协调多子女家庭中不同年级孩子的上课时间,避免撞课、使用设备冲突等问题,还将软件设备使用方法制作成文件发放给家长。家长们积极配合,为线上教学的顺利开展免去了不少麻烦。

在此过程,海外华校也得到国内相关政府部门和华文教育机构的大力支持。"感谢家乡人民在特殊时期给海外侨胞提供的智力援助,解了我们的燃眉之急。""智力援助"主要来自中国华文教育基金会、中国侨联、浙江省侨联、温州市宣传部等部门和机构,"中华公益大课堂"、"亲情中华,为你讲故事"网上夏令营活动、"同心战疫·瓯越智援——海外侨胞子女云课堂"、第二届华文教育互联网教学研讨会等活动都为海外华校开展线上教育提供了智力支援。

如何让线上教学的效果不逊于线下课堂?华文教育工作者用心探索,积极尝试。"'居家防疫'比在校园里工作更忙碌,'网课教学'让每一位华教者重新出发。"根据线上教学内容特点,教师坚持听说读写结合,注重授课内容知识性与趣味性结合,努力增强课堂互动性,吸引学生集中注意力,以达到接近真实课堂的效果。为了巩固学习效果,教师布置多层次线下作业,对学生的每一

项作业进行网上批改和反馈。

随着多国疫情形势缓解,不少海外学校开启复学进程。严格遵守当地政府的防疫规定,成为每个学校的复学"第一课"。"学校将为每一位回归校园的教师安排核酸检测;每个教室按照每名学生间隔1米的距离重新安排桌椅;已准备好口罩、消毒水、洗手液等防疫用品……"

七、中国华文教育基金会对海外华文教育事业也倾注了大量心力

近年来,中国华文教育基金会开展了一系列有创建、有实效的活动,"中国寻根之旅"夏令营、红烛故乡行,让校董、校长、教师和学生用脚步丈量故土,用情感贯通血脉!全球诗词大会、华语朗诵大赛引领学生追本溯源,体味中华文化的博大深邃、隽永绵长,以及如何更好地运用中文表情达意。远程师资培训和实景课堂送教到校、送教到师生,是互联网环境下的成功实践。

2019年9月2日,中国华文教育基金会秘书长于晓在米兰听取了各学校负责人的介绍后表示,传统的回国深造或者派教师出国教学,因为成本高、周期短等不利因素已经严重制约了教师培训发展。基金会推出的互联网教学经过10多年的实践探索逐渐形成具有鲜明特色的华文教育互联网教学体系,教师远程培训、华裔学生中华文化体验等项目的教学效果得到海外华文教育界的普遍认可。他强调,基金会是海外华校的坚强后盾,在今后的工作中基金会要结合自身优势,提供更多的资源为海外华文教育的发展助力。出席当天座谈会的中国驻米兰副总领事汪惠娟说,近年来意大利华文教育事业蓬勃发展,成果显著。目前已开设数十家中文学校,吸引着越来越多的华裔新生代和意大利朋友学习、了解中文、中华文化,也为他们带来更多的发展机遇。

八、后疫情时代,海外华文教育何去何从

新冠肺炎疫情之后,教育行业的垂直分工将会更加细致明确,教育行业将会更加市场化,更加注重学生的需求。"这次疫情将教育线上化的进程推前了一步。我们要抓住机遇,迎接挑战,并结合区域的实际情况早布局、早谋划,跟上时代步伐。"

"目前,意大利只有少数几所华文学校恢复了实体课。相信随着疫苗普

及,9月开学将迎来线下课复苏。学校对此已经在着手准备。"意大利中意学校校长傅文武说,复课的同时做好防疫工作是保证校园安全的重点。对此,学校计划采取三方面举措:缩短线下课时,教学重点环节放在实体课,复习和巩固环节将继续以线上课进行;线下课班级分为两个小班交叉授课,从而降低聚集人数;暂不恢复学校人员高度聚集的活动,如文艺汇演、春游等。

随着欧洲疫情缓解,当地华文学校近期已开启或正准备开启线下课程。当下疫情尚未消散,严抓防疫关,保护好孩子们安全,是大家的普遍共识。未来,"线上+线下"的教育模式可能会长期共存。且随着技术的进步,两种模式的切换也会更加频繁。后疫情时代,华文学校也将进一步拓展思路,不断完善教学,以激发更多孩子学习中文的热情。

"线上课程的运用,不仅增强了老师们教学技能,也为华文教育者开辟了另一条路径。"经过这次训练,海外华文学校已经培养起应对多种突发事件的能力。随着教学活动回归正轨,学校将以线上线下相结合的形式提供更多优质课程,提高孩子们学习中文的兴趣。

经过疫情下教学模式的摸索,未来华文教育将以线上和线下相结合的形式并进。"经过这段时间的线上教学,我们感受到了网络授课所带来的便捷,学习到了新的教学技能和营销方式,也收获了国内优秀的教师资源,这让学校找到了新的办学方向。"恢复线下课程后,学校也会继续开发优质线上课程,方便异地华裔学生学习,普及好华文教育,传播好中华文化。

参考文献

[1] 严晓鹏,包含丽,郑婷. 意大利华文教育研究:以旅意温州人创办的华文学校为例[M]. 杭州:浙江大学出版社,2015.
[2] 温州市人民政府侨务办公室. 温州华文教育论文集[G]. 2015.
[3] 瓦伦蒂娜·佩多内,陈翊,等. 西行之路:对意大利中国移民的观察[M]. 杭州:浙江大学出版社,2015.
[4] 严晓鹏. 孔子学院与华文学校发展比较研究[M]. 杭州:浙江大学出版社,2014.
[5] 严晓鹏,郑婷. 中国语言文化在海外华侨华人社会中的传播研究[M]. 杭州:浙江工商大学出版社,2018.
[6] 范捷平,贝阿特里斯·克奈尔. 走向欧罗巴——中国海外移民研究[M]. 杭州:浙江大学出版社,2018.
[7] 温州大学. 欧洲华文教育研究论文汇编[G]. 2020.

温州侨乡小学的双语爱国主义教育实践模式
——以丽岙第二小学为例[1]

熊 嘉 杨志玲[2]

摘 要：通过选取国内典型侨乡学校研究了双语爱国主义教育裂变模式，旨在扩大团队规模，服务于更多侨乡学校。裂变模式分培育阶段、初级裂变、次级裂变等3个阶段，包括团队成员裂变、教学内容裂变以及教学对象裂变三大内容，说明了裂变模式的创新之处在于新颖性、可持续性和可操作性，总结了该裂变模式对于提高学生技能、展现高校时代担当、提升华侨子女爱国情感以及传播中华优秀文化的重要意义，该模式也具有推广至全国的普遍适用价值。

关键词：侨乡学校；教学团队裂变模式；双语爱国主义教育

侨务工作受到党和国家的高度重视，是中国特色社会主义事业的重要组成部分。原国家主席胡锦涛强调要加强海外华文教育工作，使海外侨胞对祖国的认同感和自豪感不断增强，热爱祖国、振兴中华的优良传统代代相传。[1]各个地方都积极响应国家号召，积极深入地推进侨乡侨文化的研究工作。

国内对于侨乡爱国主义教育的研究以广东省和福建省为代表。其中，福

---

① 本文系温州大学2020年大学生创新创业训练计划项目《侨乡中小学"5+5"双语爱国主义教育创新模式与实践》（项目编号：JWSC2020044）的阶段性研究成果。
② 熊嘉，温州大学外国语学院在读学生。杨志玲，温州大学外国语学院讲师。主要研究方向：认知语言学、侨乡研究。

建省侨乡青少年爱国主义教育研究课题组通过对侨乡泉州青少年爱国主义教育进行调查,探讨了当前侨乡青少年爱国主义教育所面临的如何在对外开放中坚持爱国主义立场、如何教育青少年正确处理个人利益和国家、民族利益的关系等问题,提出了要帮助青少年正确认识爱国主义同狭隘的民族主义的本质区别、提高青少年辨别是非的能力等建议。广东省研究者探析了高校爱国主义教育的路径,探索了把侨乡文化特色与爱国主义教育相融合的方法,提出将爱国主义教育寓于实践中;融合侨乡文化特色,爱国主义教育形成生活化;弘扬中华传统文化和与时俱进相结合,以创建爱国主义教育的新基点的方式对大学生进行爱国主义教育。[2]

目前国内对于侨乡双语爱国主义教育的相关实证研究相对不足,且研究对象多为高校学生以及青少年,缺乏对侨乡小学儿童的研究,因此在重点侨乡开展双语爱国主义教育非常有必要。温州侨乡小学校以及侨乡子女数量庞大,对于双语爱国主义教育的需求大,而目前团队人力资源有限,服务面较小。因此,该研究在原有教学团队的基础上,采用裂变模式组建更多学生团队,以此来壮大团队规模,扩大对侨乡学校的服务面。同时,侨乡子女在毕业后大多前往欧洲等地,对其进行双语爱国主义教育有助于欧洲华文教育的发展。

一、研究地域

丽岙街道地处浙江省温州市瓯海区,是全国著名侨乡。根据2014年浙江省侨联侨情统计的数据,丽岙全街道4.2万的人口中,海外侨胞超过3.27万人(归侨侨眷1.2万人),海外侨胞比重大、数量多。丽岙第二小学目前在校学生405人,6个年级段。其中,本地学生203人,外来务工子女202人,各占50%,留守儿童111人,占27%,该校留守儿童基本为华侨子女,其父母分布于27个不同国家。华侨子女大部分在国内接受完小学教育后便前往父母所在的欧洲地区,对其进行双语爱国主义教育能为欧洲华文教育研究输送人才,有利于欧洲华文教育的发展。

二、团队裂变模式

该团队选取温州典型侨乡学校,通过首期为期4个月的教学实践,培养了第一批教学团队,并建立了教学内容体系。在首期教学实践后采用问卷调查法、访谈法等方式对教学效果进行评估。在此基础上,团队对于教学团队以及教学内容进行调整与裂变,完成初级裂变。在实践过程中,对于团队成员、教学内容、教学对象进行扩充,团队进行多次裂变,以此来扩大团队规模,为更多侨乡学校服务(见图1)。

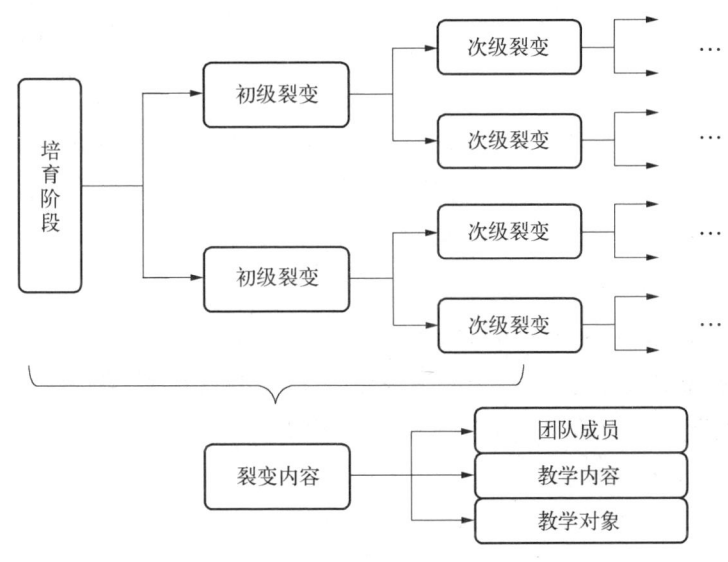

图1 双语爱国主义教育团队裂变模式示意图

三、团队裂变阶段

该团队裂变阶段主要分为:① 培育阶段,即原始教学团队、教学内容以及教学对象的建立;② 在培育阶段的基础上,对这三个方面进行调整与改进,进行初级裂变;③ 以此类推,在实践教学过程中对团队成员、教学内容、教学对象不断进行裂变,实现次级裂变,形成一个成熟的团队裂变模式,以便团队的规模不断扩大以及侨乡学校的服务范围不断扩展。

(一) 培育阶段

前期,该团队通过创建原始教学队伍,以支教形式对温州典型侨乡学校学生进行中英双语的爱国主义教育,原始教学团队由固定的来自温州大学外国语学院英语师范学生、温州大学指导老师以及实践学校的指导老师所组成。在培育阶段,团队围绕爱国主义主题,结合民间故事,确定第一期的双语爱国主义教学主题,再将主题进行分配。团队成员根据分配到的主题搜集资料,设计教案、课堂内容与活动,通过寓教于乐的方式潜移默化地向学生灌输爱国主义教育。在前往侨乡学校进行授课之前,团队组织试课,指导老师以及团队其他成员根据课堂真实模拟,结合学生的实际情况,提出科学的指导意见,以确保课堂的高效性。课堂教学之后,团队成员与实践学校指导老师进行沟通,获得及时反馈,以改进下一个主题的课堂内容呈现。在第一期双语爱国主义教育系列课程结束后,团队采用问卷形式对侨乡学校学生的双语爱国主义教育内容的学习效果、英语水平和爱国情感是否显著提升等进行调查和研究,并对结果进行分析和讨论,提出改进措施,来提高双语爱国主义教育的课堂效率,为团队的初级裂变提供了借鉴和参考。

(二) 初级裂变阶段

培育阶段的原始教学团队在温州典型侨乡学校开展了第一期的双语爱国主义教育,积累了一定经验,为初级裂变阶段的团队招新与建设准备了条件。在初级裂变阶段,团队主要对团队成员、教学内容以及教学对象进行了调整与改进。原始教学团队面向温州大学外国语学院英语师范学生进行团队的招新和培训,不限班级和年级,实现团队成员的初级裂变。新团队组成后,由原始教学团队的成员分别带领新团队的成员,在主题选取、内容选择、课件制作、团队建设等方面对新成员进行指导和培训,在第一期主题内容的基础上,对教学内容进行创新,实现教学内容的裂变。同时,团队联系其他侨乡学校,逐步扩大团队对侨乡学校的服务范围,实现教学对象的裂变,为次级裂变阶段创造了条件。

(三) 次级裂变阶段

在次级裂变阶段,团队对于团队成员、教学内容以及教学对象的裂变实行改革和创新。团队成员不局限于特定学校、特定专业,招收跨学校、跨专业的学生,确保团队成员的多元化。教学内容引入当地特色、神话故事、国学经典小故事等,进行国内外对比教学,使教学内容更加多维立体,实现教学内容的创新裂变。团队形成一个成熟的团队裂变模式,可将此模式推广至全省乃至全国的侨乡学校,让更多的侨乡学校儿童接受到双语爱国主义教育。

四、裂变内容

该裂变模式主要对团队成员、教学内容以及教学对象进行不断裂变和拓展,旨在为更多侨乡学校学生提供更优质的服务。团队成员的裂变是指在原始教学团队的基础上,团队进行新成员的招新和选拔,组建新的学生团队,用于服务更多侨乡学校;教学内容的裂变是指对双语爱国主义教学内容进行不断创新与扩充,使教学内容更加全面;教学对象的裂变是指不断扩大团队对侨乡学校的服务面,将此种模式以点带面地推广开来。

(一) 团队成员裂变

在培育阶段,原始教学团队选取温州典型侨乡学校进行双语爱国主义教育,积累了一定经验。在此基础上,原始教学团队会面向本院学生进行团队的招新和选拔,组建一个新团队,实现初级裂变。由原始教学团队成员指导新团队成员,采用以老带新的模式,对新团队成员进行培训。初级裂变阶段,新团队采用原始教学团队的资源和规模,对其他侨乡学校进行双语爱国主义教育,并在此基础上开发新的教学内容体系。在次级裂变基础上,团队进行跨学校跨专业招新,实现次级裂变,逐步扩大团队的规模,拓宽团队对侨乡学校的服务范围,使更多侨乡学生接受双语爱国主义教育的同时,也为学生提供更多的实践机会,提升他们的专业素养和技能。

(二) 教学内容裂变

每一个阶段的双语爱国主义教育内容围绕着爱国主义教育展开,结合当地特色以及社会时事,选取不同的双语爱国主义教学主题。培育阶段的双语爱国主义教学主题为民间故事篇,每个主题都选取了相关的民间故事,团队成员用中英双语向侨乡学校学生讲授,目的是强化侨乡子女的"中国根"意识,帮助侨乡子女深入理解爱国主义。初级裂变阶段在第一期双语爱国主义教育主题的基础上,选取其他爱国主题,实现教学内容的裂变。比如地方民谣,民谣是当地人民智慧的结晶,传承着当地的传统历史文化,具有独特的文化价值。课程通过用英语介绍民谣的背景、内涵,并以方言的形式来诵读,增强华侨子女的认同感,以促进其思想成长。次级裂变阶段对教学内容进行不断创新,结合成语故事、国学故事等内容,在内容上进行创新,使教学内容与时俱进,把当下热门词语融合到教学之中[3],拓宽双语爱国主义教育的内容。团队通过教学内容的不断裂变帮助侨乡学生提升英语水平和爱国情感,树立文化自信和民族自信,增强他们对国家和民族的认同感和归属感。

（三）教学对象裂变

在实践过程中，团队的指导老师以及所属学院与其他侨乡学校进行对接，传达合作意图，由单所学校逐步辐射至周边侨乡学校，将该模式以点带面地推广开来，不断扩展团队对侨乡学校的服务范围，实现教学对象的裂变，让更多的侨乡学校学生接受双语爱国主义教育。同时，该模式具有成熟的体系，也适用于全国其他侨乡学校的双语爱国主义教学应用推广。

五、裂变模式的创新特色概述

温州侨乡学校双语爱国主义教育裂变模式创新之处体现在团队新颖、可持续性强、可操作性强。新颖性体现在该团队充分发挥英语师范专业的优势，对侨乡学校开展中英双语爱国主义教育，史无前例；可持续性体现在团队采用裂变模式定期招纳新成员，保证团队具有充足的后备力量；可操作性体现在团队采用以老带新的方式，由老成员对新成员进行指导和培训，培养其实践教学能力。

（一）新颖性

团队发挥其英语师范专业的优势，采用中英双语的形式对侨乡小学儿童进行爱国主义教育，是一支中英双语爱国主义教育的教学团队，具有新颖性。在课堂教学中，团队成员以英文为主，中文为辅，用英语向学生们介绍与主题相关中国传统文化、民间故事等，并用英语与学生们进行简单的问答，让他们学会一些简单的英语对话，熟练掌握一些相关的英语词汇。同时，团队成员也注重学生的输出，每堂课会设置小组讨论的环节，让同学们用英语进行简单的对话训练，以此来提升同学们的英语水平。

双语爱国主义教育裂变模式围绕爱国主义的主题展开，从主题选取、内容选择、课堂环节设计等各个方面与爱国主义紧密结合，通过视频、图片、小游戏等趣味的呈现方式，在传授知识的同时，保证课堂的趣味性。在每一阶段课程结束后，团队会通过问卷的形式来评估课程是否对学生的爱国情感有显著提升，根据问卷结果提出改进措施，为下一阶段的裂变准备了条件。

培育阶段团队以民间故事为主题，初级裂变阶段团队以地方民谣为主题，团队成员通过讲授与主题相关的爱国故事、民间故事、地方民谣以及中国优秀传统文化，帮助华侨学生深入理解和认同中国文化价值，增强他们的国家归属感和认同感,提升民族自信和文化自信,以便在毕业后随父母迁往国外后能更好地用英语去传播中国优秀传统文化,传播中国正能量。团队指导老师在团队成员试课后,结合侨乡学生的实际情况,提供科学的意见,确保课堂教学的双语特色和爱国主义特色,使其更易被侨乡学生接受和喜爱。

(二)可持续性

团队成员的构成不局限于同一个班级或年级。教学团队在每一阶段教学后,会面向本学院学生进行队伍的招新和选拔,根据能力来选拔新成员。在次级裂变阶段,团队会跨学校跨专业进行招新,确保团队后备力量的充足。通过这种裂变模式,不仅可以保证团队构成的多样性和可持续性,也可以为学生提供更多的实践机会,鼓励学生积极参与社会实践,从实践中学习和成长,更好地提高专业素养和技能。

(三)可操作性

该团队的运作采用以老带新,以新促老,共同进步。双语爱国主义教育裂变模式在原始教学团队的基础上,进行新团队成员的招纳与选拔,组成一支新的团队。由原始创新团队成员分别带领新团队成员,在主题选择、课堂设计、课件制作等方面对新成员进行指导,帮助他们提高自身的素养和技能。在初级裂变阶段,新成员采用原始教学团队的资源对其他侨乡学校进行双语爱国主义教育,并在此基础上开发出新的模式,为下一阶段的裂变提供参考。团队通过以老带新、以新促老的方式来培养团队成员,可操作性强,最终实现"多团队、多学校"的实践模式。

六、双语爱国主义教育裂变模式的意义

在温州侨乡学校实行的双语爱国主义教育裂变模式是在党和政府对于侨务工作和爱国主义高度重视的时代背景下诞生,这种模式对于英语师范学生、温州大学以及侨乡学校来说都有重大意义。

(一)为英语师范学生提供更多实践机会

该团队通过双语爱国主义教育裂变模式,面向本院学生进行招新和培训,组成实践团队,团队成员可跨班级和跨年级。原始团队成员分别带领新团队成员,在课件制作、课堂教学等方面对其进行指导,以便其前往侨乡学校进行实践教学。每一个阶段都通过该裂变模式去招纳新成员、培训、实践、反思,可

以为英语师范学生提供更广阔的实践平台和更多的实践机会,鼓励英语师范学生从实践中学习,增长才干。尽早了解学情,将理论和实践相结合,更有效地提高英语师范学生的专业素养和师范技能。

同时,对侨乡学校学生开展双语爱国主义教育模式,要求英语师范学生要将爱国主义融入英语教育中,将侨乡文化与爱国主义相融合。团队成员在备课时深入了解爱国主义,将爱国主义切实融入英语教学之中,让教育者先受教育。

（二）培养华侨学生的爱国情怀

双语爱国主义教育裂变模式注重中英双语教学和爱国主义。在备课时,团队成员深入挖掘中国优秀文化,将爱国主义融入英语教学中。在授课过程中,团队成员用英文向学生讲授与主题相关的中国优秀文化、民间故事等,鼓励华侨子女用英语说出中国故事,帮助华侨学生深入理解中国优秀文化,加深对爱国主义的理解,增强他们对中国优秀文化的认同感和自豪感,树立文化自信和民族自信。该裂变模式能逐步壮大团队规模,扩大团队对侨乡学校的服务范围,让更多的侨乡学校学生接受双语爱国主义教育,引领他们在中小学阶段树立正确的爱国主义观念。

（三）推动中国优秀传统文化的传播

温州是我省著名侨乡,海外侨胞数量多、比重大。华侨子女具有流动性,大部分的学生在毕业之后会迁往父母所在的国家。因此,在中小学阶段对华侨子女进行双语爱国主义教育,可以提升他们的英语水平和爱国情感,增强他们对中国传统文化的认同感,树立民族和文化自信,有利于他们在国外用英文去传播中国优秀传统文化,发好中国声音,讲好中国故事,让中国优秀文化走向国际舞台,促进多种文化的交流与碰撞。

（四）促进侨乡学校的爱国主义精神文明建设

习近平总书记指出要重视加强学校思想政治教育,把爱国主义精神贯穿各级各类学校教育全过程。中小学阶段的学生是人生观、价值观、世界观形成的关键时期[4],他们的身心发展尚未成熟,是进行爱国主义教育的最好时期。团队与多所侨乡学校达成合作,组建学生团队以支教的形式前往侨乡学校对学生进行双语爱国主义教育,帮助他们树立正确的爱国主义观念。在温州侨乡学校开展双语爱国主义教育裂变模式,为更多侨乡学校提供服务,有利于促进侨乡学校的爱国主义精神文明建设。

（五）体现地方高校的时代担当

温州大学地处浙江省侨务大市,是一所侨文化浓厚、侨特色鲜明的高校。[5]在党和国家给予侨务工作高度重视的背景下,温州大学积极响应国家的号召,立足侨乡资源,发挥侨乡优势,在"为侨服务"方面进行不懈的探索。

双语爱国主义教育模式是团队从温州大学"为侨服务"的目标出发,开展的为侨乡学校服务的一种创新模式。这种模式的优越性在于,通过团队裂变可以逐步扩大团队的规模,最终实现"多团队,多学校"共同实践的模式,让更多的侨乡学校受益。不仅彰显了温州大学"为侨服务"的时代担当和作为,还展现了高校服务地方的理念,为全国其他侨乡推行该模式提供了借鉴。

七、结语

团队在温州侨乡学校开展双语爱国主义教育裂变模式,在原始教学团队的基础上,通过不断裂变形成新的团队,并由原始教学团队成员分别带领新团队成员,对其进行培训和指导,使其具备足够能力去其他侨乡学校对侨乡学生进行双语爱国主义教育,同时为下一阶段裂变准备条件,将团队规模逐步壮大,实现"多团队,多学校"共同实践。该模式与时俱进,在侨务工作和爱国主义受到党和国家高度重视的背景下应运而生,旨在对侨乡学校学生开展双语爱国主义教育,帮助他们提升英语水平和爱国情感,树立正确的爱国主义观念,以期他们出国后能用英语传播中国优秀文化,进行文化交流,让中国文化走向世界。同时,该模式也为温州大学外国语学院英语师范学生提供了一个实践平台,鼓励学生从实践中学习,在实践中成长。该模式展现了温州大学"为侨服务"的时代作为,为高校服务地方的理念提供了模式和经验,具有推及全国的示范意义。也有利于欧洲华文教育的发展。

目前,该研究已经在温州典型侨乡学校完成了培育阶段的双语爱国主义教育,其覆盖的范围比较局限,周期比较短,还不具备典型的代表意义。笔者会继续推行该模式,联系更多侨乡学校,扩大规模,延长周期,使其具有普遍的适用价值。

参考文献

[1] 中共中央文献研究室.十六大以来重要文献选编:下[M].北京:中央文献出版社,

2006:562.
［2］龚嘉玲.探析高校爱国主义教育路径——以广东省某地方高校二级学院为例[J].佳木斯职业学院学报,2018(8):176-178.
［3］刘庭瑜.浅析如何将爱国主义教育渗透到初中英语教学中去[J].考试周刊,2019(3):100-101.
［4］许丽云.爱国主义文化在小学英语教学中的渗透[C].2020年教育创新网络研讨会论文集,北京:中国管理科学研究院教育科学研究所,2020:725-726.
［5］谢树华.涉侨高等教育的理论维度、时代价值与地方探索[J].温州大学学报(社会科学版),2020,33(6):19-24.

疫情下"线上结对子"教学方式与欧洲华文教育线下教学深度融合的探究

魏 美[①]

摘 要：进入后疫情时代，欧洲华文教育应抓住机遇，与时俱进，进行网络化、数字化改革，保留线下教学，融合线上教学，两者相互辅佐、相互促进，推动欧洲华文教育向高质量发展。以中文教育来塑造华侨华裔青少年的民族文化素质，维系华侨华人与祖籍国情谊的纽带是欧洲华文教育的根本目的。华文教育基于海外华侨华人民族文化认同的需要。文化认同离不开华侨学生学习的兴趣，只有学生成为主动学习者，能够自觉学习时，才能真正地了解民族文化，做到民族文化认同，达到欧洲华文教育的根本目的。本文突破以往教师讲、学生学的传统线上教学，从微观层面提出具有创新意义的"线上结对子"教学方式，使其与线下教学深度融合，共同促进欧洲华文教育向高阶质量发展。本文试分析疫情下"线上结对子"教学方式与欧洲华文教育线下教学深度融合的可行性；探讨"线上结对子"教学方式的具体操作步骤。

关键词：疫情；欧洲华文教育；"线上结对子"；教学方式；线下教学

在中国经济实力日益增强的背景下，中国文化对世界的影响愈来愈大，国家在欧洲建立起多种语言文化推广机构，传播中华优秀文化，增强中国文化软实力，提高中国的国际地位与世界影响力。欧洲华文学校由此发展起来，不仅带动了越来越多的华人华侨子弟到华文学校学习华语，也推动着中国与世界

---

① 魏美，中央民族大学教育学院在读硕士生。主要研究方向：汉语教学。

联系的深入。突发的新冠肺炎疫情给华文教育的发展带来了挑战与阻力,再加上大数据、互联网和人工智能等信息技术的迭代式发展,传统欧洲华文教育必须要进行改革。进一步加速线上教学的实践变革是其不二之选。进入后疫情时代,诸多欧洲华文教育学校积累了线上教学的经验,应抓住机会,利用"线上结对子"教学方式创新线上教学模式,深度融合线上教学与线下教学,两者构成有机体,相互促进,相互补充,构建良好的生态发展模式,积累力量推动欧洲华文教育进一步发展。

一、疫情下"线上结对子"教学方式与欧洲华文教育线下教学深度融合的可行性

在疫情的影响下,欧洲华文教育在其前进的道路上遇到了不少阻力,其发展缓慢,缺少生机与冲劲。"线上结对子"教学方式的创新式融合能够为其发展注入活力,改善其部分教育功能。该部分试通过介绍疫情下欧洲华文教育现状、两者融合的意义来说明两者融合的可行性。

(一) 疫情下欧洲华文教育现状

华文教育经过长时间的发展与完善,取得了一定的教学成就,形成一定的教学特色。但在疫情的冲击下,海外华文教育在欧洲的发展远没有设想的一帆风顺,其依然存在诸多的问题与困难,例如教师的专业性、华文教材与学习资料的编写、学生的学习动机。

1. 教师缺乏专业性

众所周知,教师在教育过程中扮演着重要的角色,是教育的关键,是学生学习知识道路上的引路人,其专业程度直接影响着学生的学习质量。就华文教育的发展来看,华文教育初步起始阶段,对华文教师并无统一及专业要求,导致华文教师呈现"鱼龙混杂"局面,教育教学质量低下也显而易见。[1]在"汉语热""一带一路"的影响下,大批华人子女开始学习中文、中华民族文化,这导致华文学校专业教师严重缺乏;疫情的突袭,线上教学的开展对华文教师来说具有一定的困难,他们操作各种直播软件、找资源、做微课,浪费了原本应提高自身教学质量的时间。教师时间有限,无暇钻研中华民族本土文化、本土知识,导致其自身专业性不足,无法传授地道的华文知识与文化,培养学生的民族文化底蕴与素养。

2. 华文教材与学习资料的编写问题

教材是学生学习、教师教学的主要工具之一,在学生的学习过程中扮演着知识承载者和引导者的角色。在国内,各个阶段的学生均有相应的课程标准做参照,教师结合课程标准与教材情况制订教学计划。然而欧洲进行华文教育的众多国家存在着差异性,如国家地区不同、学生的年龄阶段不同、意识形态不同、政治制度不同等,华文教育本身的具体情况也千差万别。但就华文教材在欧洲的实施状况看,可以称为"百花齐放",亦可以称为"规定统一"。[2]"百花齐放"是指欧洲华文教材内容丰富,形式多样,设计各异,既有简体字版,又有繁体字版……但这些教材都严重脱离中国本土文化知识,知识浅显枯燥,浮于表面,未能培养学生良好的中华民族文化底蕴;也不能起到一定的连接作用,不能深入所在国本身,与所在国文化环境接轨,没有考虑学生的生活实际,脱离时代热点问题,陈旧老套且不易施行。"规定统一"并不是指华文学校有统一的课程标准,而是说华文教育教材死板单一,课本上主要讲授我国的国情、地理位置、民族组成、气候等浅层次的概念或常识性的知识,这些内容过于模糊、笼统、碎片化,难以使华裔学生对中华民族有一个真实的认识,难以使华裔学生真正了解到中华民族文化的博大精深,并且无法满足学生对中国文化的好奇心。

3. 学生学习动机不足

学生是学习过程的主要参与者,是学习的主体,教学质量的提高离不开学生积极主动的学习,而解决学生学习动机不足、学习兴趣低下等问题是华文教育的重中之重。据调查,汉语被认为是世界上最难掌握的语言之一,汉语汉字博大精深,内容多样、结构复杂,横竖撇捺之间互为条理。从古至今变化多端,亦有古今异义、通假字等多种用字现象;又有宾语前置、省略句等复杂的句式变换。与欧洲国家的英文字母不同,汉字为复脑系统,识字写字要求甚高。学习汉字的难度很大,导致很多学生对华文教育产生畏难情绪,因此丧失学习兴趣,缺少学习动机。疫情的影响下,线上教学导致学生拥有更多的自由时间,学生缺少自我管理的能力,他们在家可以边玩耍边学习,这也是大大降低学习兴趣的原因之一。

(二)"线上结对子"教学方式与欧洲华文教育线下教学深度融合的意义

"线上结对子"教学方式是指欧洲华文学校联系国内学校,华侨学生与国内学生两两结伴,成为合作学习伙伴,两者互为小老师,通过电子邮件、微信视频等工具,以讲故事的形式交流真正的中华民族本土文化知识,促进华侨学生养成中华民族文化素养。这一教学方式的创新式融入能够焕发欧洲华文教育的活力,使其迈向高质量发展。

首先,华文教育的根本任务有如下几个方面:培养华侨华裔青少年的民族文化素质;维系华侨华人与祖籍国情谊的纽带;促进华侨华人所在国与中国的友好关系;传播中华文化,促进世界文化交流。其中,以中文教育来塑造华侨华裔青少年的民族文化素质,维系华侨华人与祖籍国情谊的纽带是海外华文教育的根本目的。因此,华文教育是基于海外华侨华人民族文化认同的需要。一方面,叙事是文化的流通货币,叙事可以认识文化共同性。"线上结对子"教学方式以伙伴互相讲故事为主要过程,讲故事是叙事的一种方式,因此"线上结对子"教学方式能够帮助华裔学生认识到文化共同性,进而自愿自觉地了解中华民族文化,养成民族文化素质。另一方面,文化认同作为一种价值取向建构着我们交流的方式,民族文化间的共同性就是文化认同的一种表现,也是增加民族认同感的强有力方式。以共同性话题为主要的交流内容,更加能够引起学生之间的共鸣,产生表达交流的欲望,进而促进"线上结对子"教学方式与线下教学的深度融合。对于学生来说,文化共同性可以表现在共同话题、共同语言上。例如,华裔学生与国内学生以共同话题——饮食习惯开始交流,双方学生都了解饮食,因此会有想要表达交流的愿望,更重要的是彼此以一种轻松愉快的心情去交往聊天,给对方一种在和知音交流的感觉,那么他们想要表达交流的欲望就会越发强烈,渐渐地在交往交流的过程中,就会发现彼此在饮食习惯方面存在很多差异,继而过渡到了解国家文化间的差异。这样华裔学生了解到的中华民族文化特色更易被他们接受和理解,也会消除之前存在的民族刻板印象和民族偏见,促进中华民族文化底蕴的养成,进而维系华侨华人与祖籍国情谊的纽带。

其次,"网络社会是人类社会的一种崭新形态,是一种自然历史的过程"。[3]在这个历史过程中,最为显著的是信息交换速度空前提高,在欧洲华文教育线下教学中辅以具有创新意义的"线上结对子"教学方式必然会加快学生了解民族文化的速度,同时也会激起他们对中华民族更大的好奇心,进而提高自身的学习热情。同时"线上结对子"教学方式使国内外学生相互联系、相互交流,在一定程度上发挥了线上教学的优势,消除了地理空间上的障碍,使华裔学生身处国外便能和国内伙伴交流沟通,了解中华文化。也就是说,"线上结对子"教学方式的应用直接突破了时空的限制,使各个国家的学生随时随地自由地交往交流。欧洲华文学校的学生们在完成学校学习后,回到家中和国内学生联系沟通,互相交流日常琐事,在日常生活中学习知识。生活琐事中蕴含着大量中华文化,是其最典型、最丰富的体现。学习兴趣、学习热情提高后,学习动机便是提高教学效率的催化剂。当欧洲华文学校意识到"线上结对子"教学方式高效便捷后,便会长期固定地使该教学方式与线下教学相融合。华裔学生也将拥有更多机会学习中华民族文化,与国内伙伴进行交往交流,交流的时长增长,两者间的关系也会愈加亲密,在一定程度上维系了华侨华人与祖籍国情谊的纽带。

最后,"线上结对子"教学方式形式多样,互为伙伴的两名学生可以利用图片、语音、视频等进行交流。欧洲华文学校使用的教材大多为概念性的知识,以文字的形式传递给学生,学生对文字的感知力不相同,学到的中华民族文化知识多为碎片化的、模糊的,严重的会导致很大程度上的刻板印象。"线上结对子"教学方式借助于图片、语音、视频等多模态作为交流载体,能够丰富欧洲华文教育的教学内容,华裔学生学习的内容不仅仅局限于教材上的知识,形式也不仅仅是单一的传输过程,而是以生动多样的形式讲述真实的、具有情境性的本土文化知识。例如国内学生谈到古诗,便可以利用与之相关的中华传统节日的习俗加以解释,必要时为华裔学生进行朗诵与视频展示,动态的讲解更易于被学生理解。"线上结对子"教学方式以合作学习、探索学习、自主学习为主要学习形式来培养中华文化底蕴,维系血浓于水的民族情感。这种学习方式既能补充传统欧洲华文教育线下教学的弊端,又能够激发学生主动学习的热情,让学生积极自觉地去发现中华文化知识。同时,双方交流沟通也能锻炼华裔学生的语言表达能力和理解能力,培养锻炼他们的自主学习能力和合作学习能力,并在一定程度上引导学生掌握数字化、多媒体技术。

二、"线上结对子"教学方式具体操作流程

(一) 技术条件

"线上结对子"教学方式与欧洲华文教育线下教学深度融合对网络设备、

信息技术等方面的要求较高。最重要的是学校内互联网的覆盖问题以及学生家中具备良好的网络环境和网络技术。学生家长应拥有一定的信息技术，能够辅佐学生与结对伙伴进行线上交流，并能够根据老师布置的任务对学生给予技术方面的指导。同时华裔学生在校时也应有专门的技术老师对该教学方式进行说明和引导。学生个人也应有能够和他人进行微信交流的能力，在空闲时间方便与伙伴进行联络。目前欧洲信息技术较为发达，学校和家长能够满足上述条件。因此能够实现"线上结对子"教学方式与线下教学深度融合。

（二）计划步骤

成功将"线上结对子"教学方式与线下教学深度融合的最大障碍是计划制订。欧洲华文学校不可能把一个复杂的线上教学在一两天时间内与线下教学深度融合。因此我们需要设计出一定的教学步骤，具体的实施过程见图1。

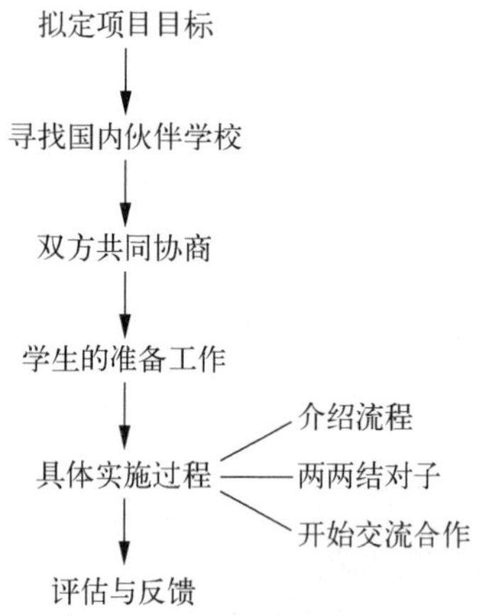

1. 拟定"线上结对子"教学目标

在上述流程图中，我们可以看出第一步就是拟定"线上结对子"教学的目标。目标是我们做任何事情的先决条件和基本方向，有了目标，我们实施任务的方向就不会错。对于"线上结对子"教学目标的确定，一定要以学生为中心，以中华民族文化为导向，以塑造华侨华裔青少年的民族文化素质、维系华侨华人与祖籍国情谊的纽带为根本目的，培养制定使学生有兴趣参与"线上结对子"教学的目标，也可制定和学生生活息息相关的交流沟通话题，总之目标的制定要依托学生的真实生活，这样才能吸引学生兴趣，使其自愿主动地参与线上交流，共同完成教学目标。

图1 "线上结对子"教学方式与线下教学深度融合实施流程图

2. 寻找国内伙伴学校

应该去寻找愿意与自己合作的国内伙伴学校，这样结成对子的学生才能够根据天然的"信息沟"进行主动互动。不同生活地点环境的差异引起学生的好奇心，使双方学生对此"线上结对子"教学充满兴趣与积极性，更有利于教学的开展。可以寻找之前有过来往的国内学校，有一定的友谊基础更利于双方合作，也可以寻找与本华文学校完全不同的其他国内学校进行合作，这样可以增进学校友谊，了解中华民族文化多样性，消除之前形成的民族文化刻板印象与偏见。

3. 双方共同协商

达成合作共识的双方，接下来的工作是确定每一个具体步骤。双方应该根据自身的实际情况共同商讨出"线上结对子"教学的内容、形式等，同时应该在此项目开始实施前规定什么时候进行线上交流、一周几次线上交流，只有当教师明确知道，什么时候预计能从伙伴那里收到新的消息时，他才能在课堂上运用相应的教学资源，呼应学生的交流内容，帮助学生加深民族文化印象，在内心自觉主动地培养民族文化底蕴。双方学校还应考虑的是，两两结队的同学所处地区的假期和考试阶段是否一致。应避免当学生们发出消息，由于双方教师没有协商好，导致学生们长期处于盼望收到伙伴回复的状态中，这样缓慢的回复会降低学生们交流的兴趣和热情。

4. 学生的准备工作

学生们需要做好一定的思想准备，文化和地理位置的差异会导致彼此的不了解，也就是说他们不应该写任何冒犯或虚假的东西，因为极可能会被对方误解，这就需要双方各自提前查阅相关资料，以防无意间冒犯对方；同时学生也要意识到自身在某种程度上代表了中华民族文化，扮演着中华民族文化传播者的角色，所以他们所交流的东西会给对方留下深刻的印象，要彼此尊重。

5. 具体实施过程

教师应向学生们介绍此次项目，注意介绍语言的生动性，因为这会直接影响学生们对此项目的热情。介绍完毕后，学生根据意愿与不同民族地区的国内学生两两成对，在教师的指导下，双方应规定一致的主题，比如饮食、住房、服装、学习等，这些都是我们每个人生活在这个世界上的共同性话题，围绕这样的话题开展交流更能激发学生们的交流欲望。借助于微信来进行"线上结对子"交流，双方学生互加微信后，在某一时间段内通过视频、语音等讲述彼此规定主题的故事。这能够调动学生的兴趣，亦能够使华裔学生在真实的情境中感受中华民族知识与文化。必要时可以加入图片，生动的图片比文字更加有吸引力。同学们的兴趣逐渐浓厚，产生了更加高涨的交流欲望，也会逐步喜欢上中华民族文化,以这样的形式长久交往交流下去,双方的感情会愈加深厚,起到维系民族感情纽带的作用。

同时教师也需要注意,交流主题的确定应尊重学生的意见,在此过程中,教师只是指挥者和组织者,学生才是真正的参与者,因此要将主动权与自主权交给学生。主题的确定还可以与教材某一单元或某一个知识点相结合,发挥"线上结对子"教学方式的辅助功能,使学生更全面、深入地理解、喜爱中华民族文化。

学生在交往交流的过程中要时刻注意自己的言行,教师要起到监督作用。双方教师也要做好衔接,使每位学生都能得到最快的回复,从而增强学生的兴趣和热情。

6. 评估与反馈

双方学生交往交流一段时间后,为了吸取经验教训,以便对接下来的交往有益,我们需要对此方式进行一个正确的评估工作,其中最重要的是检查此项目是否达到了最初拟定的目标。值得思考的是,我们应找出并发现一些不足但又十分具有价值的问题,以便在接下来的结对子交流过程中弥补。同时我们应该把反馈和评估的重点放在学生对此次"线上结对子"教学的评价,有必要总结学生们从中学到了什么,他们喜欢和不喜欢什么,以及对今后的线上教学有什么期望。只有满足了学生的需求,"线上结对子"教学才真正落到实处。最后需要学校、教师之间也应就此线上教学方式进行总结、反思。只有及时的反馈与评估才能有助于与线下教学的深度融合。

三、结语

新冠肺炎疫情下,欧洲华文教育面临的挑战,既有阻力,又带来开创发展新机遇、谋求发展新动力、扩展发展新空间。海外华校应积极创新教学方式,推进欧洲华文教育和研究全面转型和升级,进行全方位、常态化的设计,积极推进欧洲华文教育线下教学与"线上结对子"教学方式深度融合,从而使欧洲华文教育现代化的发展建设之路。

参考文献

[1] 耿红卫,张巍. 欧洲华文教育的现状分析与策略研究[J]. 海外华文教育,2018(06):

96-101.
[2] 吴满意.网络人际互动——网络实践的社会视野[M].北京:人民出版社,2015:9.
[3] 丹尼斯·麦奎尔,斯文·温迪尔.大众传播模式论[M].祝建华,译.上海:上海译文出版社,1987.

疫情下意大利中文学校现状分析与未来发展

蒋忠华[①]

摘　要：本文以意大利中文学校联合总会36所理事学校作为主要调查对象，运用观察、问卷和访谈等多种方法，研究新冠肺炎疫情下意大利华文教育的实际变化，分析意大利华文教育的现实困境及现状特点，根据意大利中文学校所面临的新形势，对未来的发展提出建议：一是如何突破自身困境，让学校进行良性运作；二是疫情结束后如何重启新的办学模式。宜因地制宜、结合实际，化危机为转机，突破自身困境，进行转型升级；宜在后疫情时代遵循意大利法规，根据面临的新形势和新机遇，发挥各中文学校的专长，继续走本土化办学模式，促华文教育未来发展。

关键词：意大利；中文学校；现状分析；未来发展

一、意大利中文学校发展历史与特点概述

（一）华侨华人社会对中文教学的需求不断增长

20世纪90年代中后期，随着意大利华侨华人第一代移民子女普遍进入学龄期，华文教育的需求开始增长，华文家庭补习班发展为华文学校。进入21世纪后，中文学校拥有了较固定的教师队伍，也有了可选择的教材。学生人数

[①] 蒋忠华，暨南大学语言学博士，意大利罗马中华语言学校校长。主要研究方向：华文教育、传承语教学。

100余人的华文学校不断涌现,意大利华文教育由此进入了快速发展时期。在此期间,意大利的多元文化政策对华文教育起到了积极的推动作用。大部分中文学校租用意大利当地国立学校校舍作为办学的场地,这为中文学校办学提供了基础。随着中国综合国力的提升,华侨华人家庭对华裔儿童的中文学习日益重视,各大城市逐渐形成了良好的中文学习氛围。

(二)中文学校发展迅速,呈现南中北均衡现状

从20世纪末至今,随着意大利华侨华人数量不断增多,意大利对华文教育的需求增长迅速,中文学校得到了快速发展。据中国驻意大利大使馆统计,现有50多所中文学校,学生规模在200人以上的有20多所,主要分布于米兰、罗马、佛罗伦萨、普拉托等城市。9所学校先后被国务院侨办评为"海外华文教育示范学校"。这些示范学校规模较大,在读学生多在300人以上,有的超过500人,如罗马中华语言学校有750名学生,疫情前普拉托华人华侨联谊会中文学校有1000多名学生。根据意大利中文学校联合会的统计,截至2020年1月1日,加入联合会的中文学校共有38所,在校中文学习者约1.3万人,教师600多位。办学层次涵盖幼儿园、学前班、小学、初中、高中。

意大利中文学校发展历史短、速度快,已形成北中南均衡分布的特点;在华侨华人相对集中的大中城市都有达到一定规模的中文学校,华侨华人比较分散的小城镇开办的中文学校也越来越多。

(三)个人办学为主,本土化特色呈现

根据意大利中文学校联合总会登记资料,意大利中文学校只有几所学校以侨团名义办学,其余都是个人办学,并以周末制和课后制办学为主。各中文学校有许多相似的方面,如课程安排、课时设置等,但每个学校又各有其办学特点。比如,罗马中华语言学校重在规范管理,抓教师教学质量为主,注重中意文化间的交流;普拉托华侨华人联谊会中文学校由侨团创办,学校事务需董事会决策,课程丰富性在意大利屈指可数;佛罗伦萨中文学校是与意大利一所文化协会合作办学,注重与意大利教育部及当地政府的积极沟通和交流,经常带学生互访交流,教师全部都是国内外派而来。其他中文学校虽然彼此之间会相互模仿和借鉴,但每个城市或地方都有各自得天独厚的优势或特点,由此形成了各校之间不尽相同的本土化办学特色。

（四）疫情前意大利中文学校现状结论

经过20多年发展,在华人新移民大幅增加、新华人社区逐渐形成和华人经济日益发展的背景下,意大利中文学校有了跨越式发展。北、中、南部中文学校有了广泛分布,意大利华文教育需求持续增长,中文学习氛围良好;办学市场化、规模化、"温州模式"形成;教材需求多元化,语言教材和语文教材并用,相当一部分学校选用中国《语文》教材,采用母语教学模式取得显著效果;学校课程丰富多样,语言学习与素质教育并存,民族语文教育的性质得到了较好体现。

二、疫情下意大利中文学校现状分析

意大利新冠肺炎疫情自2020年3月爆发以来,因疫情严重,意大利教育部在3月8日下令封城封国,关闭所有学校。自那时起,所有中文学校从线下课程改为了线上授课。2020年意大利高考笔试被取消,2020年9月第二波疫情来袭,今年2021年3月再次封国封城,2021年高考笔试再次被取消。至今为止,疫情仍未结束。意大利中文学校自2020年3月至今都为网上授课,至笔者完稿前,只有极少几个中文学校开了暑期线下课程(但生源极为有限)。经过这一年半,意大利中文学校的现状与疫情前已经有了很大的变化。

（一）调查结果总情况

为研究疫情下意大利华文教育的实际变化,笔者以意大利中文学校联合总会36所理事学校作为主要调查对象,运用观察、问卷和访谈等多种方法,共收回问卷28份,有效问卷26份。

调查结果显示,只有1所学校没开设线上课程,处于暂时关闭状态(疫情后重新开放),其余27所一直持续运营中。其中7所学校持续盈利,12所学校收支平衡,6所学校较小亏损,2所学校严重亏损。

（二）线上教师类型及特点分析

线上教师队伍主要由以下3种类型组成:

① 留在意大利的本土教师。

② 本土教师回到中国,但继续担任该校线上教学工作。

③ 国内合作的教师,即疫情开始后因教师所需,中文学校与国内一些学校合作单位的教师。

疫情前,意大利各中文学校的师资队伍不稳定是长期存在的一个现实问题,在职教师中相当大比例是留学生教师,受疫情影响,留学生教师回国人数具一定数量。

线上教学具跨时空特点,师资队伍组建提供了多元化、多种渠道,从疫情前的单一本土教师变为了多种来源的教师组成,这反而解决了本来就存在的师资队伍不稳定的问题,弥补了因疫情大量教师回国造成的岗位空缺;同时合作单位的国内专业教师也为课程的拓展和丰富提供了更多的可能性,比如罗马中华语言学校在疫情后增开了线上书法课和电脑编程课等,完善了中文学校在课程体系方面的建设。

（三）线上学生类型及特点分析

疫情前,中文学校线下实体课,学生们都是就近上学为主,地理位置在办学中起到了很大的作用,学校规模较大的中文学校都位于华人集中的城市,比如北部的米兰和威尼斯、中部的普拉托和佛罗伦萨,南部的罗马和那不勒斯。

但疫情后的线上教学打破了跨时空的特点,各校学生的组成类型发生了很大变化:

① 意大利各大区之间的学生打破了就近上学的原有模式,能够线上入读不同大区的各中文学校。

② 线上教学让大量的边远小城镇本因无中文学校而上不了学的华裔孩子加入了线上的学习队伍。

③ 吸引了来自欧洲其他国家如荷兰、比利时、德国、法国等一定数量的华裔学生。

据调查,有不少中文学校生源减少。（1）因意大利疫情持续严重,华人家庭回国数量非常之多,这些学生回到国内后插入中国学校就读。（2）部分低龄儿童的家长不愿意选择网课,担心孩子对着电脑而影响视力。家长没有时间陪同孩子上网课而孩子专注力无法集中。（3）部分高段学生家长看到孩子在网课期间上课不认真,甚至打游戏,认为网课管理不佳、效果差而中途放弃网课。（4）还受到了国内培训机构的竞争和冲击,丢失了原有的少部分学生。

但同时,因线上教学打破时空,让各大区的学生打破了就近上学的线下课束缚,可以自由选择,交错入读不同地区的中文学校;让边远山区的孩子(原先跟读国内网课或接受家教或没学中文)加入了中文学校的学习行列;也有不少欧洲其他国家的孩子选择了意大利网课，如意大利中意学校和咏恩中文学校都分别有50多名生源来自其他大区和其他国家，罗马中华语言学校登记在册的学生名单中，除了跨大区的学生以外，还有几十名学生来自德国、比利时、荷兰、波兰等不同欧洲国家。据意大利巴里育才艺术中文学校校长沈鹏介绍，本来有部分偏远山区学生只在每年暑期来中文学校（他们寄宿在老师家里或由长辈来城市里租房照顾孩子），现今网课让这些孩子在学年期间也能继续学习中文。

（四）办学场地现状及问题分析

意大利中文学校大部分学校是租用场地，有的租用意大利公立或私立学校，有的租用私人场所通过装修而改为中文学校的办学场地。

疫情后意大利全部中文学校都改为了线上课，原有的教学场地闲置，租用意大利学校的基本不用再付房租，相对来说经济压力较轻。但是，租用私人场地的中文学校却必须照付房租——"这是目前疫情下学校所面对的最大压力"，意大利孝德中文学校校长丽娜及其他租用私人场地的华校校长如是说。据了解，在意大利华人最集中的普拉托城市，有10多所中文学校因场地租金压力而关闭场所，退还了所租用的场地，有多所学校倒闭而停止了一切教学活动。

由于压力大而退租场地，疫情之后回到线下教学时势必会造成场地紧缺这个大问题。

（五）疫情下办学优秀成果总结

根据调查结果显示，有7所学校在疫情中总生源只增不减，在诸多方面得到了强大的提升。通过分析，在疫情下中文学校可持续性发展总结为以下几个特点。

1. 未雨绸缪

在疫情初期就有很敏锐的反应力，及时作出调整，停课不停学，无缝隙地从线下转到线上。这在时间上的转换优势，使实践和探索早于他校，抢得先机，也让当时限于疫情没学可上的诸多华人家庭拥有了第一选择权。如罗马中华语言学校，据《温州日报》报道，该校在疫情暴发初期，就积极应对，和温州市政府合作了"云课堂"，同时带领教师团队积极测试和选择线上平台，在停课两周后开展全面线上课程。从线下到线上的转变迅速，保证生源不流失。

2. 开发新课程

自 2020 年 9 月意大利教育部要求所有学校开放,不再提供网课,而很多华人家长担心感染,就向意大利学校请假而让孩子滞留家中。多个中文学校,如马尔凯中文国际学校、普拉托国际中文学院、罗马中华语言学校等,抓住机遇,随即开设了意大利语同步课程,该同步课程除了可以线上学习意大利各课程的同等内容以外,还帮助家长向意大利学校请假及开具所有课程学习和成绩的证明,保证了学生不被留级而正常继续升班。据不完全统计,至今意大利共有 1 000 多名华裔学生在不同中文学校就读该同步课程。

马尔凯国际中文学校校长李加越在访谈时说到,疫情初期,中文班学生先有近 1/3 的流失,然后又慢慢补回来,现在是超过 2019 年最高峰 20 余名学生。原因是后来开了意大利语同步网课,吸引了不少外地学生,上了意大利同步网课,感觉该校课程挺好,又加学了中文课程,同时还不断地介绍亲戚朋友过来。由此意大利语同步课程和中文课程,相辅相成,互相影响(产生了良性循环)。

3. 线上教学质量

教学质量是学校的第一生命力。而线上课程的教学质量直接影响生源,尤其是质量口碑通过学生家长们的口口相传("温州模式"之一)而吸引了别的学校和其他大区及其他国家的生源。意大利佳文语言学校校长张璐接受访谈时说,"疫情前佳文语言学校原有学生 100 人左右,疫情后现有学生数 150 人。这是因为我们疫情期间接收了很多三四线偏远城市和国家的网课学生,因之前进行的是那种家庭式补习,不够专业化,所以家长们试过我们的教学后,认为我们教学质量高,还推荐了很多亲戚朋友的孩子过来学。而且,我们承诺,疫情结束后,实体复课,网课学生一个也不放弃,同步线上线下一起教学和学习。"意大利中意学校是一所有 20 多年办学历史的学校,疫情前原有中文班学生 300 多人,疫情后增加了 50 多人。访谈中,中意学校校长郑影雪表示,"提高海外华校的教学质量是经营建设华校之本。课程的多样化设置、提高学生的学习兴趣是目前的办学目标之一,也是和国内外的其他线上培训机构竞争的砝码。疫情的到来改变了很多,包括华校的发展和经营,多学习,多思考,争取把危机变成商机,一起成长。"

线上教学质量,既影响着学校生源,也决定了疫情下中文学校的发展。

三、疫情后存在的问题及未来发展

随着意大利政府对疫情工作的有效开展和良好管控,更随着对疫苗接种大力度的推进,近几个月以来,意大利感染曲线达到了欧洲最低,有望在今年(2021年)9月恢复线下课程。

(一) 疫情后面临的几大问题

1. 校舍重新租赁问题

由于大部分中文学校目前都处于退租状态,待实体课线下教学恢复,如何安排新的教学场地,尤其是符合疫情下新教育法规的校舍场地,将成为首先面临的问题。

2. 师资重组问题

因每个中文学校都有相当数量的留学生教师回国,因中意两国断航(2020年1月中国疫情爆发,意大利成为欧洲首个对中国断航的国家,至今仍未恢复航线),回意大利也变得异常艰难,很多老师仍会因断航政策而滞留中国。这将会造成后疫情时代各中文学校线下课教师大量缺乏。

3. 生源减少问题

如前所述,不少华人家庭因疫情举家回国,相当一部分家庭已有回国定居的打算,不少学生已经插入中国当地学校就读,加上欧洲疫情反复,不少家长都处于继续观望之中,计划着近两年不会立即回意大利。总而言之,总体生源在减少。

4. 回归线下对安全模式的规定及所带来的问题

疫情下,意大利卫生部已经对意大利体制内的学校启动了安全模式规定,例如对意大利公立高中规定为:一个教室最多不超15名学生,课桌椅全部改为了单人,安全距离为1.5米,高中部学生还实行了轮班上课(即一半学生留在家里上网课,一半学生到学校进行线下课)。

各中文学校目前还存在着不规范的班级人数安排,比如一个班级超过30人,所装修的私人校舍教室面积过小,没有室外的活动空间等。这些都将成为疫情后恢复线下课时所要面临的新问题。

(二) 针对以上问题的解决方案

1. 提早落实办学场地,保证线下教学基地

随着意大利疫苗接种的普及进度加速,疫情将会在一定时间内结束,而重

启后疫情时代模式之前,各中文学校要提早落实好办学场地,以此来保证线下教学的正常开展。租用意大利公立或私立场地的中文学校要提前与相关单位和部门做好合同续签的沟通和落实;租用私人场地已经退租的中文学校要尽早寻找适合疫情后的线下教学场所。

2. 遵循当地卫生法规,建立线下安全模式

学校教学的首要前提是安全,只有在安全得到保障的基础上才有正常的教学活动。后疫情时代,各中文学校要了解和学习意大利卫生部和教育部的相关法律法规,从自身学校出发,建立起安全有保障的线下模式。

3. 重建线下师资队伍,完善教师培训机制

因疫情,意大利华文教师结构和组成都已被改变,尤其是线下教师大量缺乏,将造成线下实体课教学师资问题。正如意大利中意学校校长郑影雪所言:师资建设一直是华校发展的重点,意大利的师资力量以留学生为主体,疫情阻碍了新师资的进入,恢复线下教学时,是各个华校最大的困难。

各中文学校需提早计划,招聘本地教师,制定好新教师培养机制来有效培训好师资队伍。

4. 借鉴成功办学案例,全面提升竞争实力

因疫情不少学校丢失了部分生源,造成了经济上的很大困难,但有几所华校在疫情中仍能保持良性运作,化危机为良机,为学校的持续性发展建立起了更有目标的方向。意大利各华校之间的办学模式比较接近,由此,同行之间必有可借鉴之处,成功案例更有参考价值,取长补短;各校之间宜抱团合作,形成资源共享,全面提升各校的竞争实力。

(三)未来发展

1. 提升办学思路

(1) 要有大的发展观和大的国际视野

贾益民提出,应由传统的华文教育观念向现代的华文教育观念转变,即由面向华侨华人的华文教育走向面向整个世界的华文教育。[1]这就是"大华文教育"或称"国际中文教育"。这意味着面向华侨华人的海外华文教育可能走向与国际中文教育的融合。这对华文教育的方方面面都不可避免地产生重大影响,促使以往关于华文教育的所有观念和认识,比如华文学校的办学使命与宗旨、华文学校的办学形态与结构、华文教学的内容与形式、华文教师与学生、学

校管理等观念,产生必然而积极的变革。这就要求我们必须站在"大华文教育""世界华文教育"或"国际中文教育"的立场上来思考华文教育发展的一系列理论、观念等问题。

经过新冠肺炎疫情的洗礼,华文教育结构和模式都发生了很大的变革和改变。在后疫情时代,办学者新思路不应受限于原有的模式和格局,而需从融合、国际等视野,将华文教育放到大的发展观和大的国际视野里去思考和实践。

(2) 除了做实践者,更要做研究型的校长

后疫情时代的中文国际教育,需做好调查与研究工作。第一,面向全球,通过调查以获取国际中文教育需求信息,以便把握动向,及时提供帮助。第二,面对新形势、新挑战、新教学模式带来的新问题,规划研究应对举措。

意大利中文学校基本以个人办学为主,个人理念和个人能力在办学过程和办学成效上显得尤其重要。在后疫情时代,随着华文教育在教学模式、安全模式及市场模式的改变,对办学和经营者同时也提出了新要求和高要求,由此,办学者应不断学习和成长,从"一线实践者"类型的校长转变为懂研究和会做调研的学者型校长。通过研究,来掌握第一手的市场需求信息,将调研和实践真正结合在一起,将会让后疫情时代华文教育打开正确的启动模式,开创良好的发展前景。

2. 坚定发展方向

贾益民提出,要主动适应新冠肺炎疫情防控常态化后互联网环境下的华文教育发展,就必须科学研究制订华文学校及其教育教学发展的规划。[2]发展规划涉及办学的方方面面,比如学校定位、办学形态、培养目标、教学模式、师资队伍、学生结构与规模、网络环境建设、设备购置、资金来源、学校管理、校园文化等,必须从本校特点以及区域、国别的实际情况出发,集思广益,认真研究,科学决策。

意大利华文教育正处于十分有利的国际环境和政策环境。首先是意大利的多元文化政策对华文教育起到了积极的推动作用;其次意大利是第一个和中国签署"一带一路"合作备忘录的欧洲国家,2020年又是中意建交50周年,"汉语热"在意大利这片国土一直在延续,目前中文已成为意大利国民教育体制内的语言课程。整个意大利华文社会对华文教育的支持度高,华侨华人社

会对华文教育的需求不断提高。根据本次调查结果,27所华校对未来发展充满着和疫情前同样的信心,更有部分华校表示比在疫情前更具信心。

谭维智认为,教育变革可以因思想实验、新技术的发明与应用、一次偶然的重大突发性事件而引发,但是变革的方式及其走向仍然会按照教育自身的发展逻辑进行。[3]后疫情时代,意大利中文学校适宜继续立足本土,从市场所需出发,利用好一切有利的环境资源和社会力量,凸显自身华校优势,加大力度进行打造和创建特色的课程体系,走特色化的发展路线。

3. 深化合作模式

自疫情爆发以来,为有效应对这一持续时间很长的重大突发事件,意大利教育部多次采取了临时关闭学校的措施,学生学习方式从线下学习为主转向全面的线上学习,由此出现了史上规模最大且必将影响深远的教育生态改变。这种历史性的变革必然会导致教学模式、资源、方法、手段乃至教学内容、观念、管理等方面的重大变化。[4]

意大利中文学校发展历史短,各方面的教学资源与内外部建设都处于发展和完善阶段。疫情来袭突然,造成资源大量缺乏,后疫情时代在学校场地、安全模式建立、师资方面等显得异常严峻。由此,意大利华校除了做到内外合力,更要去借力。内即做好内部建设;外即外部环境;借力是指从国内院校、华文学校同行及当地的华教机构组织等处借助力量,进行深化合作,取长补短,利用好可利用的资源,如通过中国高校来完成对本土教师的培训,通过政府部门如中国侨联、省侨办、市侨联等对海外华裔的夏令营项目等。借助于一切内外合力来达到后疫情时代对华校的未来规划和大发展。

4. 实现转型升级

2014年,国务院侨办主任裘援平提出"推动各类华文学校发展,有条件的华校向标准化、正规化方向转型升级。"[5]意大利华校近几年正处于往"三化"标准转型升级的实践和努力之中。现因新冠肺炎疫情,整体格局已被打破,理应化危机为转机,在原有的基础上,更有计划性地进行转型升级的目标实现。

(1) 华文教育和中文国际教育的融合

随着线上课程的不断普及和深入,线上中文教学将会显得更为常态化和普及化。不仅局限于华侨社会的中文学习,当地的民众更会越来越多地加入学习中文的队伍来。尤其是意大利国立高中开设中文课程的比例越来越高,意大利中文学校在后疫情时代发展中，必将要有意识地将华文教育向中文国际教育进行转型，从生源多元化、教师多元化、课程体系多元化等进行拓展，从中文国际教育的视角去思考华文教育的未来发展。

(2) 华文教育和互联网的结合

因疫情影响，华文教育由传统的学校课堂教学走向互联网线上教学，从而引发华文教育观念大变革。崔永华认为，疫情后的汉语教学模式，必然是线下线上相结合。[6]这包含多种教学模式，有传统的课堂面授教学，有各种线上教学，更可能是以不同比例、不同方式组合的多种教学形式。

意大利中文学校在近几年发展趋势良好的基础上，适宜将华文教育和互联网相融合，采用线上＋线下相结合的办学模式，实体学校服务于社区华侨，线上网校以跨时空的优势吸引意大利各大区及欧洲各国的生源。两者双管齐下，保证生源充足。同时，两种模式的结合，更有利于华文教学的充分开展。单靠课后和周末的时间学习是远远不够的，若是通过丰富的互联网线上资源和线下实体课堂的相辅相成，资源共享，能够使华文教学的效果真正落实。

(3) 华文教育向体制化办学的升级

意大利中文学校中，已有华校转型升级成为意大利教育部所认可的体制内学校。前身为帕托瓦金龙学校的意大利中意国际学校目前是意大利境内唯一由意大利教育部批准的全日制封闭式双语寄宿学校，设有幼儿部、小学部、初中部和高中部，与意大利国立学校享有同等资质。另外，快乐岛国际三语幼儿园(L'Isola Felice)于2018年8月通过意大利政府审批成为一所半公立学校，办学各方面享受政府同等补贴。

意大利教育政策具有多元化和包容度高的特点，由此，将华校转型升级到体制化学校，是未来一条虽不易但是最有前景的发展之路。宜发动华侨社会的力量进行办学，联合华人社团和各协会及著名侨领和企业家，有志者皆可成为学校转型的合作者，共同为推动华文教育全民化、华文教育社会化不断努力，朝着转型升级的终极目标而前进。

四、结语

综上所述，意大利华文教育未来发展有以下几个关键点：

① 改变思路，不走单一的传统办学思路，而需顺应时代的变化，做"动态"

的华文教育。

② 立足本土,从当地实际情况和社会需求出发,发挥自身长处,特别是校长擅长的专业,做本土化的特色华文学校,实现教学质量化、口碑品牌化。

③ 依法为本,遵守当地国法律法规,做到正规化、规范化、规模化。

④ 合作办学,加强与当地政府、本地学校和国内院校的合作,提升华文教育的资质和能力。

⑤ 与时俱进,不断推进顺应新形势的教育模式和教学方式,进行网络教学技术研究和提升教学效果,开创适合自身的"互联网+华文教育"未来发展模式。

参考文献

[1] 贾益民. 新冠疫情对海外华文教育的影响及应对策略[J]. 世界汉语教学(34卷),2020(4):438-441.
[2] 贾益民. 新时代华文教育的新使命[J]. 世界华文教学(第四辑):3-17.
[3] 谭维智. 在"后疫情时代"如何进行知识教学变革?[J]. 现代教育技术,2020(05):5-10.
[4] 李宇明,李秉震,宋晖,等."新冠疫情下的汉语国际教育:挑战与对策"大家谈(上)[J]. 语言教学与研究,2020(4):1-11.
[5] 中国新闻网. 裘援平:推动华校向标准化正规化转型升级[EB/OL]. http://www.chinanews.com/zgqj/2014/03-21/5978509.shtml.
[6] 崔永华. 关于汉语教师现代科技素养的培养问题[J]. 世界汉语教学(34卷),2020(4):441-442.

《YCT 标准教程 1》在英国北威尔士小学汉语课程中的适用性研究

颜湘茹　郭茂欣[①]

摘　要：海外儿童汉语学习者越来越多，但海外汉语教师仍感觉"无教材可用"，这其中突出的其实是教材适用性问题。为此，本文以《YCT 标准教程 1》为研究对象，以教材适用性的相关研究、对外汉语教材编写评估理论及儿童二语学习相关理论为研究基础，运用定量研究与定性研究、访谈法进行研究。通过对教材整体结构、语法、词汇、课文、练习等方面静态评估，对照教师在当地教学环境、面对当地学习者使用教材的情况进行动态评估，讨论教材在当地教学中的适用性。研究发现，教材在当地零基础汉语课教学中具有一定适用性，但还可从教学内容、教学环节等方面，对教材进行删减、补充、调整，加强语音重难点编写、突出语法交际项目功能、补充学习者感兴趣话题，并选用适合学生学习风格的活动，以实现有趣有效的教学目标，最终达成教材的适用性。

关键词：英国北威尔士；《YCT 标准教程 1》；小学汉语课程；适用性

一、引言

蓬勃发展的海外中小学汉语教学带动了教材的快速发展，以海外中小学汉语学习者为教学对象的教材也应运而生，但在复杂多样的教学环境、教学体

[①] 颜湘茹，中山大学中文系国际汉语中心副教授。主要研究方向：对外汉语文化教学。郭茂欣，中山大学中文系汉语国际教育硕士。主要研究方向：汉语国际教育。

制下,不同学生群体对教材的需求呈现出多样化,这些"走出去"的汉语教材能否满足需求？如何选用合适的教材实现教学目标,就成为海外中小学汉语教学者共同面对的问题。

英国北威尔士地区要求所有小学汉语课统一使用《YCT标准教程1》教材,在使用过程中教师对教材使用反馈不一,或认为"教材内容太简单",或认为"教材单课内容过多"。本文拟结合教学实践情况,对教材适用性问题,即是否适用于当地教学、能否实现有趣有效的教学目标进行研究,以期帮助教材编写者收集实践经验,提高教材编写质量。

二、教材适用性研究

(一) 教材及汉语教材适用性定义

关于教材的适用性,学界目前没有一个明确定义,与"适用性"概念相似的有"适配性""适切性"等。谢进锐从教材属性和教材使用者两方面进行研究,认为教材适用性体现在教学效果的整体评价中。[1]张爱萍提出教材适切性是指"教材在使用过程中与一个地区或学校的资源环境、师资水平以及学习者实际的匹配情况"。[2]侯前伟认为教材适用性是"教材对教学活动中的教师、学生来说,合适使用的程度"。[3]

针对对外汉语教材的适用性研究中,刘乐宁认为汉语国别教材的适用性就是满足教材的针对性。[4]王颖将其界定为"在一定使用范围内教材与使用者的契合度。契合度高则这套教材就是适用的,契合度低则这套教材就是不适用的、有待完善的"。[5]梁宇认为教材的适配性是指教材与一定教育环境之间的适应力和匹配度,并尝试建立一个包含4个维度、15个项目的教材适配性评价体系。[6]

综上,教材适用性主要与教材自身属性、使用环境及教材使用者三方面因素有关,可具体分析教材与使用环境、与教师、学生需求之间的相互契合、适配关系。

(二) 海外汉语教材适用性研究

海外教材适用性受到较多关注。陈绂指出国别性是海外汉语教材的重要特点,提高海外汉语教材国别性的原则包括切合该国实际情况、符合该国教学标准等。[7]常春凤、王颖等分别对海外大学、高中、初中汉语学习者使用教材的适用性进行考察,明确指出了教材不适用的具体方面。[5]但均未考虑教材另一使用者——教师的需求。

张燕阳以两本意大利本土教材《意大利人学汉语》和《慢慢来》为例,在教材本土化特点对比基础上,对使用过两套教材的教师进行访谈,从教学环境、教学对象和教学方法的角度,讨论两套教材的适用性及教师的使用策略。[8]上述关于海外教材适用性的研究,一般与教材本身、教材使用环境和教材使用者密切相关。但针对普适性教材、以小学生为使用对象的研究数量很少。

(三) 对外汉语教材评估相关理论

1. 第二语言教材评估相关研究

20世纪80年代以来,第二语言教材评估研究,作为教材研究中举足轻重的部分,取得了丰硕成果,其中不乏对教材评估中适合和匹配问题的研究。

高凌飚认为教材分析的层次即教材分析评估过程的主要步骤,可以参照国际上教材分析的成功经验,如英国的苏萨克斯方案,美国休斯顿大学察贝塔等人提出的理科教材分析程序,以及噶兰现代教材研究等方案,从教材静态和动态两方面收集资料。[9]钟启泉认为"对教材的关注不应仅停留在静态界定层面,更应该关注教材的动态功能性"。[10]赵勇等总结前人研究,认为教材评估包括内部、外部两部分,外部评估大多是关于教材外围的考虑因素,内部评估则是从教师或评估者的角度来看待教材,关注来自学习者的评价和反馈。[11]

综上,教材适用性评价可以通过教材编者表述与编写内容是否一致的内部评估,及学生、教师需求、课程标准和测试要求的外部评估两方面进行。同时,教材的评价可从静态和动态两方面考虑,强调教材在课堂的使用效果,对本文适用性评估方法有很大启发。

2. 对外汉语教材评估相关理论及研究

赵金铭认为"达到教学目的和满足学习者需求,是教材评估的两大内容",并强调教材评估还需检验是否遵循了教材编写理论和教材编写基本原则。[12]刘珣认为实用性、针对性、科学性、趣味性、系统性等都可纳入教材编写范围。[13]李泉提出教材编写十项原则,其中,对外汉语教材编写的原则可概括为"科学性、实用性、针对性、趣味性",其中核心原则是科学性。[14]常见的教材评估方法是量表分析法,即赵金铭研制的"对外汉语教材评估一览表",包括九大部分55项具体指标。

以上为教材适用性评估的内部评估提供了评估标准,即考察教材是否遵循科学性、实用性、针对性、趣味性的编写原则。同时多个量表为教师、学生不同教材评价主体提供具体评价内容,也是本文访谈内容的主要依据。

3. 对外汉语儿童教材及相关理论研究

根据李润新对少儿汉语3个分期的划分——婴幼儿汉语、儿童汉语、少年汉语,本文中"儿童"指6—12岁的小学阶段孩童。[15]张德鑫对儿童教学与教材编写提出"兴趣性原则""直观性原则""量力性原则",要突出教材活动的"寓教于乐"、接触真实语料"眼见为实"。[16]

兴趣是非智力因素中重要的一种,直接影响人们心理调节和学习活动。在兴趣分类中"情境兴趣"和"个体兴趣"的运用广泛,最具代表性的是海蒂(Hidi)的兴趣发展四阶段模型。该模型认为"情境兴趣可以通过4个阶段转化为个人兴趣,即:激发的情境兴趣、维持的情境兴趣、最初的个体兴趣和稳定的个体兴趣。"[17]兴趣理论与对外汉语教学的结合运用已有部分成果,国莉提出可激发学生学习中文的兴趣的具体方式有:将激发好奇心与文化艺术相结合、营造大环境等。兴趣与教材相结合联系最紧密的是"趣味性原则",这也是汉语教学课堂中重要的原则之一。[18]

4. 本文教材适用性界定

教材的适用性研究,是对教材的适用性评估,指教材运用于教学过程中,与使用环境、使用者使用效果的匹配度,匹配度越高则越适用。具体分两步考察:(1) 通过对教材静态内容的分析,判断教材是否是一本合格的汉语教材。即是否满足编写者的初衷,是否与编写理念、原则相匹配,是否满足对外汉语教材编写的科学性、实用性、针对性、趣味性原则,是否突出儿童汉语教材的特点和现阶段水平。(2) 教材在动态教学过程中,与使用环境、教师、学生使用实际效果进行动态评估。即教材能否与语言、文化背景、课堂教学环境相适应,能否满足学生特点和需求,能否满足教师的需求,最终有效实现教学目标等。

三、《YCT标准教程1》内容分析

(一) 教材整体编排

教材的编写理念体现了教材的核心思想,而教材的基本架构奠定了整套教材编写形式,接下来分析其编写理念、结构体例、排版形式与配套等三方面的内容。

1. 编写理念

随着海外孔子学院、孔子课堂的蓬勃发展，海外中小学汉语学习者掀起了新一轮汉语学习的热潮。孔子学院总部/国家汉办于 2004 年推出的中小学汉语考试（Youth Chinese Test，简称 YCT）受到海外中小学生热切关注，参加考试人数逐年递增，据国家汉办统计数据，2015 年考试人数约 9 万人。

在此背景下高等教育出版社与国家汉办考试处共同研发了"YCT 标准教程"系列丛书。一方面为拟参加考试学生"更有效地学习汉语，在 YCT 考试中取得优异成绩"提供参考；另一方面教材结合汉语作为第二语言的学习理论和中小学生认知发展特点，通过活动、歌曲、故事等形式多样的练习开发学生的多元智能，对教师"海外中小学汉语学习者使用的教材各不相同"现状"提供科学的课程体系和有效的教学方法"。

"YCT 标准教程"系列的编写原则是：（1）遵循"考教结合"原则，基于 YCT 考试大纲设计有效的教学内容和活动"以考促教，以考促学"。编者认为该理念可帮助海外学习动机不强的中小学生，通过评估和反馈获得成就感，找到学习的乐趣，同时实现家校互通。（2）教材编写注重实用性、趣味性。"强调在真实的语言场景中，运用自然、实用的表达，学习有趣的内容。将学生的情感、态度考虑其中，通过游戏、歌曲、故事等形式调动学生的积极性，使其享受学习的乐趣。"（3）根据"听说领先，读写跟上"原则，教材前三册对汉字的书写没有要求。

2. 结构体例

教材的结构体例是指教材整体的编写形式和框架设计，为整套教材的编写搭建了基本模型。《YCT 标准教程 1》教材的整体结构见图 1。

教材整体结构包括：前言、目录、主体内容、附录等四大部分。全书共 12 课，以单课形式编排，第 12 课为复习课，由 3 个综合练习构成，其他每课包含：核心句、生词、课文、练习活动、测试五部分内容。

3. 编排形式及配套材料

《YCT 标准教程 1》教材大小为 16 开，全册采用彩色印刷，整体色彩丰富。教材字体大小、行距适中，页边距空有留白，便于学生做笔记或补充内容。教材内容以"Let's..."英文指令编排，分别设计语法、生词、课文、活动板块。各

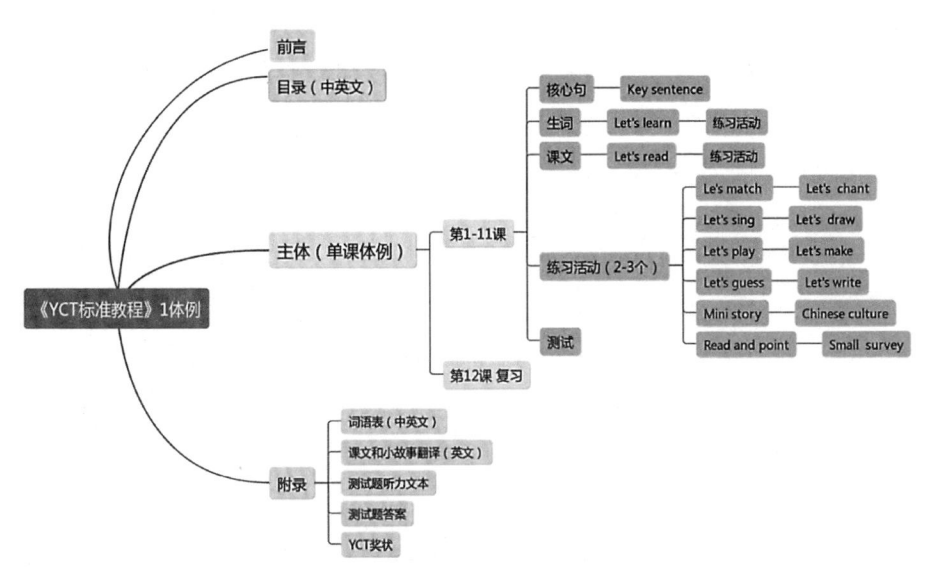

图 1 《YCT 标准教程 1》的结构体例示意图

板块中的文本均采用"拼音上汉字下"的标注方式。

教材封面作为教材使用者第一时间接触的材料，具有很强直观性，是给读者留下的第一印象。《YCT 标准教程 1》封面选取生日聚会为场景，"生日"话题是《国际汉语教学通用课程大纲》"个人信息"中的基本话题，与个人生活紧密相关。教材标题采用花体、加大字号突出"YCT"和册数"1"，"标准教程"配有英文翻译。

教材插图的编排对儿童学习者而言尤为重要。皮亚杰的认知发展理论提到，小学阶段的儿童正处于具体运算阶段，形象思维发展要远远高于抽象思维。因此直观形象的插图符合儿童的认知发展规律，一方面可从直接感受刺激方面帮助学生理解内容、融入情境；另一方面增加了教材趣味性，对吸引学生注意、辅助教学有帮助。

从教材插图的数量上看，每课除"核心句"板块仅展示两个句子外，其余各板块均配有插图。从插图形式上看，以实物图片、卡通手绘图为主，设置元素插图、单幅插图、多幅插图等形式。其中课文和迷你故事部分，以单幅、多幅插图为背景图，将教学内容以对话形式嵌入图片中，使学生能够自然代入图片角色中习得运用语言。

教材配套资源包括《YCT标准教程1活动手册》及网站链接音频MP3。前者为教材的配套练习,每课设计6—7个练习巩固本课知识点。活动手册大小、编排设计与教材一致,不同之处是黑白印刷。练习活动设计包括针对本课的词汇、语言点的理解性练习,以及全面提升听说读写技能的活动性练习。作为教材的补充材料,既丰富了课堂教学活动内容,也可供学生课后练习使用。

MP3音频内容为朗读示范及听力测试音频。需下载安装包,解压后方能播放使用。朗读示范内容均读一遍,其中课文部分示范,除常规男女标准音外,会根据文章角色变化,模拟儿童发音或增加模仿动物拟声词。

教材活动手册和音频链接作为配套资源,形式上丰富了教材资源,内容上对学生用书起到了补充作用。活动手册完全根据教材知识点设计,练习具有较强的针对性,方便了教师备课和学生的多方面练习。从教材趣味性来看,网络音频资源丰富了教材的多样性,课文、生词范读起到语音示范作用,活动练习板块的配音增添了教材的趣味性,促使学生模仿、参与到活动中。而测试听力音频内容只对拟参加考试的学生有针对性。

(二) 核心句板块

核心句板块是每课的第一部分,其内容是本课的核心语言点,即语法内容。语法在第二语言教学中具有重要地位。正如吕文华所指出,"教材中语法项目的选择和编排的成功与否,是教材成败的关键。"[19]

对教材语法部分的评估,需要考虑两方面内容:语法点是否科学实用,编排和出现顺序是否合理。

1. 语法的数量

将教材的语法点与《YCT考试大纲(一级)》进行对比,发现教材共23个语法点,其中19个语法点与一级大纲完全重合,除此之外,还有4个属于二级语法项目,分别为:程度副词"太"、否定副词"没有"、范围副词"也"及语气副词"真"。

表1　　　　《YCT标准教程1》语法数量统计表

课程	第一课	第二课	第三课	第四课	第五课	第六课	第七课	第八课	第九课	第十课	第十一课	语法总量	总课数	平均语法量
语法数量	2	7	1	4	2	2	1	1	1	1	1	23	11	2.09

2. 等级分布

《YCT标准教程1》语法分布不均衡,第2课有7个语法点,超出平均语法量的3倍。教材前5课语法点相对集中,与后5课相比,基本为后者的2倍。这不符合由易到难、循序渐进的编写原则(见图2)。

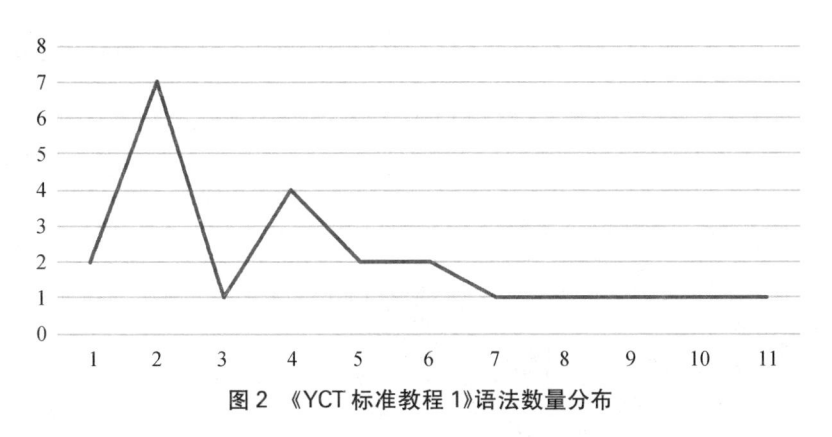

图2 《YCT标准教程1》语法数量分布

3. 语法项目的具体呈现

将教材中的语法项目与《YCT考试大纲(一级)》要求逐项对比,发现:教材细划了大纲中的语法点,同一语法大类下的不同小项目分布在不同课程里,且编排上不会间隔太远,多为前后课,具体划分见表2。

表2 《YCT标准教程1》与大纲语法项目对比

大纲语法项目(一级)		《YCT标准教程1》语法点
代词	人称代词	你(1)、我(2)、她(2)、他(3)、我们(8)
	指示代词	这/这儿(7)、那/那儿(7)
	疑问代词	什么(2)、谁(3)、哪(3)、几(4)、哪儿(7)
数词	表示时间	一月一号(9)、星期二(9)、5点(10)
	表示年龄	我6岁(5)
量词	用在数词后	一个(4)
	用在"这、那、几"后	几岁(5)
副词	否定副词:不	不(2)、没有(4)
	程度副词:很	很(2)、太(10)
	范围副词:也	也(5)

续表

大纲语法项目（一级）		《YCT标准教程1》语法点
副词	—	语气副词：真(6)
连词	和	和(4)
介词	在	在(8)
助词	结构助词：的	的(6)
	语气助词：吗	吗(2)
陈述句	肯定句	我叫星星(1)
	以"不"为标志的否定句	我不认识他(2)
疑问句	一般疑问句：吗	你认识她吗(2)
	特殊疑问句：谁、哪儿、几、什么	你叫什么(2) 他是谁(3) 他是哪国人(3) 你家有几口人(4) 你去哪儿(8)
特殊句型	"是"字句	他是成龙(3)
	"有"字句	我家有四口人(4)

注：括号内数字代表语法点所在课数，例如："3"为第3课。

综上，教材平均每课语法点数量编排合适(2个)，符合学习者的学习规律和特点；分层次编排语言点，遵循教材编写"由易到难、循序渐进"的原则。但单课的语言点数量有骤然增多，某课语法点过于集中等问题，会给学习者增大难度。

（三）词汇板块

在语言学习过程中，词汇学习是基础中的基础。教材作为词汇学习的重要来源之一，其编排直接影响着学生的学习效果。赵金铭指出某些教材在词汇编写方面的不足，"因词的数量大，且重现率低，一些词实用价值不大，未免使得教材教学出现'夹生饭'现象，使学生感到负担过重。"[20]下面从词汇数量、词汇难度等级、词汇复现率、词汇释义四方面对教材词汇板块进行分析。

1. 词汇数量

杨寄洲认为具有科学性、实用性的初级汉语教材，每课生词量应在合理范围内,不能有的课多有的课少。因此,词汇量大小必须具有科学性,需根据不同语言水平的学习者,参照相同等级的词汇大纲制定合适的词汇量。[21]

《YCT标准教程1》的词汇总量为:共收录词汇104个,其中一般词汇93个,标※补充词汇11个。与《YCT考试大纲(一级)》对比发现:教材完全参照考试大纲要求的80词编写。因部分词汇与大纲计数方式不同,故出现11个词的偏差,说明如下:大纲将"这(这儿)、那(那儿)、哪(哪儿)"合并统计,分别计数1个,此处共计3个词;大纲仅计数"中国人"1次,教材词汇分别计数"人、中国、中国人"3次;大纲仅计数"星期"1次,未统计"星期一"至"星期天";大纲仅计数"你",未计数"你们",故一般词汇中多出13个,教材词汇数量统计见表3。

表3　　　　　　《YCT标准教程1》词汇总量统计表　　　　　　单位:个

项　目	词汇总量	平均每课	词量最大	词量最小	极差
数　量	104	9.45	14	3	11

如图3所示,教材每课平均词汇量为9.45个,词汇极差11,最多的一课有14个,最少的仅3个。从数量分布的线性图看,教材各课的词汇分布呈现不均衡。

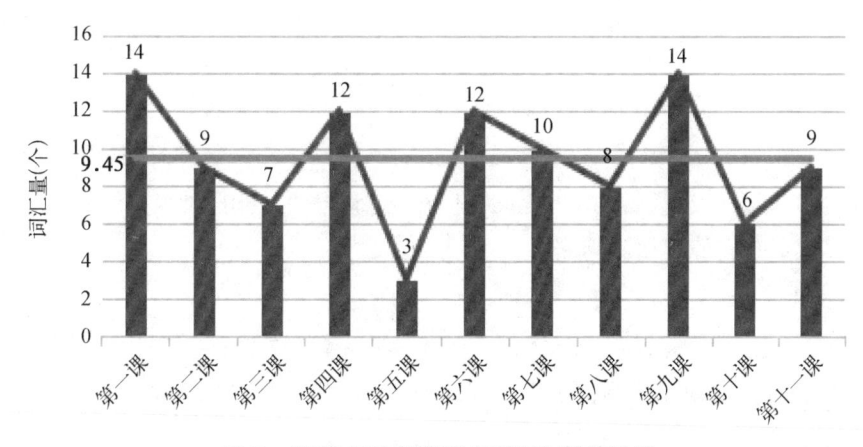

图3　《YCT标准教程1》各课词汇量统计图

2. 词汇难度等级

《YCT考试大纲(一级)》要求的80词,与《新HSK考试大纲》《国际汉语能力标准》《欧洲语言教学与评估框架性共同标准》的词汇相比,难度水平明显低于各大纲的最低级别,故为最基础的入门级水平(见表4)。

表4　　　　　YCT与其他三类大纲的对应关系[22]

新 HSK	新 YCT	词汇量	国际汉语能力标准	欧洲语言框架(CEF)
HSK(一级)	YCT(二级)	150	一级	A1
	YCT(一级)	80		

为进一步考察教材词汇难度,现就《YCT考试大纲(一级)》的词汇难度与《汉语水平词汇与汉字等级大纲》进行对比,考察80个词是否均符合甲、乙、丙、丁难度等级中的初级水平。对比结果如表5。

表5　《YCT大纲(一级)》与《汉语水平词汇与汉字等级大纲》词汇难度等级对比

等级	甲级词数/百分比(%)	乙级词数/百分比(%)	丙级词数/百分比(%)	丁级词数/百分比(%)	超纲词数/百分比(%)	专有名词数/百分比(%)
YCT一级	72/90	7/8.75	0	0	0	1/1.25

由上表可知,《YCT标准大纲(一级)》词汇中72个甲级词汇,7个乙级词汇,分别是:鼻子、头发、耳朵、猫、狗、鸟和个子,1个专有名词:中国人。词汇难度等级90%为甲级词汇,8.75%为乙级词汇,1.25%为专有名词,丙级、丁级词语均为零。可见教材词汇的选取具有一定科学性,词汇的编排符合初级语言水平,适合初级汉语学习者。

3. 词汇复现

"语言是一套由刺激、反应而形成的习惯,语言教学的主要目标是语言熟巧,而字、词的高复现率和广泛而大量的练习是通向语言熟巧的唯一途径。"[23]李润新认为学生要经过多次重复并加以练习和运用才能做到有效记忆,之后才是理解和运用。[15]

《YCT标准教程1》中复现词汇(即教材中生词且出现次数≥1)情况统计如下:

句子"你好！"分别在第一课、第二课、第三课中复现。第一课中标题、语法点、词汇各复现1次，课文3次，练习7次，其中"你好"歌就复现6次，且延伸"你好吗？"，本课复现率集中；第二课课文、练习分别复现1次和4次，是对上节课所学内容的"趁热打铁"；第三课在迷你故事环节连续复现2次。综上，相对集中的复现率，保证了学生在短期内能完全掌握该词。

句子"再见！"分别在第一课复现10次、第三课歌曲复现1次、第八课课文复现1次。从复现间隔来看分布较平均，并符合遗忘曲线规律。

家庭成员名称自第四课学习后每课都有复现，且多分布在课文部分，在最常见的对话情境中切换角色和身份。数字也是同理，每课均有复现且为本册出现次数最多的词汇，分布在课文、词汇、练习的各个部分。五官、动物、食品、日期等类别词语均在本课复现频率很高，且在后续课程中注重在实际中的运用。

综上，教材词汇复现率高。

4. 词汇释义

教材词汇释义的方法有很多种，鉴于本教材为初级阶段汉语教材，现借鉴王汉卫的三分法释义模式[24]：语言式、非语言式和交互式进行考察。

首先，《YCT标准教程1》是一本国内编写的、为海外中小学生汉语学习者使用的初级教材。从基础知识学起的学生对媒介语的依赖程度较高，故教材中使用媒介语释义的方式较多，如"这，this，这是谁的狗？""有，to have，有哥哥。"对生词的意思以英语为媒介语直接释义。此类释义在教材中有64个，占比61.53%。

其次，非语言式对词汇的释义，主要有图片释义法和符号释义法。前文提到教材丰富的插图增加了教材的趣味性，在词汇释义的部分同样如此。因YCT一级大纲词汇中名词有29个，占36.25%。对名词的释义多配实物图片，可直观向学生展示一一对应的实例，释义准确且不失趣味性。根据皮亚杰的认知发展理论，处于具体运算阶段的儿童，处于具象思维向形象思维过渡的阶段，因此，图片释义是符合现阶段的学生学习特点的。

除此之外，符号释义法在第一课的数字词汇中有很好的展现。阿拉伯数字1—10的书写（如图4），既有共识的符号特点，学生可第一时间建立和已有认知的关联,同时卡通形象的装饰赋予熟知数字新的活力,是一种将科学性与趣味性有机结合的释义方式。此类释义法在教材中共计10次,占比9.62%。

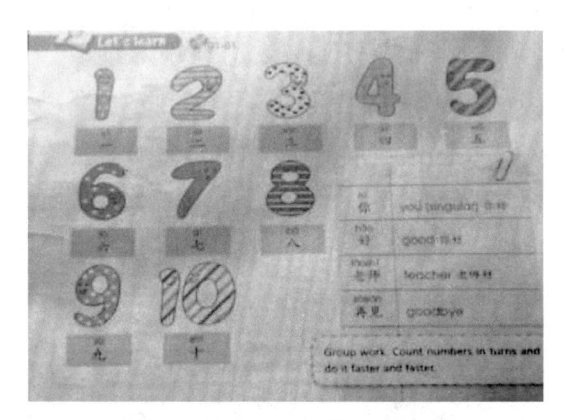

图4　数字1—10符号释义法

(四) 课文板块

课文作为教材中重要的组成部分,"每篇课文都应该做到字斟句酌,反复推敲,细细打磨,精益求精。"[21]同时,"教材难编,最难的是课文"的现状也对编者提出了更高的要求。李润新认为,话题是否实用,话题是否能吸引学生,是教材体现趣味性的核心。而话题是否与学生的生活息息相关又是针对性的体现。[15]以下对课文的难度、话题、文化点等方面进行考察。

1. 课文难度分析

对外汉语教材编写的科学性,要求课文语料难度应符合学生的语言水平,设计要由易到难。同时按照张宁志"百字统计平均句数"的方法[25],来判断课文所处难度级别,即句数在10以上的属于入门教材,6—10的为初级教材,小于6的为中高级教材。课文平均句长统计情况如表6。

表6　　　　《YCT标准教程1》句长、平均句长统计　　　　单位:个

课　程	第一句	第二句	第三句	第四句	第五句	第六句	第七句	句数	平均句长
第一课	2	2	3	2	2	2	2	6	2.17
第二课	10	10	5	3				4	7

续表

课　程	第一句	第二句	第三句	第四句	第五句	第六句	第七句	句数	平均句长
第三课	5	11	5	8				4	7.25
第四课	3	4	6	3				4	4
第五课	5	3	6	4				4	4.5
第六课	18	6	6					3	10
第七课	5	5	5	6	9	9		6	6.5
第八课	6	6	4	2	8	6	4	7	5.14
第九课	9	6	4		11			5	6.8
第十课	6	4	5	4	3			5	4.4
第十一课	4	4	8	4	5	11	5	7	5.86

如表所示，教材每课设置2—3段课文，每课课文总长度不超过7句，每课平均句长2.17—10个字。从平均句长的数量分布上看：

（1）第二课句子长度明显增多，从2.17增至7，难度骤增。

（2）第六课课文共计3句话，第一句18字。这是本册第一次出现非对话体内容，是一句针对"妹妹外貌"的完整叙述，从语体角度提升了课文难度。

从整体上看，平均句长未呈现由少到多的递增趋势，单从该角度分析，课文难度不符合由易到难的规定。依据"百字统计法"全册课文，选取任意100字，平均句长均小于10，故本教材为入门级教材。

2. 课文话题选取

对于课文编写来说，话题是课文的核心内容。一课中的生词、语言点、文化点的编写都会围绕话题展开。除此之外，话题与学生实际运用语言交际有直接关系。目前学界多以《国际汉语教学通用课程大纲》（以下简称《大纲》）中规定的21个汉语教学活动内容为参照依据，考察教材中的话题内容。《大纲》中对初级阶段的话题内容要求为：掌握最基本简单交流用语，了解与个人信息、家庭生活、日常生活、兴趣爱好等相关的简单话题。《YCT标准教程1》的话题分布情况如下表。

表7　　　　　　　　《YCT标准课程1》话题内容统计

话题分类	话题具体内容	数量（个）
个人信息	姓名、家乡、日期、年龄	4
情感态度	喜好、高兴、感谢	3
日常生活	饮食（饭、面包、饮料）、起居作息	2
家庭生活	家庭成员	1
社会交往	打招呼、工作职业（老师）、问候、告别、感谢、祝愿	6
旅游交通	时间、数字	2
植物动物	动物（猫、狗）	1
文化	其他：剪纸	1
身心健康	体貌特征（眼睛、鼻子等）	1
合计	话题	21

由上表可知，《YCT标准教程1》的话题涉及九大类，且个人信息、情感态度、社会交往类的内容居多，包括：自我介绍、兴趣爱好、打招呼问候等与个人、生活密切相关的话题，具有一定的实用性和针对性。

3. 课文文化点编排

在对外汉语教材编写中"结构、功能、文化相结合"已成为一个基本遵循的原则。教材中文化点的呈现与教材编写体例相关，本教材单课的编写体例为"语言点—词汇—课文—练习活动—测试"，没有固定的文化板块，而是借助于其他板块呈现文化点。教材中课文呈现的文化点情况如下：

（1）第三课"他是谁"中，以成龙为代表引出了"谁""国""中国"等词语的学习。练习活动和迷你故事中相继出现章子怡、姚明等中国文体明星。

（2）第十一课"你吃什么"的课文，以"今天吃什么"发问，引出中国人过生日吃面条的文化点，并与"蛋糕"做对比。

（五）练习活动板块

语言学习不仅是对语言知识、言语技能的学习，也是为了能够灵活运用目的语，实现交际。因此，需要通过有效的练习实现"教"到"懂"、"练"到"会"。本教材中活动练习均以"Let's..."编写，为方便统计将练习题目直译为汉语。

1. 练习活动量化

《YCT标准教程1》的练习活动依据教材分布的位置,主要分为两种:生词课文板块的即时练习,和课文后至测试前各类活动。"生词""课文"板块配有相应1—2个活动练习。这些活动练习一方面为教师开展教学提供了建议参考;另一方面"启发式问题"(Question)和"悬浮对话框"的形式激发了学生自主学习的好奇心,有趣的游戏活动让学生在轻松的氛围中及时巩固所学。课文后至测试前的专项练习活动,活动类型丰富,现将各活动数量统计如下(见表8)。

表8　　　　　《YCT标准教程1》专项活动练习统计

活动类型	第一课	第二课	第三课	第四课	第五课	第六课	第七课	第八课	第九课	第十课	第十一课	第十二课	数量(个)	占比(%)
连线匹配	√	√						√		√			4	11.42
玩一玩	√	√											2	5.71
唱一唱	√		√		√					√			5	14.29
猜一猜			√			√							2	5.71
小故事			√	√	√			√	√	√	√		8	22.86
画一画				√	√								2	5.71
说　唱				√		√		√		√			4	11.42
中国文化							√						1	2.86
小调查					√								1	2.86
边读边指								√					1	2.86
制作表格									√				1	2.86
写一写										√			1	2.86
分类题												√	1	2.86
问答题												√	1	2.86
阅读理解												√	1	2.86
合　计	3	2	3	4	4	2	1	4	2	5	1	3	35	100

根据上表所知,全册练习活动共35个,每课平均设置3个专项活动练习。对于教材练习活动的数量,刘颂浩认为频繁更换题型需要学生花费更

多时间去适应,所以教材中题型总数控制在 15 种左右比较合理。[26] 根据上表统计,《YCT 标准教程 1》中的活动类型共 15 种,其中小故事、唱一唱、连线匹配、说唱活动四类活动出现次数大于 4,分别占教材活动总数的 22.86%、14.29%、11.42% 和 11.42%。其余活动出现 1—2 次,与上述出现频率高的搭配使用。

需要说明的是,教材第十二课为复习课,主要由 3 个练习活动组成。因其练习活动不同于前 11 课的类型,故未记入列表统计。3 个练习活动分别通过生词分类练习、看图对话练习、小短文阅读理解,考察词汇、语法的学习情况。既可作为学习成果的检验评估,也可作为学生课后的兴趣练习。

2. 练习活动类型

"YCT 标准教程"系列教材编写特色中提到教材采用丰富的练习和活动,注重开发学生多元智能。虽然多元智能理论仍有争议[27],不过可以借鉴其类型对教材活动进行分类(见表 9)。

表 9　　　　　　《YCT 标准教程 1》多元智能在活动中应用

智能类型	第一课	第二课	第三课	第四课	第五课	第六课	第七课	第八课	第九课	第十课	第十一课	第十二课	数量(次)	比重(%)
言语智能	3	2	3	3	3	3	3	3	3	3	3	3	35	35.64
数理智能	1		1		2		2		1			2	9	8.91
空间智能		1	1	1	1	1	1			1	1		8	7.93
形体智能	1	1	3	1	2	2	1	2	2	1	1		17	16.83
音乐智能	1		1	1	1	1	1		1	1	1		9	8.91
人际交往智能	1	1	2	1	1	1	2	2	1	1	1		14	13.86
内省智能		1			1						1		3	2.97
自然智能							2	1	1			1	5	4.95
合　　计	7	6	11	7	11	8	12	8	10	7	7	6	100	100

整体上看,教材对各种智能都有所涉及。其中,言语智能排名第一,每个练习活动都与语言相关,涉及听说读写等不同能力的练习;形体智能位居其次,充分说明了教材是一本在做中学的体验教材,需要学生身体、思想、行为相

结合动起来,这与认知发展理论的观点相一致,即学生的语言认知能力经历3个阶段:动作、形象、语言。这也符合儿童活泼好动的特点。

3. 练习活动与文化

《YCT标准教程1》练习活动涉及的文化点见表10。

表10　　　　　　《YCT标准教程1》活动部分文化内容

课　　程	板　　块	文 化 内 容
第七课	中国文化	剪纸
第一课	玩一玩	数字手势1—10
第二课	玩一玩	中国人的姓名
第四课	小故事插图	中式装修的家
第五课	小故事插图	长城
第十课	小故事	"北京"现在几点?
第十一课	小故事	"中国人爱喝热水"

第七课"中国文化"板块是教材唯一以文化点设置活动练习。承接本课"动物"话题,以中国特色的剪纸呈现出十二生肖形象,以"拼音＋汉字＋英译"释义方式介绍十二生肖,并设置思考题:你的生肖是什么?你父母的呢?和小伙伴一起讨论。该活动紧密贴合本课主题,拓展了动物的种类名称,将中国的生肖、剪纸文化与教学内容巧妙结合起来。

"玩一玩"练习活动分别介绍了中国人1—10的数字手势表达,和中国人的姓名文化。前者将语言学习融入文化活动中,增加了课堂的趣味性,同时激发了学习者身体/运动智能;后者对比了中英姓、名顺序的不同,并完成"制作名片"的任务。

"小故事"中涉及的文化点皆以图片、文字呈现。与其他专门设置文化背景的教材相比,更符合儿童学习特点,在轻松氛围中习得效果更佳。

综上所述,教材中文化点的数量并不多,通过课文呈现的知识点容易识别,其他隐藏在活动练习中的文化点需要细心发现。从文化点的内容来看,包括数字手势表达、中国明星、生肖剪纸、长城、生日习俗、北京等中国文化。这些不同于京剧、中医等传统国粹,而是起个中文名字,了解自己的生肖,以及中国人的日常生活如何等贴近生活的文化。

（六）小结

经过对教材整体结构及各板块内容的分析，现从教材的科学性、针对性、实用性、趣味性等方面总结对教材的静态评估。

1. 针对性

教材前言中指出，其适用对象是海外中小学汉语选修课学生及拟参加 YCT 考试的学生，教材在使用对象方面有明确针对性。

从教材编写者前言中提到的编写原则、编写理念来看，教材内容基本符合"开发多元智能""听说所领、读写跟上"的编写原则，具体体现在生词、课文、活动练习等方面的设计，与 Y4—Y6 儿童学习者的特点相匹配，符合儿童二语学习者的特点，具有一定的针对性。

但从"考教结合"的编写理念来看，YCT 考试的内容对以兴趣为出发点的当地学生而言缺乏针对性。

2. 科学性

在整体结构方面，教材兼具教学用书及考试用书双重特点，依次编排核心句、词汇、课文、练习、测试等五大板块内容。结构清晰，重点明确。

教材首先展示本课核心句式，不是通过演绎归纳得出语法规则，也不强调语法，而是以"用语言"而非"学语言"的状态轻松学习，符合该年龄段儿童学习者的特点。词汇在数量、难度等级及词汇注释方面，严格依照 YCT 考试大纲编写。当然，对一课中同时出现 4—10 个同类词汇，是否科学还需在教学过程中进一步验证。对课文难度的判断采用张宁志"百字统计法"，确定教材符合初级教材标准；再结合《国际汉语课程标准通用教材大纲》中 22 类话题的划分，评估出教材所涉及的九大类，均与个人生活密切相关。对练习及资源等考察发现：教材活动设计丰富，注重体验，配套活动手册与教材编写原则一致，可作为教学辅助材料。综上，教材具有较强的科学性。

3. 实用性

词汇的选择与学习者生活息息相关，比如日常交际、五官、家庭成员等，可与已有认知建立联系，提高学习效果。课文话题具有一定实用性，如个人信息、时间、庆生、邀请等，符合学生认知"学了有用、简单易学"的原则，教材对教师来说有可选择性、灵活性。因此，教材具有较强实用性。

4. 趣味性

趣味性原则是最能体现儿童汉语教材特色的原则。一部趣味性强的教材不仅能吸引学生的注意力,更能激发学生学习的内在驱动力。

教材整体结构方面,使用大量卡通插图及激发学生兴趣的图片。在课文内容方面,采用对话体,使学生置身于交际场景中,较自然地习得语言。课文的涉及话题有明星、过生日,喜欢的食物、动物等,对儿童学习者而言很有吸引力。

练习部分最能体现趣味性,形式多样的游戏、活动,可调动学生学习积极性,并在提升语言能力的同时注重开发学生多元智能,增加了学生自己动手,在体验中学习的乐趣,切实做到了"在做中学"。但是,不同学生感兴趣方面有所不同,教材不可能满足所有学生的兴趣。

综上所述,从静态评估角度考察《YCT标准教程1》,教材编排基本符合编者所言,符合儿童二语学习者的特点。从教材编写原则来看,具有一定的科学性、实用性、趣味性,是一本合格的针对儿童汉语学习者编写的初级汉语教材。

四、《YCT标准教程1》适用性分析

接下来从动态评估的角度对该教材的适用性进行考察分析。

(一)《YCT标准教程1》与使用环境适用性分析

在一定教育环境中都会存在教材与环境的适配问题,教材与其所处的环境的匹配度直接影响教材的适用情况。不同国家、地区,使用的语言文字、文化背景、教学理念等都存在差异,因此,考虑教材使用环境因素,及其环境中的具体使用情况,是分析教材适用性的第一步。

1. 英国威尔士地区汉语教学概况

威尔士地区是英国典型的双语地区,威尔士语作为官方语言与英语同时使用。威尔士境内所有书面表达:威尔士语在前,英语在后。这门古老的语言见证了凯尔特人的悠久历史,能够保留和传承对他们来说意义非凡。目前当地所有中小学都开设了威尔士语课,同时当地教育部门注重培养学生的全球化视野,鼓励他们再选择除英语和威尔士语外的其他一门或两门外语进行学习。

威尔士政府 2015 年在"全球未来"上公布的数据显示：威尔士地区学习汉语的人数从 2014—2015 年的 1 370 人上升至 2015—2016 年的 3 303 人。威尔士政府 2020 年 2 月推出的国际战略中表示"通过在中学开设汉语课，提升威尔士的国际形象；并把威尔士打造成能吸引中国游客的旅游地"。除此之外，针对威尔士地区中小学生调整更新的 2022 课程大纲中，Key Stage 2 阶段（小学）目标中将"Modern Foreign Language(MFL)"即现代外语的学习，列为"语言，文学，交流"板块中的基本项，而汉语是重要选项之一。

现阶段威尔士地区"现代外语课程大纲"中 Key Stage 2 阶段"非限定框架"（提供教学设计原则、建议）指出：该阶段学生的外语学习，旨在塑造学生全球公民意识，注重个人体验和经历。通过大量课堂游戏、活动、情境交际及使用配套材料，激发学生学习兴趣，在愉悦氛围中感知语言、创造性地使用语言，提升口语、阅读和写作等三方面的能力。建立跨文化交际理解力，学会欣赏差异，鼓励通过跨课程与国际接轨。建议不同年龄选择适合本阶段的学习方法，使用自我评估来鼓励进步和信心。目前威尔士地区小学汉语教学也参照此大纲标准。

2. 英国北威尔士地区小学汉语兴趣课的概况

近两年来英国北威尔士地区汉语教学工作取得了飞跃式发展，尤其是针对小学阶段的汉语课。具体表现为：

(1) 与孔院合作的小学汉语教学点的数量明显增多。自 2016 年孔院与 3 所小学合作建立孔子课堂以来，截至 2019 年已有 10 所固定合作开设语言＋文化课的学校和 9 所开设文化 workshop 的学校。

(2) 学校尝试开设新课型——五周汉语体验课。该课程为长期汉语语言课的前测，旨在培养学生汉语学习的积极性，为尽快融入一门新语言课的学习做好准备。

(3) 由文化体验需求逐渐向语言学习过渡。之前汉语课多为语言教学与文化体验相结合的形式，时间分配各一半，以感知中国文化为主。现在多家学校提出向语言课转变，小学汉语教学逐渐由兴趣性向着实用性发展。

教学对象、课程类型、教学环境的变化，预示着孔院小学汉语教学即将进入转型期。现阶段的小学汉语课程共有 3 种类型（见表 11）。

表 11　　　　　　　英国北威尔士地区小学汉语课类型

课　型	人　数	模　式	时　长
孔子课堂开设的汉语课	按年级分班 班级人数<8人	以学期为周期,约12课,开学可申请/取消	45分钟至1小时
与孔院合作的小学教学点开设的汉语课	混班型,学生人数5—20人	可随时加入学习	45分钟
五周汉语体验课	固定两个班级,人数20、22人	一周一次 连续五周	45分钟至1小时

　　孔院提出现阶段小学汉语课程目标：在"以学生为中心"原则基础上,以《YCT标准教程1》为主要内容,通过丰富有趣的课堂活动,开展语言教学为主、文化教学为辅的有效汉语教学。各教学点可根据学校及学生实际情况适当调整。

　　3. 小结

　　从教材使用的国家环境来看,英国威尔士地区普遍使用双语,英语和威尔士语在当地同等重要,两者都属于印欧语系。而汉语所属的汉藏语系与之差异甚远,对学习者来说,汉语、汉字都是陌生且无法正向迁移的,相较于其他相同语系的外语学习,难度较大。使用教材《YCT标准教程1》目前仅有英语为媒介语的通用一版,无威尔士语及其他语言版本。教材内容及反映的社会、文化皆以普适、通用为主,无国别化、本土化特征。

　　英国小学课程教学没有固定教学材料,教师一般根据教学大纲自行设计、选取教学内容。现选用《YCT标准教程1》为汉语课程的固定教材,与当地教育文化特点不符。但基于现阶段两方面因素考虑,暂选用该教材。一方面当地暂无汉语课程大纲,国内编写的大纲与教学实情不匹配,该教材满足学习者适用范围,且为英国其他地区使用后反响较好的教材,并能满足未来推进YCT考试的需求。另一方面吸取前任志愿者因自由选择教材导致教学内容重复、教学缺乏连贯性等教训,为保证教学质量,统一教材使用情况。

　　《YCT标准教程1》中诸多编写理念、原则与当地外语教学大纲、主流外语教学理念相一致,如教材注重"开发学习者的多元智能"正是英国教育理念中倡导的"注重学生全面发展的"体现；教材"听说领先,读写跟上"原则与"重点在听说,同时开展阅读和写作活动"的大纲原则一致。教材中"通过大量活动和练习,激发学习者兴趣"原则,符合当地以"课堂活动为主"开展教学活动的特点。

从教材使用的课堂环境来看,该地区小学汉语课因学校教学需求不同存在差异。比如:一些学校注重学生多元文化体验,希望从多角度感受汉语及中国文化;一些学校希望学生能系统性地学习汉语,并鼓励其自主探究学习;部分学校还会有阶段性教育督导检查、接待访校外宾等临时事务,需要汉语课堂学生汇报教学成果、担任"中文校园导游"辅助外宾参观等。《YCT标准教程1》不一定能满足教学所有需求,故需要教师及时补充。

英国北威尔士地区小学汉语课程均为兴趣课,课程设置每周一节,每节45分钟至1小时,一学期5—12节课不等,没有固定教学进度,也没有考试要求。"YCT标准教程"是一套严格依据考试大纲编写的系统性较强的教材,第一册共12课,建议学习时长为35—45小时。若按此标准计算,至少需要3—4学期才能完成一册书的学习,因此学生很难系统完整地学习整本教材。

《YCT标准教程1》配套音频MP3,为教材词汇、课文、练习活动及测试的音频内容。课堂教学设施完善,每间教室均配有电脑、多媒体播放器、投影仪、电子白板等设备。因此,教材的配套音频可在教学活动中使用。

综上所述,该教材在语言设置、使用对象、编排理念及原则、配套音频方面,与当地使用环境相符,但在社会文化、学校具体需求以及课时安排方面仍需考虑具体教学情况。因此,教材从与威尔士地区教学环境来看,语言相配、原则相符,具有一定适用性,但教材缺乏针对性;与课堂教学环境来看,教材满足部分教学需求,但对教师课时安排、使用教材提出较高要求,故教材与使用环境的适用性一般。

(二)《YCT标准教程1》与学生适用性分析

学生作为教材使用者之一,对教材是否适用有直接发言权。"以学生为中心"的教学原则给教材与学生适配性提出了更高要求。随着第二语言学习理论的深入研究,教材编写也越发考虑学习者的个体因素,这些与教材的使用效果密切相关,比如学习者的年龄、认知水平、学习者实际汉语水平及学习者的学习需求、学习动机等。

1. 教材与学生基本情况适配度分析

英国北威尔士地区 2019 年 1 月—4 月,开设汉语课程的 6 所小学教学点的学生基本情况如表 12 所示。

表 12　英国北威尔士地区 2019 年 1 月—4 月小学汉语课堂学生基本情况

学　校　名　称	年级	年　龄	人数	学生现有水平
Ysgol Esgol Morgan(孔子课堂)	Y3	8—9 岁	5	零基础
	Y4	9—10 岁	6	>10 小时
	Y5	10—11 岁	7	>20 小时
	Y6	11—12 岁	6	>35 小时
OurLady's Primary School（孔子课堂）	Y4	9—10 岁	6	>30 小时
	Y5	10—11 岁	12	>25 小时
	Y6	11—12 岁	9	>35 小时
Ysgol Harridug(孔子课堂)	Y3&Y4	8—10 岁	22	零基础
	Y5&Y6	10—12 岁	26	>10 小时
Ysgol Hirael(课后兴趣班)	Y3—Y6	8—12 岁	9	零基础
Llanbedrgoch(课后兴趣课)	Y5—Y6	10—12 岁	7	>20 小时
Bodnant Community School(5 次体验课)	Y5(1)	10—11 岁	21	零基础
	Y5(2)	10—11 岁	20	零基础

从上表可知,学生年龄 8—12 岁不等,是 Y3—Y6 的学生。英国威尔士地区小学生一般 5 岁进入小学学习,这一时段学生因年龄尚小,未开设外语课程学习,直至 8 岁左右儿童言语能力进入发展阶段才开设汉语课程,符合儿童认识发展和二语习得规律。

从学生现有汉语水平来看,目前最高水平为 35 小时的学习者。本文以 10 小时为衡量标准,是因为小学一学期汉语总课时数为 10—12 节,每节 45 分钟至 1 小时,按平均值算,一学期全勤,大致为 10 小时左右/即一学期。即最高汉语水平者应能掌握《YCT 标准教程 1》的基本内容,其他水平的学习者水平都在教材范围内,为最初级的汉语学习者,故教材符合学生现有汉语水平。

从班级学生人数来看,学生人数一般控制在 5—22 人。《YCT 标准教程

1）教材每年通过汉办赠书渠道获得,各孔子课堂教材数量可满足学生人数需求,但各教学点的教材数量不能全覆盖,需要教师提前打印教材内容分发给学生。

综上,北威尔士地区小学汉语的学习,从学校开设汉语课程开始。孔子课堂学生相对稳定,适合系统性学习教材。教材与英国北威尔士小学生的年龄、汉语水平适配性较高。

2. 教材与学生需求适配度分析

学生的需求调查是最直接反映教材是否具有适用性的方式,但因"英国是最早对儿童权益进行立法的现代国家,高度重视儿童权利的保护",以儿童为调查对象的研究,需要一系列繁杂审批。现学校为保护未成年人的安全及隐私,不允许任何个人进行研究性问卷调查。所以本文虽设计好问卷但无法开展调查,未直接收集到上述 156 名学生的学习需求及对教材的使用评价。只能在后续部分根据教师教学观察及教材使用过程中的反馈来确定学生的学习需求和动机,以及对教材的适用性评价。

3. 教材与学生特点适配度分析

根据教师在不同教学点的访谈反馈,可知北威尔士地区学生具有以下特点:(1) 好奇心强,不喜欢沉闷的课堂;(2) 性格多为外向型,有较强表达欲和表现欲;(3) 具有较强的公平意识和规则意识;(4) 个性化特点明显。

综上所述,教材在内容和形式可满足学生部分好奇心,其中,可自然拼读的拼音、认知差异大的汉字、不同种类的活动练习、丰富多彩的插图,较能吸引学生注意;教材中涉及语言表达的内容较多,除了语言对话外,活动板块的歌曲、画画、小故事等为学生提供展示机会。除此之外,教师仍应将教材活动转化为课堂活动作为教材优化使用的重点,满足学生语言智能及其他多元智能的发展,通过表达和展示建立信心。教材活动设计有单人、双人、小组等多种形式,在练习时需要考虑公平性,尽量让每个学生都有练习和展示机会。教材不能满足所有学生的需求和特点,但能基本满足大多数学生需求,针对具体课堂的差异化教学和活动设计,需要教师进一步补充。

(三)《YCT 标准教程 1》与教师适用性分析

教师是教材的另一个使用主体,接下来通过对正在使用该教材的汉语教师进行访谈、课堂观摩以及自身教学实践等 3 种途径进行研究,以此来分析

《YCT标准教程1》与教师的适用情况。

1. 教师对教材使用反馈的分析

"由于考虑到中小学生的年龄特征,他们还无法对教材的适切性做出客观系统的判断。"[2]因此,本文以教师作为教材使用者角度,通过访谈了解教材适用性,教师对教材的使用反馈也包含了学习者的使用情况。

(1) 访谈对象

访谈对象为5名班戈大学孔子学院汉语教师志愿者,和1名与孔院长期合作的华人教师,分别用T2—T7(T1指郭茂欣)代指,详细信息见表13。

表13　英国北威尔士地区小学汉语教师信息统计表

学校名称	教师	专业	年级	人数	学生现有水平
Ysgol Esgol Morgan(孔子课堂)	T1	汉语国际教育	Y3	5	零基础
	T1		Y4	6	>10小时
	T2	汉语国际教育	Y5	7	>20小时
	T2		Y6	6	>35小时
OurLady's Primary School(孔子课堂)	T3	法学	Y4	6	>30小时
	T3		Y5	12	>25小时
	T4	当地华人教师	Y6	9	>35小时
Ysgol Harridug(孔子课堂)	T5	英语	Y3&Y4	29	零基础
	T6	汉语国际教育	Y5&Y6	32	>10小时
Ysgol Hirael(课后兴趣班)	T1	汉语国际教育	Y3—Y6	9	零基础
Llanbedrgoch(课后兴趣课)	T7	法学	Y5—Y6	7	>20小时
Bodnant Community School(五次体验课)	T6	汉语国际教育	Y5(1)	21	零基础
	T6		Y5(2)	20	零基础

(2) 访谈结果归纳

访谈采用半开放半结构的方式,结果如下:

① 语音部分

结果显示,教材中虽然没有独立的语音编排板块,但每个出现在教材上的汉字都标注了拼音,以"拼音+汉字"的形式呈现,基本满足语音讲解和练习需求。

针对语音部分的使用建议:在教学过程中语音教学主要由教师灵活安排,可重点强调学生易错发音j、k、q、x、z、w等;通过有趣的全身反应法、游戏法进行语音练习;教材可将拼音表列入附录;可适当补充通过拼音查找字词的方法,满足想长期学习汉语的学习者的需求。

② 语法部分

结果显示,所有教师都认为教材核心句编排在每课开篇较合理。教材以母语释义有助于学生理解,但需注意翻译的规范性。比如,第三课"成龙是哪国人?"翻译如下:"What's Jack Chen's nationality?"学生对"nationality"不明其意,一般使用表达"Where's he from?"即可,强调逐字对应会造成理解偏差。

针对语法部分的使用建议:突出语法的语言功能,以核心句的形式直接训练语言技能而非逐字分析语言要素。以母语释义语法核心句是有效的讲解方式之一,需在考虑整句翻译效果的基础上,注意翻译用词的地道表达。语法的讲解也可采用情境举例法和启发法等。

③ 生词部分

生词量是否合适与学生现有汉语水平相关,目前认为合适、偏多或偏少等3种情况都已出现;就生词复现率而言,教材除"数字"复现外,其他复现率低;目前实用性较强的词汇基本以打招呼、致谢为主。在非汉语课堂环境中使用汉语交际,还需考虑汉语使用者及学生性格因素。所有教师基本认可,教材中有关生词母语解释和注释的基本可帮助学习者了解基本含义,教师则对其使用规则及用法进行延伸;生词例句释义也可理解为另一种词汇复现。

针对生词部分的使用建议:根据学习者汉语水平及需求补充词汇;在实际交际场景中,多应用实用性强的词语;初级阶段的生词学习可多借助于母语释义、图片释义等直观性强的方法;提高生词复现率很有必要,需要教师增加复习环节,并借助于多种游戏形式巩固学习。

④ 课文部分

教材课文以对话体为主,适合汉语初学者,话题具有实用性;每篇课文有两小段内容,反映生活中遇到场景或能够激发学生想象力的内容,具有一定趣味性。课文之间没有密切关联,但也可自行串联。学生感兴趣的主题各不相同,与其他课程、体验式文化活动、电影视频及生活中紧密联系的话题有关。

针对教材课文部分的使用建议:选取学生感兴趣或与学生水平最适配的话题开展教学;注意课文前后的关联性与可拓展性;注重开发课文中文化因素,并与文化活动体验相结合,调动学生学习的积极性。注重课文学习在整个教学过程的影响,可切换不同场景演练课文内容。

⑤ 练习部分

教材的练习是引发讨论最多的部分。该教材以能够激发学生多元智能的活动吸引众多使用者。就教材使用者用后反馈,教材活动数量不足,不能满足绝大多数学习者学习、练习的过程;部分练习难度大,超纲词汇多,但内容贴近主题,有一定趣味性和启发性。

针对教材练习部分的使用建议:教材活动的丰富性、多样性有待提高。活动练习应于学生特点和喜好为出发点,设计出针对不同语言技能的合作、竞技类活动;尊重学生在教学活动中主体作用,鼓励学生自编出满足自身需求的游戏活动;合理借鉴同类教材中趣味性、实用性高的游戏活动,灵活运用于教学导入、讲解、练习等不同环节;使用当地教学环境中的本土活动。

⑥ 整体评价

教材为新手教师提供了一定方向和方法上的指导,给教师自己设计活动提供了思路参考。使用后基本会推荐其他教师使用,这是对该教材很大程度的认可。当然,教材也可结合其他教学材料为当地实际教学提供帮助。

五、建议与结语

(一) 优化使用教材的建议

结合以上教材适用性的分析研究结果,《YCT标准教程1》在英国北威尔士地区小学汉语课堂使用具有一定适用性,但仍有不完全匹配之处。现就提高教材在当地的适用性建议如下。

1. 宏观使用方法方面

灵活、创造性使用教材,选择、整合并优化其他教学资源,开发新资源。俞红珍把教材二次开发技巧总结为:添加、删减、修改、简化和重新排序五种。[28]周小惠则细分为删减、补充、调整教学顺序、扩展教学任务或活动、替换、调整任务等6种。[29]根据实践经验,《YCT标准教程1》可从以下环节进行"删减、补充、调整"。

① 删减。教学内容方面：删除趣味性、实用性低的词汇、话题、活动，对主题重复的也需删除；删除教材使用效果不佳的内容，省出课堂时间进行更多有效练习，可以删除课后测试内容。教学环节方面：删除重复机械认读、抄写环节。

② 补充。教学内容方面：根据学习者需求调整，可补充各语言要素（词汇、固定搭配等）、文化相关知识、学生感兴趣话题、汉语技能学习方法等。本教材最需补充练习活动，尤其是课堂讲练活动。还需要结合学生的特点，设计不同难度等级、开发多元智能的活动。教学环节方面：补充每课反思环节，可用"扔熊猫"提问：你学会了什么，回顾学习内容。

③ 调整。教学内容方面：根据具体情况调整顺序、调整难度。可根据学生兴趣调整话题顺序，根据节日时间调整教学顺序，根据学校具体情况调整教学任务等。教学环节方面：可根据课程需要调整复习、讲解生词、语法，练习的顺序。

2. 微观具体语言要素方面

语音部分：教师可采用多种形式鼓励学生多读多说；可制作几张卡片，专门针对学生发不准的音和声调，如 j、q、x、z，随时举词卡提醒。

语法部分：优化语法重点，突出交际语法功能；在学生自主思考基础上，归纳语法重难点；核心句的母语解释内容准确性欠妥，口头解释内容不妥之处，给出正确版本。

词汇部分：同类词编排需与生词表整体结合考虑，灵活安排词汇讲解数量，分多课时进行。根据学生水平选用课后练习词汇，生词应在实际生活中实用性高，可不断更新补充新词汇。鼓励学生在生活中使用学过的汉语，在用中学，积累自信。提高常用生词复现率，可增加复习环节，设置多种复习活动练习。

课文部分：课文内容与生活联系紧密，能够将对话用于生活场景中，鼓励学生使用对话，改编对话，建立正向学习循环。不同年级对话题要求有差别，可以开设课外补充内容，针对课堂实际情况，合理添加内容。

练习部分：网络音频链接作为配套语音材料可选用，或使用其他视频、多媒体材料辅助教学，开发多元视听结合的多媒体资源。了解学生的学习风格，使用合适的配套资源。"以学生为中心",尽可能选择适合每个学生的活动练习。

(二) 结语

本文以英国北威尔士地区小学汉语课使用的《YCT标准教程1》为例,结合教材的实践教学及使用情况,从静态和动态两方面分析其适用性。

研究发现,教材符合对外汉语教材编写原则,也符合儿童二语习得规律,具有科学性、针对性、实用性、趣味性,是一本合格的儿童汉语教材。从教材使用环境、使用者两方面评估,该教材与英国北威尔士地区的教育文化特点相适应,与孔院汉语教师教学也有一定适配性,但仍需调整、删除、补充部分内容以优化教材使用。具体应加强语音重难点编写、突出语法交际项目功能、提高词汇复现率、补充学习者感兴趣话题,并选用适合学生学习风格的活动,以实现有趣有效的教学目标,最终达成教材的适用性。

由于英国的未成年人保护机制,无法对学生需求进行直接调查,若将来可对学习者进行问卷调查,再结合教师访谈会更具说服力。

参考文献

[1] 谢进锐. 义务教育教材编制及其适用性的个案研究[D]. 长春：东北师范大学,2002.
[2] 张爱萍. 基础教育课程教材适切性评价研究[J]. 教育理论与实践,2005(13)：44-48.
[3] 侯前伟. 小学数学教材适用性的个案研究[D]. 长春：东北师范大学,2006.
[4] 刘乐宁. 论汉语国别教材的适用性[J]. 海外华文教育,2010(02).
[5] 王颖.《体验汉语(泰国)初中版》在泰国适用性调查研究[D]. 长春：吉林大学,2017.
[6] 梁宇. 试论国别汉语教材的适配性[J]. 中国编辑,2017(02)：38-44.
[7] 陈绂. 如何使海外汉语教材更具国别性——以编写美国AP中文教材为例[J]. 云南师范大学学报(对外汉语教学与研究版),2014,12(02)：1-5.
[8] 张燕阳. 意大利本土化汉语教材的本土特点及适用性研究[D]. 上海：华东师范大学,2018.
[9] 高凌飚. 教材分析评估的模型和层次[J]. 课程.教材.教法,2001(03)：1-5.
[10] 钟启泉. "优化教材"——教师专业成长的标尺[J]. 上海教育科研,2008(01)：7-9.
[11] 赵勇,郑树棠. 几个国外英语教材评估体系的理论分析——兼谈对中国大学英语教材评估的启示[J]. 外语教学,2006(03)：39-45.
[12] 赵金铭. 论对外汉语教材评估[J]. 语言教学与研究,1998(03).
[13] 刘珣. 对外汉语教育学引论[M]. 北京：北京语言文化大学出版社,2000：157-235.
[14] 李泉,金允贞. 论对外汉语教材的科学性[J]. 语言文字应用,2008(04)：108-117.
[15] 李润新. 世界少儿汉语教学与研究[M]. 北京：北京语言大学出版社,2006：2-7.
[16] 张德鑫. 从韩国儿童汉语教材的编写谈起[J]. 天津外国语学院学报,2002(02)：

73-75.
- [17] HIDI S, RENNINGER K A. The four-phase model of interest development [J]. Educational psychologist,2006,41(2):11-127.
- [18] 国莉.浅谈对外汉语教学中如何激发学生的学习兴趣[J].中国校外教育,2013(10):50.
- [19] 吕文华.对外汉语教材语法项目排序的原则及策略[J].世界汉语教学,2002(04):86-95+4.
- [20] 赵金铭.教学环境与汉语教材[J].世界汉语教学,2009.23(02):210-223.
- [21] 杨寄洲.编写初级汉语教材的几个问题[J].语言教学与研究,2003(4):52-57.
- [22] 新青少年汉语考试 YCT[EB/OL].[2020-03-26]. http://www.bct-jp.com/explanation-yct.htm.
- [23] 盛炎.评狄佛朗西斯的汉语教材[J].世界汉语教学,1989(02):121-127.
- [24] 王汉卫.论对外汉语教材生词释义模式[J].语言文字应用,2009(01):124-133.
- [25] 张宁志.汉语教材语料难度的定量分析[J].世界汉语教学,2000(3):83-88.
- [26] 刘颂浩.关于对外汉语教学趣味性的几点认识[J].语言教学与研究,2008(5).
- [27] 张玲.加德纳多元智能理论对教育的意义到底何在?[J].华东师范大学学报(教育科学版),2003(01):44-52.
- [28] 俞红珍.教材的"二次开发":涵义与本质[J].课程.教材.教法,2005(12):9-13.
- [29] 周小惠.大学英语教材的"二次开发"——以《新视野大学英语读写教程》为例[J].吉林省教育学院学报(上旬),2013,29(12):77-79.

基于线上教学的意大利国别汉语教材研究

刘会凤　徐晓霞[①]

摘　要：目前，意大利本土有多种形式的大中小学中文课堂；我国部分高校招收海外留学生（包括意大利人）来中国学习汉语；我国外语类学校招收本国学生学习意大利语。在当今教育全球化网络化的时代背景下，这三种不同类型的在校语言学习普遍使用国际交流合作项目来深化教学效果。鉴于此，通过归纳分析意大利国别化教材的编写特色及其适用性，中国学生使用的意大利语教材的编写特色及其适用性和留学生在中国大学课堂使用的汉语教材和学习效果来对比发现"意大利语—汉语"学习中的部分相通问题，由此提出合理的教材使用和共建改进意见。

关键词：意大利华文教育；国别汉语教材；意大利语教材

在"一带一路"倡议中，针对意大利华裔青少年的华文教育是实现中意"民心相通"和建构友好合作精神的有效途径，也是有效传播中国文化的重要方式之一。近年来，意大利华文教育在全球互联网教学推进的过程中呈现出较好的发展态势，生源呈现多元化的趋势，华文教育教材在新冠肺炎疫情影响下，进入一个全新的变革时期。

[①] 刘会凤，云南师范大学云南华文学院讲师，汉语国际教育专业硕士生导师。主要研究方向：汉语国际教育。徐晓霞，云南师范大学云南华文学院硕士研究生。主要研究方向：汉语国际教育。

一、意大利华文教育中的教材使用现状综述

据调查,意大利华文学校主要使用的教材有以下几种:① 暨南大学的《中文》(通用版)[①](共6册)教材,该教材适用于使用英语的国家,是欧洲通用教材,配有英文翻译或解释;② 少数学校使用人民教育出版社的《语文》[②],共12册;③ 意大利本土出版的汉语教材。有学者调查分析了近年来意大利本土汉语教材的出版和使用情况,指出近年来意大利出版的各类型本土汉语教材已有20多种,其中各大学、高中使用的主要教材有以下几种[1]:"意大利人学汉语"系列[2]、"我们说汉语"系列[3]、《基础汉语教程》《中级汉语教程》《报刊汉语》《科技汉语》《导游汉语》等。

以上教材使用率最高的是意大利汉学家马西尼的两套教材和一套中国出版的教材。其中,适合意大利大中学生使用的国别化汉语教材分别是:"意大利人学汉语",由意大利汉学家马西尼教授(Feserico Masini)和中国一线汉语教师合作编写,意大利HOEPLI出版社出版;《当代中文(意大利语版)》[4],由吴中伟主编,华语教学出版社出版,在翻译成意大利语版的过程中,在人名、地名、场景设置等方面都做了一定的本土化调整。相比较而言,目前意大利使用面比较广的是马西尼教授的"意大利人学汉语"。值得一提的是,2016年9月,意大利教育部颁布了《适合全意高中汉语文化教学实际的国别化大纲》[5],该大纲标志着华文教育首次纳入意大利国民教育体系。

概言之,意大利华文教育教材存在的问题主要有两个:

其一是中文教材的本地化程度偏低,青少年学生对教材中的文化内容接受度偏低,存在较强的文化隔阂,导致学习兴趣不持久,影响教学质量。不少学者提出应该改进华文教材的文化内容板块,立足意大利的社情民意,融入当地社会文化元素、促进华文教育与当地教育体系的互融共进。要特别注意增加中意双语对照的教材数量,以降低意大利青少年学生的语言学习障碍。其二是有效利用互联网信息技术整合华文教育教材资源,大量引进互联网数字

---

① 《中文》教材是中华人民共和国国务院侨务办公室委托暨南大学华文学院为海外华侨、华人子弟学习中文而编写的,并免费向世界各地中文学校提供。全套教材有语文课本十二册,每册语文课本附有练习册(分A、B两册),并备有相应成套的教师参考书。拼音独立成册。

② 中国小学生普遍免费使用的义务教育小学阶段《语文》课本。

教学资源，引介电视、电影媒体、华文网络报刊等资源补充汉语教材的泛读材料。

目前，我国部分高校设置了"汉语国际教育"或"华文教育"专业，招收海外留学生（包括意大利人）来中国大学课堂学习汉语；意大利本土有多种形式的大中小学中文课堂；我国外语类学校开设意大利语专业，招收中国学生学习意大利语。在当今教育全球化网络化的时代背景下，这三种不同类型的在校语言学习普遍使用国际交流合作项目来深化教学效果，扩大办学影响力。针对以上情况，我们使用对比分析的方式来探究互联网时代意大利国别汉语教材的改进措施。主要从以下3个层面来分析：（一）归纳分析意大利国别化教材的编写特色及其适用性；（二）归纳分析中国学生使用的意大利语教材的编写特色及其语言学习成效；（三）归纳分析留学生（不区分国籍）在中国大学课堂使用的汉语教材和学习效果及问题。通过三类课堂教学中的教材情况对比分析，可以发现"意大利语—汉语"双语学习中的某些共通性的问题，由此或可提出合理的教材使用和共建改进意见。

二、教材分析

（一）意大利本土教材分析

教材本土化的重要方式之一是适量引入学习者母语文化内容来编写教材。金志刚等人分别以《意大利人学汉语（中级篇）》和《我们说汉语2》为例，从编写理念、内容进行对比分析，探讨意大利本土汉语教材编写的实践、发展历程。[1]梁冬梅通过分析"意大利人学汉语"的合作编写模式及主要特点，提出教材的针对性是国别汉语教材最重要的特点，针对性应该体现在教材容量、课文内容、语法编排顺序、语言对比、练习设计等各个方面，由三方合作编写教材可以做到最大程度的优势互补。[6]孙云鹤把"意大利人学汉语"这套教材的本土化特色从语音、语法、词汇、汉字、实用性等5个方面做出了详细分析。[7]王杰对比分析了《当代中文（意大利语版）》和"意大利人学汉语"中所蕴含的中意文化因素及其教材呈现情况。[8]

据悉，意大利汉学家马西尼教授的"意大利人学汉语"和"我们说汉语"这两套教材是意大利近年来使用频率高、普及范围广且深受师生好评的优秀本土教材。这套教材的突出优势是编写者本身是意大利的汉学家，直接打通了汉语和意大利语学习的壁垒,能够准确把握意大利学习者学习中文的各种问题,教材编写的国别针对性和适用性得到最大程度的实现。

(二) 中国出版的意中双语对外汉语教材分析

"当代中文"由华语教学出版社出版,作者为复旦大学教授吴中伟等多位知名学者。该套教材共有英、法、德、日、意等43个语种,每套包括《课本》《汉字本》《练习册》及配套的多媒体教学软件,可以帮助学习者掌握近800个词、600多个汉字、约50个语法点,使其掌握日常生活的基本交际技能。教材在编写体例上以语法结构为纲,根据结构的循序渐进、结合交际活动和交际功能的典型性来编排课程。这种体例是我国对外汉语教学界自20世纪90年代以来一直比较受认可的。该套教材以国外成年汉语学习者为主要读者对象,出版后在海外受到广大师生的欢迎,是一套非常优秀的汉语教材。

文化性是多语种"当代中文"的一大特色。在《课本》和《汉字本》中,每一课的课后都有生动有趣的文化知识板块,为学生介绍了中国常见的文化习俗及关于汉字的知识。作者将传统与当代相结合,突出当代文化现象的介绍;同时,为了拉近外国学生的心理距离,不仅介绍中国的文化现象,还比较了中外文化的区别与共通性……与纸质教材配套的 CD-ROM 教学软件中,文化知识以视频材料的形式出现,更加抓人眼球,受到了教师们的青睐。

"《当代中文》在翻译成意大利语版的过程中,在人名、地名、场景设置等方面都做了一定的本土化调整,因此本文将两套教材都定义为国别化教材。"[8]下面我们以高级教材中的课本作为例子来说明这套教材的编写特色。这套教材的基本编写体例是意大利语—中文—拼音—情景插图相对照,课文内容围绕着中国现代社会当中的日常热门话题展开,强调口语交际能力。

在教材序言里面列出的人物表中,15个人物形象当中出现了2个外籍男性形象,其中一位是意大利人马可(Marco)。这一形象的加入增加了对意大利本土学习者的亲和力。全书分为12个单元,分别讨论了"工作的意义""上有老下有小""网上网下""中奖""男女平等""入乡随俗"等话题。以第一单元"工作的意义"为例,课文题目上方标注拼音,下方标注意大利文翻译,形成拼音—汉字—意大利语三者对照的关系。课文里面涉及的词语表(生词)采用意大利语缩略词标注词性,标注拼音,用意大利文标注词汇的含义。例如:

2. 加班(V.)　　jiābān　　fare gli straordinari.

13. 工资(N.)　　gōngzī　　salario, paga.[4]

单元开头设置学习目标,采用中文+意大利语翻译双对照的编辑方式,"1. 论工作的意义;2. 报告调查统计结果;3. 了解中国人吃苦耐劳的传统;4. 学习相关词语和表达方式"学习目标中的前两项是针对课文内容展开的话题讨论或情况描述,第三项介绍中国文化传统,最后一项则是词汇练习。课文的热身(导入)先采用看图说话的形式,引导学生认识和掌握常见的教师、医生、护士、司机、工程师等职业名称,并尝试描述从事这些行业的人的工作目标是什么,进而引出讨论话题:"如果有一个赚钱多但比较辛苦的工作,你愿意干吗? 为什么? Se ci fosse un lavoro ben pagato ma di sacrificio, saresti incline adaccettarlo? Perche?"[4]

带着这个话题引导学生转入课文生词的学习环节,生词部分包括词条注解和选择生词填空造句的小练习。课文分为两个部分:课文一,情景会话"干嘛还那么拼命";课文二,时政短文《你为什么工作》。每篇课文都配套有情景会话插图或图表分析,图文并茂,增加教材的趣味性,避免文字描述的单一性。每篇课文都配套有拼音版的课文"Testo in Pinyin",也就是单独使用拼音符号来重现课文全文,这一点对意大利语学习者来说,是一种相当有效的掌握汉语发音的教材编写方式。课文后面带有重点词汇的语法注释,然后是与课文相关的习题。习题一般分为两类,一类是采用提问的方式复述课文内容,巩固口语表达和交际能力;另一类是根据课文内容完成完形填空题,巩固词汇书写能力。课文后面是词语(语言点)学习,侧重的是汉语词汇的语法学习,配套有词语练习题,一般采用补充造句的形式来巩固词汇的用法。最后的板块是跟课文相关的中国文化介绍,即"文化点滴"(Il Cinese Intraprentente),采用意大利语来介绍"敢闯敢干/吃苦耐劳的中国人"。

由此可见,在这本国别教材中,主要采用了两种方式来降低意大利成年学习者学习汉语的难度,第一是大量引入拼音,第二是中文和意大利文篇幅对半,形成了中—意文互相对照的教材模式,有效降低了意大利学习者的畏缩情绪。

(三) 我国大学生使用的意大利语教材分析

我国学习意大利语的主要群体是大学生,大致可以分为意大利语专业的学习者、选修或进修意大利语作为第二外语或第三外语的学生和学习意大利声乐表演的艺术生。我们这里以各高校主攻意大利语专业的学生选用的教材为研究对象。

大致来说,目前国内的意大利语教材类型丰富、线上辅助教材和教学资源建设成效显著。纸质版的大学生教材约有30种以上,代表性的出版社有外语教学与研究出版社、上海外语教育出版社、北京语言大学出版社、商务印书馆、旅游教育出版社等;其他类型的意大利专业分类书籍约有300种以上,可以满足不同类型学习者多层次、多样化的需求。

下面我们仅选择北京外国语大学意大利语专业选用的教材,以外语教学与研究出版社出版的部分代表性教材为主,概要总结这些教材的特色。

1. 我国学者编辑出版的意大利语教材

北京外国语大学意大利语本科生使用频率较高的教材是"大学意大利语教程"系列,分为4册,每册包括16课。这套教材后续还补编发行了4册对应的"教师用书",形成一套科学、严谨的教材体系。[9]"大学意大利语教程"适用的对象是国内大学本科意大利语专业一二年级的学生,全面培养学生听说读写的语言应用能力、掌握系统的语法和文化知识。总编王军在前言中说:"在编写此书的过程中,我们参考了许多国外意大利语教科书和国内其他语种最新的教科书,并汲取了20年前出版的我校第一套意大利语教科书——《意大利语》的编写经验……"此书注重视听说交际能力的培养,"图、文、声并举……贯彻'听说领先''急用先学''循序渐进'的教学原则,以课文和对话为教学中心内容,用各种方法全面地调动学生参与教学实践的积极性。"[10]并注意通过语言教学来传授意大利文化知识,展示中意文化之间的差别,引导学生逐步具有意大利人的思维方式。

这套教材是我国学者编写意大利语教材的成功案例,也是意大利语教材本土化的一个范本。以《大学意大利语教程(1. 校园生活)》为例,这本书中设置的校园生活场景是北京外国语大学,对话内容都是该校学生的实际生活场景,学生们学习课文的过程就是练习使用意大利语翻译和表述自己真实生活内容的过程,这样的内容设置,最大限度降低了学习外语的文化隔膜,可以直接进行口语交流,易于记诵。举例来说:第八课介绍的内容是介绍我的校园/我的大学,这篇课文就围绕着北京外国语大学的专业设置、生源构成、校内建筑展开。"Raccontino-La mia scuola"[15]部分用两个段落对学校做出了概要简介。

该套教材采用意—中对照模式，教材的中文翻译和注释比较详尽，学生即便不使用词典也可以顺利掌握课文。课后匹配大量的语法和会话问答练习，可以充分巩固课文内容。每单元适量介绍一个小的意大利文化或风景点知识，占据的篇幅较少，适合学生记诵。

2. 原版引进和改编的意大利语教材

早期引进的《意大利语》(初级及进阶版语言文化综合教程)包含2册，是由意大利安杰洛·基乌基乌等专家编写的适用于外国学生学习意大利语的教材。[11]这套年代较早的教材是北京外国语大学第一套教科书，这套教材自20世纪80年代中期引入中国以来，至少使用了25年以上。其编写理念和配套录制的多媒体视听材料均走在时代前列，深刻影响着其他同类型的教材。《意大利语》属于国外原版引进的教材，除了封面上的中文题目之外，全书都是意大利文，没有任何中文注释词条，是纯意大利语言文化环境的教材。在编写理念上，其外籍学生的适用性主要体现在语法分析这个层面，即 Grammatica Italiana per Stranieri。[12]文中的大量习题和会话训练一般都是围绕某个常见的语法点展开的。视频资料由一幕幕特定场所的会话交际场景组成，呈现出意大利人生活的真实风貌，能够深化学生的印象。这套教材属于早期纯意大利语言文化背景的外语教材。

其后陆续出现了多种意大利人编写的外籍学生教材，基本体例与《意大利语》相似，不同之处是出现了配套的中文词条注释和语句翻译，这些翻译板块多由国内意大利语专业的任课教师完成，也就是说，教材的引进和出版通常是由意大利和中国学者合作完成。为了更好地方便教师和学生使用，还会出版配套的"教师用书"或"使用手册"。近年来，北京外国语大学文铮教授与意大利学者合作出版的两套比较有影响力的教材是"新视线意大利语"(意大利语言文化多媒体教程)系列教材[13]和《走遍意大利 综合教程》(1 和 2)[14]，前者适合意大利语专业本科学生使用，后者适合非专业的选修意大利语的大学生使用。我们主要介绍一下"新视线意大利语"(意大利语言文化多媒体教程)的特点，以初级学生用书为例，这本教材最吸引人的亮点在于配套的视听材料采用了先进的信息技术手段，采用 CD-ROM 驱动程序将教材的课文演绎成"电影"剧本,将练习题转换为电脑习题程序,除了传统的纸质版和课文配套 MP3 音频之外,还有一套完整的电子版多媒体教材,可供学生独立使用。CD-ROM 版的教材不仅跟纸质版内容一致,还增加了不少课文之外的小视频、诙谐幽默的风情片段,呈现出浓郁的意大利现代生活风情,让学生在看电影、做游戏的过程中不断挑战自己的语言自学能力。

这套教材的另一个突出特点就是词汇量和文化信息量非常密集,难度较其他教材要大一些。"现代的语言,丰富自然的情景对话,听说读写的系统训练,介绍意大利文化与文明的短文,以及富于现代感和亲和力的版式设计……"[13]这些元素组合起来构成了《新视线意大利语》的特色。且练习的设计与选择特别考虑到在证书考试中经常出现的题型,适合欧洲语言共同参照框架 A1—A2 级水平。这就是说,通过这本教材的学习和习题训练,学习者有望达到 A2 级水平,类似于中国大学生英语四级水平。这套教材的优点和弊端同时体现在纯文化背景、词汇量丰富、语法词汇难度较高、写作要求高等方面。当然在实际应用的过程中,学生通过高强度、高密度的学习和训练,可以快速有效地达到较高级别的意大利语水平,学习成效是显而易见的。

3. 与教材匹配使用的语音、语法、词典等工具书

北京外国语大学意大利语专业学生在学习意大利语的初级入门阶段,除了使用指定版本的教材之外,一般都搭配使用语音入门、语言教材和意大利语词典。常用书籍主要有《意大利语入门》《现代意大利语应用语法》《意汉词典》《现代意汉汉意词典》等。这些都是北外意大利语专业学生使用率最高的辅助教材资料。其中特别需要介绍的是《意汉词典》和《意大利语入门》。

1985 年版的《意汉词典》是"一部综合性中型语言词典,共收词 5 万余条。除一般词汇外,还收有社会科学及自然科学各学科常用词语,并尽量收集了新词和新义。各词条释义力求简练、确切与齐全。在部分词条中,收有一定数量的词组、成语、谚语及例证。正文后编有《意大利常用缩略语》《意大利语动词变位表》等五种附录。"[15]豆瓣评价该词典是目前中国大陆出版的质量最好的中型意汉词典,纸质版本形同一块绿砖,沉重不便携带,然而 35 年以来一直是意大利语专业学生必备的意汉词典,且虽然内容没有丝毫更新,价格却不断翻倍。这部词典尽管出版年代早,但信息技术手段是先进的,配套有电子版(图片式)程序,是一款支持手机、PC 端使用的电子词典 APP,其丰富的词汇量和

查询功能让它一直保持着无人超越的地位。

沈萼梅的《意大利语入门》与另外一套声乐专业的诵读教材[16]有着内在的一致性,可以放在一起使用。另外一位意大利语专业的老前辈肖天佑的《自学意大利语》同样具有语音入门指导价值。以《意大利语入门》为例,这本书是意大利语专业学生的入门教材,该书的价值在于系统介绍了语音规则和发音方法,配有大量词例和练习。学习者通过该教材的词例训练和课后练习的词语听、说、默写训练,即可以攻克意大利语的语音关。

这本教材属于意大利语在中国的本土化国别教材,它采用"拼音—意大利语语音"对照分析的原则,系统分析汉语普通话发音规则与意大利语音的同源与区别。在这里我们特别需要注意,这本教材立足精通意大利语的中国学者立场,细致入微地呈现出意大利语发音体系与中文拼音的同源性,这一点跟英语音标差异较大。在中国出版的意大利语词典都是不带国际音标的,因此,学习者必须通过正规语音训练掌握意大利语词汇的准确发音。中国拼音的形成过程与明清以来的欧洲传教士研究汉学,用拉丁语给汉字注音有着直接的关系。传教士使用的拉丁语是欧洲中世纪的官方语言,而拉丁语又是意大利语的"古语形式",这就可以解释为什么掌握拼音的中国学习者不需要意大利语音标的问题。同时,这也证明意大利语发音与汉字的拼音有着同源的关系,切实减少了两种语言的隔膜感。

在沟通了两种语言发音的同源性问题之后,就是着重发音的偏误问题。意大利语发音容易受到英语词汇和中文拼音双重的负迁移影响,因此,《意大利语入门》带着"拼音—英语音标—意大利语语音"三重分析来进入意大利语发音教学。例如:"注意:发元音 e 时,嘴形要紧张,不能松动。如果把 e 发成双元音 ei[ai],音质就不纯了。发成这样的音是因为没有把嘴形固定在发 e 的状态而滑到 i 上去了。Pépe(胡椒),不能发成 peipe;sède(位置),也不能发成 seide。"[17]从这个例子可以看出,这本教材充分考虑了中国学习者普遍掌握第一外语英语的实际情况,在系统分析汉语拼音与意大利语元音、辅音体系发音差别的基础上,将英语发音纳入,因此这本语音教材是最具适应性的本土化语音入门教材。

(四)留学生(部分国籍)使用的汉语教材

北京大学出版社出版的"博雅汉语"系列教材是普通高等教育"十一五"国

家级规划教材,笔者所在的学院长期选用该教材作为来华留学生汉语课堂的课本。李晓琪主编的"博雅汉语"系列丛书包括初级起步篇、准中级加速篇、中级冲刺篇和高级飞翔篇等4个等级,每册教材都配有教师手册或使用手册,其中初级起步篇还配有学生练习册,教材除了课文之外,还设立了单独的语音部分,供师生灵活使用。自新冠肺炎疫情发生以来,国内高校普通采用了线上视频教学的方式来开展来华留学生的汉语课堂教学,"博雅汉语"系列教材推出了PDF电子教材,并在教材的封底上附加"扫一扫 听录音"的二维码,国外学生扫码之后,可以在手机上随时点播听读教材中的课文、副课文和生词表MP3语音文件,为跨国网络教学提供了方便实用的教材数字资源。

这套教材内容排编立足中国文化背景,课文及习题采用纯中文方式,"词语表""专名"等词语词条注释采用汉字—拼音—中文解释＋英文词汇对译三对照的形式来编排。这套教材的国别适应面比较广,立足中国语言文化情景,可以让留学生更快地浸润到汉语言环境中来。一般来说,来华的意大利留学生零散分布在中国各大高校里面,按照国籍开班教学的可能性比较小,通常跟欧美留学生或者是所有留学生混合在一起,按照已通过HSK等级来分派班级。这些学生统一使用"博雅汉语"教材更便于教师安排课堂教学。

相比较而言,"博雅汉语"教材中明显缺少英语之外的其他语种的国别化翻译和注释,并且没有配套全拼音版的课文。在实际的教学过程中,随着教学进度的推进,教师会发现在本国上网课的留学生由于缺乏中国本土的语言环境,课外练习汉语的机会较少,生词拼读的错误率会逐渐增加。受到母语的影响,印欧语系的学生对汉语声调的把握出现系统性偏误的概率会比较高,教材配套拼音标注的方式可有效解决这个问题。

三、余论

随着意大利汉语学习者人数不断攀升,意大利华文教育课堂上的汉语教材建设问题逐渐显著。鉴于笔者海外调研能力有限,文章仅从国内外汉语学习者和意大利语学习者使用的教材为研究对象,站在教师的视角来研究汉语教材的国别化本土化进程。针对意大利本国使用的国别汉语教材建设来说,本土化的呼声已经达成了共识。本土化的过程中存在的问题,不少学者或海外执教者都有了比较明确的观点,大致来说,就是呼吁编写更多更丰富且能适应不同层次学习者研读需要的"意大利—中文"对照教材,并在教材编写的过程中尽量加大意大利本土文化的参与度,降低学生学习中文的文化隔膜感;完善教材配套资源,尤其是现代教育信息技术,开发 CD‐ROM 软件、手机学习 APP,丰富网络视听说在线影视资源,与时俱进,最大限度丰富教育技术手段、提高学生的学习兴趣,提供直观、生动、便捷的学习资源等;尽量选派通晓意大利语的中国教师参与到意大利本土的汉语教学中来。总体而言,这些观点都是客观合理的。

我们也应该看到,文章从几个层次分析了各类与意大利的汉语教学相关的教材,可以得出这样的结论,目前国内外合作编写的意大利国别汉语教材体系渐趋完备,大都采用了视听说多媒体配套影音资源,部分教材有 APP 或者是习题驱动程序,采用了与时俱进的技术手段来提高学习者的积极性。自 2019 年年底新冠肺炎疫情爆发以来,中国大学教学模式进入线上视频时代,"中国大学 MOOC——国家精品课程在线学习平台""智慧树""腾讯课堂"等大批网络课程处在火热建设和使用过程中。

传统的纸质教材进入电子版的普及时代,几乎所有的外语类教材都配套有丰富的视听说影音资源,并且多数大学都开发了网络视频课程资源。外语学习再也不是纸媒和固定教室师生面对面交流的传统模式了,教材的定义大大扩展了。因此,意大利人学汉语和中国人学意大利语这两个不同的领域出现了有效融合的契机,可以通过建立有效的网络教学平台打通两国学习者的地域界限,也可以通过网络方式普遍建立一对一或多人群组的互助交流学习模式。这样,国内意大利语专业学生的教材资源和意大利学生的汉语教材资源可以有效重组,促进资源共享的进程,最后达成互惠、便捷、高效的外语学习交流模式。

参考文献

[1] 金志刚,王莉,尚笑可. 意大利汉语本土教材研究——以《我们说汉语》和《意大利人学汉语》中级篇为例[J]. 海外华文教育,2018(6):5-20.
[2] 马西尼. 意大利人学汉语(初级篇、中级篇、提高篇)[M]. Hoepli,2010、2015、2008/2014.
[3] 马西尼. 我们说汉语(1、2)[M]. Hoepli,2014、2017.
[4] 吴中伟. 当代中文(高级课本 意大利语版)[M]. 北京:华语教学出版社,2015.

[5] 陈晓晨.汉语文化教育纳入意大利国民教育体系[N].光明日报,2017-04-05.
[6] 梁冬梅.《意大利人学汉语》对汉语国别教材编写的启示[J].国际汉语教学动态与研究,2008(4):69-75.
[7] 孙云鹤.国别教材的适用性研究——以《意大利人学汉语》为例[J].湖南师范大学教育科学学报,2012,11(6):46-52+71.
[8] 王杰.意大利国别化汉语教材中的文化因素研究——以《当代中文》和《意大利人学汉语》为例[J].云南师范大学学报(对外汉语教学与研究版),2016,14(5):12-16.
[9] 王军.大学意大利语教程(1、2、3、4)[M].北京:外语教学与研究出版社,2007、2008.
[10] 王军.大学意大利语教程(1.校园生活)[M].北京:外语教学与研究出版社,2007.
[11] Angelo C C, Fausto M, Marcello S. In Italiano(1.2)[M]. Editrice Guerra-Perugia, 1986, 4 sound cassettes (300 min).
[12] Angelo C C, Fausto M, Marcello S. In Italiano(1.2)[M]. Editrice Guerra-Perugia, 1986, copertina.
[13] 马林 T.,马格奈利 S.新视线意大利语(意大利语言文化多媒体教程 初级、中级学生用书)[M].文铮,译编.北京:北京语言大学出版社,2008.
[14] 安杰洛 G.,加亚 G.走遍意大利(综合教程1.2)[M].文铮,杨逸,译.北京:外语教学与研究出版社,2019,2020.
[15] 百度百科.意汉词典[EB/OL].https://baike.baidu.com/item/5558694.
[16] 沈萼梅.新编意大利语语音入门(2CD)(歌剧演唱发音指导)[M].北京:中国科学文化音像出版社,1999.
[17] 沈萼梅.意大利语入门(修订版)[M].北京:外语教学与研究出版社,2006:16.

疫情中的法国华校
——以法国小熊猫学校为例[1]

罗 坚[2]

摘 要：法国小熊猫学校是一所"海外华文教育示范学校"，隶属于法国中法家庭联合会。新冠肺炎疫情期间，学校克服困难、迎接挑战，在摸索和学习中逐渐开展线上教学，并与国内相关教育机构进行合作，为学生提供"停课不停学"的网络教学、线上活动以及教师培训。后疫情时代，学校将继续发展网课形式教学，线上线下教育形式相结合。学校将借"互联网＋华文教育"的发展趋势，助力法国华文教育迈上新台阶。

关键词：新冠肺炎疫情；法国华校；华文教育；互联网＋

一、疫情给华校带来的影响与改变

法国小熊猫学校学校于2013年成立，总校在法国里昂市，是中国国务院侨办授予的"海外华文教育示范学校"。学生45%是中国家庭的学生，45%是中法混合家庭的学生，还有10%是纯法国家庭的学生，学生年龄跨度从3岁幼儿至50多岁成人。法国小熊猫学校是法国东南部奥弗涅-罗讷-阿尔卑斯大区及里昂地区规模最大的中文学校，隶属于法国中法家庭联合会。联合会成员主要来自中国年轻的移民家庭、华裔家庭，以及热爱中国文化的法国家庭。

---

[1] 原文发表于《世界华文教育》2021年第2期。
[2] 罗坚，法国小熊猫学校校长。主要研究方向：汉语国际教育。

中法家庭联合会总会是以家庭为单位的会员制，会员人数1 000多人。联合会还在法国圣埃蒂安、克莱蒙费朗、安纳西和斯特拉斯堡等4个城市分别成立了分会和小熊猫学校分校，并在法国尚贝里市、艾克斯莱班市设立了分校区。法国小熊猫学校作为年轻一代的华校，在发展过程中一方面得到了驻里昂总领馆、当地政府以及社会各界的大力支持；另一方面也充分发扬团结协作的精神，不断提高创新意识，一直在为海外学子打造高质量专业华校的道路上前行。而此次新冠肺炎疫情带来的一系列影响，可以说是学校成立以来面临的最大的一次挑战。

2020年年初，正当法国华人华侨为国内抗疫捐款捐物的时候，法国疫情就爆发了，但是天性自由的法国人并没有对病毒的扩散给予足够的重视，直到3月12日，法国总统才宣布从3月16日起，法国所有大中小学、幼儿园、托儿所全部停课。大家都感觉措手不及，很多学校连远程教学的方案都没有。随着封城封国，法国各个华校也相继停止校区的线下中文课程。疫情对法国华校的经营管理、教育教学理念都提出了挑战，法国华校面临困境。随后，"停课不停学"以一种前所未有的姿态闯入人们的生活。法国小熊猫学校管理团队第一时间采取行动，一方面安抚教师们、家长们的紧张情绪，关注孩子们的身体状态和疫情的走向，购买口罩、防护面罩和消毒液等防疫物资发给大家；另一方面忙于计划从未开展过的网络线上教学。

疫情之初，教师和家长们确实有些手忙脚乱，多数教师对如何上好网课也不太了解，在教师会上纷纷发问：网课教学如何和学生互动？线上课程上多长时间孩子们不会觉得疲倦？低龄班网课如何吸引学生注意力？怎么给学生奖励？哪个平台上网课效果好？怎样提高课堂教学质量，满足不同程度学生的需求？网络教学对华文老师们提出了更高的授课要求，面对突如其来的改变，校长对老师们提出，首先大家要齐心一致，不抱怨、听安排，努力学习和分享新技能，副校长们带领以年级组为单位的教师团队创新教学，力争实现优质有效的网课教学。

疫情下的"停课不停学"，最大特点就是将任务落在了家庭教育上。有不少家长拒绝网课，觉得存在影响孩子们的视力、需要陪同孩子上网课等诸多不便。因此，疫情也影响了学校的招生工作，生源出现了一定的流失率。为了弥补网课教学的无经验状态，也为了说服家长，我们决定采取边学边教的方式。

我们邀请国内专业制作课件的老师给教师们做专业培训课,同时和北京四中网校合作,邀请北京四中网校的名师们先给学生们上网课,小熊猫学校的老师们线上旁听学习,并抓紧了解上网课的平台功能,学习制作课件及改进教学方法。经过一段时间的听课学习,教师们进步很快,家长和学生们也逐渐适应了网课教学模式。

二、疫情中的教学管理及教师培训

(一)疫情期间的教学管理

1. 特殊时期的网课教学与家校关系

经过一个多月的准备,小熊猫学校的教师们正式上线化身主播,开始网络中文教学。教师们每天在微信群里互相分享课件及制作心得成为常态,并积极探讨如何让学生们适应网课,如何能够吸引学生喜欢网课教学。我们的幼儿班学生年龄最小的只有3岁,孩子们年龄小,集中注意力时间短,我们就把原有的课程内容进行拆分,把每次课的授课时长缩短,20—30分钟一节课,分2—3次课完成教学。同时,在课堂上采取活泼多样的教学手段,利用字卡抢答、角色分配、玩偶教学等游戏方式增加趣味线上互动,加强平台奖励环节,令学生们觉得网课很有趣、不枯燥。课间休息时,教师们会带着大家做操、打拳,让孩子们运动起来。

针对中高年级,我们加强了对学生阅读和写作能力的培养,给学生们推荐在线阅读书单及故事,开展习作阅读等特色网课课程,并充分利用好班级微信群的作用,学生们把书写作业拍成图片,连同音频、视频作业发到班级群里,教师进行批改。渐渐地教师们在网络教学上越来越熟练,学生们和家长们也逐渐适应和喜欢上了在线网课的学习方式。我们随即还开展了教师公开课活动,并要求每位教师开放线上课堂,大家互相听课学习,然后提出听课感想,以达到共同进步的目的。

网络教学对教师而言是个挑战,也是学习新的授课技能的机会。对家长而言,网课虽然让他们付出更多时间和精力陪伴孩子,但是通过网课,家长也更加了解学校的教育教学和孩子的学习状态,借此机会培养孩子的自律习惯,加强了亲子关系。疫情期间的网络教学让家校配合更加紧密,建立了更加密切的家校关系。小熊猫学校的网课教学得到了家长们的认可,往年6月份才开始招生,今年从3月初就有新的学生开始报小熊猫学校的网课。

2. 丰富多彩的线上活动

法国小熊猫学校是周末制华校,师生之间、学生之间面对面学习和相处的时间本来就有限,疫情中更是很难见面。为了保持学生们对学习中文的热情和持续性,一年来我们和法国奥罗阿大区华教联盟的所有华校师生们共同开展了近15场与中华文化有关的线上活动,让学生们接触更多的不同类型的中华传统文化课程与活动。例如,我们组织了两场法国华裔青少年云端音乐会,法国及法国海外省100多名有各种才艺的学生参加了演出;承办了第四届华语朗诵大赛;我们还组织学生参加了中国侨联主办的"亲情中华·为你讲故事"网上夏令营,近800人次参加了活动;组织80名华裔青少年参加了中华海外联谊会和暨南大学举办的中华文化大乐园活动;组织学生参加了"水立方杯"歌曲大赛、环球青少年演说大赛;法国奥罗阿大区华校联盟的各个华校一年间持续组织学生和教师参加中国华文教育基金会举办的"停课不停学"网络课程系列活动,每天都有"名师课堂""动漫课堂""实景课堂"等有趣的中国文化课程提供给学生们。2021年春节,我们组织低年级学生参加了"小熊猫杯·咏诗词诵童谣"朗诵比赛,中高年级参加了"我爱汉字"书写比赛。此外,我们还组织了"华文水平测试"首场线上考试。种类多样、形式各异的线上活动丰富了学生们在疫情中的学习和生活,不仅受到了学生和家长们的欢迎和认可,也得到了驻里昂总领馆的支持和肯定。

疫情时期,家庭教育的重要性越发凸显。为此,我们也专门给家长们开办了"精英教育分享会""智慧家庭点亮孩子心灯"等线上讲座交流活动。春节期间还组织了亲子活动,如"牛气冲天·我家年夜饭"厨艺大比拼。线上多彩的文化活动,为疫情阴霾中的人们送去温暖和力量,也彰显出互联网平台的优势,足不出户的网上交流似乎把大家拉近了,多姿多彩的线上活动也给中文沉浸式教学提供了平台和空间。

(二) 疫情期间的教师培训

疫情期间,国内各机构及大学举办的教师培训恰逢其时,对海外华校而言如同及时雨。法国小熊猫学校携手法国奥罗阿大区华文教育联盟组织近100位法国华文教师参加了中国华文教育基金会主办的教师培训定制课程、名师讲堂系列课程。还组织教师们参加了由中华海外联谊会主办,北京华文学院、暨南大学华文学院、南京师范大学、厦门大学、北京外国语大学等大学承办的"华校管理者培训""海外华文教师培训"等多个专业的云端培训项目。此外，我们还和兄弟华校一起组织了"2020年首届海外华校管理在线讲座——法国专场"，有100名华文教师在线参加了讲座。教师们积极参加培训课程，获益匪浅，并把所学到的教学方法、课堂技巧、中华文化知识、专家和名师们的经验等应用到教学中，起到了立竿见影的作用，大大提高了教学的整体水平。

后疫情时代的华文教育面临极大挑战与改变，需要华文教师们适应时代、不断学习和提高。云端培训恰逢其时，是一个很好的学习方式和教师自我提升的机会，帮助华文教师们更加自信地站在华文教学的讲台上，增强了教师们的使命感和责任感，也鼓励了华文教师们更加积极努力地投身于华文教育事业中。

三、后疫情时代的华文学校

随着疫情防控日益常态化，学校校区也会逐步开放，但毫无疑问的是，网课形式会继续发展，与线下教育形式共存。就我们的观察和判断，大多数家长还是愿意选择线下课程，认为孩子们互动交流的机会更多。而网课教学形式则为那些住家附近没有华校、家长不方便接送的孩子们学习汉语创造了便利条件、提供了宝贵机会。海外华校要做好线下和线上教学两手准备。经过疫情的洗礼，法国小熊猫学校已经做好了充分的防疫准备，也积累了丰富的线上教学经验，对于线下教学和线上网课都能够从容应对。

"互联网＋华文教育"是当下及未来的发展趋势。华校创新意识的增强、线上线下相结合的教学方式、教师们对华文教育的热爱与坚守、良好的家校配合、国内各单位机构所给予华校的巨大支持与帮助，都将令我们年轻一代华校及华文教师们面对疫情更加从容与自信，也会使华文教育迈向一个新的高度。

葡萄牙华文教育的现状与发展趋势
——以淑敏语言文化中心为例

周保罗[①]

摘　要：本文以葡萄牙淑敏语言文化中心为例，阐述葡萄牙华文教育的现状，并从学校内部管理和与外界合作两个角度分析葡萄牙华校的未来发展趋势。

关键词：学校管理；新冠疫情；中葡交流；云课堂；中华文化

在葡萄牙办华文学校的想法是在 1997 年开始萌芽的，当时华人也不是特别多，葡萄牙中华总商会最先提议，得到了许多有志之士的认可和支持，还认真地做了个调查。但因需求不是特别多，所以计划暂时搁置。直至 2000 年 3 月 20 日，葡华报联合里斯本中国学生学者联谊会和里斯本中国城管理委员会建立了里斯本中文学校（葡萄牙第一所华文学校）。其办学宗旨是为了继承发扬中华民族的优良传统和文化，更为了加强华侨后裔的母语教育。为了更好地办好这所中文学校，当时邀请所有旅葡侨胞及各个侨团一起参与筹办活动，共同作为组织者给予学校支持和帮助，也希望每一位同胞能够提出宝贵的意见。考虑到孩子们的安全和家长们的接送问题，最初选定的校址位于市中心具有悠久历史文化的 Martim Moniz 区，环境优美的 Centro Comercial Martim Moniz（中国货行对面的大楼），是华人华侨商家集中的地方。

开设的班级有中文班和电脑班，其中中文班分为初级班、中级班和高级

---

① 周保罗，葡萄牙淑敏语言文化中心副校长。主要研究方向：华文教育、传承语教学。

班。初级班的教学内容有拼音、识字、音乐、舞蹈及图画;中级班的教学内容为书法、语法、行为准则以及诗歌;高级班的教学内容为文学和名著欣赏。电脑班分为初级班、网络知识班、电脑实际应用班。

在20多年的努力下,葡萄牙的华文教育已经初具规模。目前,全葡萄牙一共有6所华校,其中3所已经被国务院侨办纳入"海外华文教育示范学校"的名单,我们淑敏语言文化中心也是其中之一。

一场突如其来的新冠肺炎疫情改变了我们的日常生活,这些变化也给海外华校的华文教育工作带来新的冲击和机遇。作为学校的管理者,应当保持敏锐的眼光,既要能主动应对当前教学方式改变的新挑战,也要积极思考"后疫情时代"学校管理与发展的改革和创新。在此,我将从疫情下华文学校管理与未来发展趋势两个方面,谈谈自己的认识和做法。

一、疫情下华文学校管理

(一)学校领导团队及教师队伍的建设

1. 发挥学校领导团队的协作精神,从容应对突发事件

与猝不及防的疫情一样,如何让学生在家也能学中文这一问题,当时也让我们手足无措。2020年2月初,新的学期开学之际,校领导核心团队商讨后,果断决定开展线上教学,保证中文教学工作顺利进行。在华文教育基金会的大力支持和所有教师的共同努力下,"云课堂"的形式取得了很大成功。直至目前,虽然葡萄牙的疫情还未得到完全控制,还不能大规模地返校复学,但经过这一年多来的实践,线上教学的模式已经运转得越来越流畅。

2. 加强教师培训,提高教师的教学能力和水平

针对线上教学如何开展这一问题,通过中文教师和技术负责教师的研究,在众多网络平台中选择了使用Zoom软件进行授课,使用作业登记簿微信小程序对学生的作业进行批改和评价。确定工具之后,为了让师生及家长迅速掌握平台的使用技术,技术负责人整理了相关的使用步骤发布到班级群,并对各个教师进行了指导培训。另外,我们还为教师提供了很多学习资源,帮助教师应对课堂模式的转换。在教学工作中遇到的一些困难,帮他们尽快解决,学校建立了教师交流群,及时发布教育基金会的优质培训资讯,让他们了解最新的教学方法和信息。疫情是最坏的时期,也是最好的时期,中国华文教育基金

会想海外华校所之想,急海外华校之所急,疫情时期,多形式、多渠道、不间断地培训海外华文教师,为我们推出很多优质的专业的课程。我校教师克服种种困难,坚持学习,不断提升自我。例如2020年11月份北京外国语大学诗词专题研修班只有直播,没有回放,我校也有11位教师坚持为期两周88节课程的学习,因为时差,常常是深夜或凌晨上课,还需要提交作业。

3. 改革决策方式,向教师授权,结合教师的实际教学情况制定线上教学的工作方案

线上教学这一新的教学形式如何有效开展,起初没有其他经验能够借鉴,主要还是依靠教师共同摸索和探究。以相应的教材为基础,在学校给定的上课时长和时段下,每一节课内容的安排和进度都由教师自主根据教学班级学生的特点和需求来制定。另外,我校也时常组织教师交流研讨会,分享他们的教学经验,通过这些活动了解教师在教学中遇到的困难并帮助解决。其实,学校就是一条船,教师就是这条船上的船员。这条船是满载而归还是触礁搁浅,取决于船上的所有船员是否齐心协力、同舟共济。非常庆幸,在这场惊涛骇浪的疫情中,我们的教师同心协力、破浪前进。

(二) 学生管理工作

1. 家校协同,共促发展

为了让学生居家学习和在校学习一样能保持较高的学习效率,养成自主学习的好习惯,学校设有家长委员会、家长微信群,教师会在每一次的课程之后,第一时间在家长群发布课程内容以及课后作业,学生或家长也会及时把作业借助于软件上传,有什么问题,都会及时交流,教师特别关注学生在家学习的情况。很多家长对网络设备不熟悉,为此,学校还特别配置一名技术支持随时帮忙,家校保持着紧密联系。欧洲疫情刚刚爆发时,我校还特邀温州大学国际教育专家、家庭教育导师包含丽老师带领家长分析家庭教育五大误区,结合自身经历教给大家6种让孩子爱上学习的方法,让孩子享受学习、热爱生活,促进家庭和谐幸福生活。

2. 以学生为本,尊重学生的选择权,鼓励学生兴趣特长的发展

疫情期间,我们不仅保证常规的中文教学活动,同时,还提供多样的公益课堂,比如数学拓展、趣味华文、实景课堂、动漫中文、武术、国画、书法、朗诵、汉语桥等课程,给学生提供更多地选择,让学生参与进来,促进他们的德智体

美劳全面发展。一年来,虽然是线上教学,但学校活动可不少:春节、国庆节、母亲节、端午节、中秋节、教师节等主题活动一个也不落。除此之外,学校还积极组织孩子参加网上夏令营活动、中华文化知识竞赛活动、作文大赛活动等,此类活动让华裔青少年从文化体验活动中受益良多,不仅激发了华裔青少年学习中华语言文化的兴趣,而且加深了他们对中国国情、中华文化和中华民族的了解和认知,更加坚定了他们的文化自信和民族自豪感,对中文的运用水平,对中华文化的理解能力,对祖籍国的认知程度都有了极大的提升。2021年3月开始,第四届全球华语朗诵大赛在世界各地如火如荼地开展,为此,我校开设30节公益朗诵课帮助学生掌握朗诵技巧,提升朗诵水平,最终,有16名选手脱颖而出,晋级北京总决赛。

二、未来发展趋势

疫情改变着我们的生活,学校同样也在做出改变。但我们相信,疫情是暂时的,要看到这场危机的背后蕴藏的机遇,去思考学校未来发展的方向。

(一)重视教师人才的储备

教师是学校的根基,是学校建设的主力军、实施者和体现者。学校的教育改革与发展要依靠教师。1. 对教师的聘任要一直坚持这样一条标准,那就是看重应聘人是否具备从事海外华文教育工作所必需的教育资质和教学技能,或者具备与教育相关的工作经验。2. 为了今后学校有更好的发展,(1)要建立稳定专业的教师队伍;(2)要促进教师专业知识水平和教学能力的提高。比如学习一些新的技术,利用网络资源来上课,并能熟练地运用教学辅助软件等;利用国内名师讲堂满足教师的多样培训需求,提高教师的专业素养。

(二)发展华文教育,搭建中葡两国友谊的桥梁和纽带

推进华文教育不是个人的事,也不是某个华校的事情,而是整个旅葡华侨界共同致力的事情。作为华文教育的践行者,教海外华裔青少年学好中文,传承中华优秀传统文化是我们的责任与义务。我们要坚持以学生发展为本的教育理念,关注学生个性化,因材施教,同时注重学生的文化建设,既深入了解中国历史与文化,又要很好地与居住国的优秀文化相融合,并且重视跨文化交流与沟通的能力,致力于培养具有中国灵魂、世界视野、多元文化理解力、全方面发展的优秀人才,为中葡友好交流与发展贡献一份力量。

（三）与当地学校建立长期稳定的合作关系，进入正规的教育体系

葡萄牙是个小国家，华侨华人数量有限，经过这场疫情，很多家长带孩子回国读书，也有不少华侨结束这边生意举家回国，华校生源受到一定的影响。所以，只有与当地学校建立合作关系，引入外国学生，生源才能源源不断，汉语的推广才会更有意义。

汉语进入葡萄牙正规的教育体系始终是我们坚定的信念，应该也是所有华校所期待的美好目标。路漫漫其修远兮，虽然现实困难重重，但有梦想就有希望。我们将一如既往，初心不改，砥砺前行。

奥地利华文教育历程
——以维也纳中文学校为例

郑 婕[①]

摘 要：文章讲述了奥地利华文教育的发展历程以及奥地利维也纳华文学校校长郑婕个人从事华文教育的经历。从小在中国的经历和学习中文的过程，坚定了郑婕成为中奥文化使者的决心。2016年，郑婕取得维也纳大学对外汉语教学硕士学位后，她坚定学以致用，献身于海外华文教育事业。她坚信，海外华文学校是海外华裔"寻根"教育和华文传播的重要力量。现在，她正努力探索国际中文教育的转型。通过开展线上线下教学相融合的探索和实践，为增进世界人民对中国文化和语言的了解，发展中国与奥地利的友好关系，促进世界多元文化发展做出贡献。

关键词：奥地利华文教育；华文教育传承；维也纳大学；华校管理

奥地利是中欧南部的内陆国家，其联邦宪法规定，官方语言为德语。自1971年中奥外交关系建立以来，汉语和中国人便慢慢地进入奥地利。最先入住奥地利的华人主要来自中国台湾地区和香港地区，随着改革开放，二十世纪八九十年代的华人主要来自中国浙江省和别的地区的留学生。1985年中国放宽了对出国人员的审批条例后，欧洲移民达到了一个高潮。

中国对奥地利移民始于20世纪70年代，目前约有4万华人在奥地利生

[①] 郑婕，维也纳中文学校校长，奥地利主流学校小学教师。主要研究方向：华文教育、国际汉语教育推广。

活，一半以上的华人生活在首都维也纳地区。华人华侨主要分布在维也纳、格拉茨和萨尔茨堡等大城市。在奥华人约90%从事餐饮业，奥地利的第一家中餐馆诞生于1940年，目前已发展至1000多家。奥地利目前大约有70多家汉语教学或非华人开设的培训机构，主要集中在首都维也纳，其次在萨尔茨堡。奥地利的第一所华文学校起源于1977年，由台湾地区侨胞组织成立的奥地利第一所台湾学校。他们的经费除学费外主要来源于台湾地区相关事务主管机关补助及侨界捐助。台湾学校极盛期曾经有300多名学生，直至今日随着不断有中文学校成立，目前大约有几十名学生。因为台湾学校采用中国台湾地区的教材和繁体字，与中国大陆的简体字不同，而当时中国大陆的生源有持续增长的趋势，于是在1995年第一所中国大陆中文学校成立了。

奥地利第一所中国大陆中文学校的诞生必须要提到吕小英女士，也就是我的母亲。维也纳中文学校由温籍侨胞吕小英创办于1995年10月7日。学校成立当天，中国驻奥地利大使馆官员和100余位华人华侨留学生共同见证了这一历史时刻，从这一天起，旅奥华人华侨有了传授自己简体字母语的学校。从建校初期的仅仅3个中文班30余名学生，发展至目前以中文课为主，以绘画、舞蹈、武术、书法、乐器、德语、英语等为辅，共有各类班级30余个，400余名学生。曾经我的父母和所有其他华人一样做餐饮业，但是母亲因为觉得作为一名华裔，一定要学自己的母语，并因为自己有3个女儿需要学中文，抱着这样的初衷，我母亲创办了中文学校。中文学校的老师不但教我们听说读写，还教我们中国地理、历史、思想文化。随着年龄的增长、文化的融入和德文的影响，我们已经习惯了跨文化的生活方式。中文学校不仅是学习语言的场所，它还提供中国孩子互相认识交流的平台。学校通过组织各种文化活动及夏令营使孩子们了解并亲身体会中国博大精深的文化。作为华侨的第二代，我们应该更努力，更认真地把中文学好，因为我们有双语成长环境的优势。国务院侨办举办的"寻根之旅"夏令营给中文学校的学生留下许多愉快和珍贵的经历和回忆。汉语让来自世界各地的朋友在中国各个城市相识并共同度过开心美好的时光。

办中文学校，也使我有机会参与国家盛事。2008年在北京举行了奥运会，在这期间我本人作为奥运志愿者亲眼感目睹了盛大的奥运会场，亲自感受到祖国科技的发达。不间断地接触中国文化的成长经历使我对东西方文化都有了相当的了解,加上语言优势,很早我就想为中奥两国都尽些力量。因此我一直有一种责任感:"我所代表的是中国人的形象。"这一切都让我体会到"作为中国人的自豪和骄傲"。从一斑而窥全豹,可以说我就是奥地利华文教育的典型成果。

2008年,国家汉办授予我们学校"孔子课堂"称号,并成为海外第一所拥有"孔子课堂"称号的中文学校。这标志着维也纳中文学校在发展华文教育事业上又迈出了新的一步,体现了中国政府对奥地利华文教育事业和华文教育从业者的充分肯定。根据该协议,北京孔子学院总部授权维也纳中文学校开展包括多媒体和网络方式在内的汉语教学、培训汉语教师、实施汉语考试、开设汉语和中国文化课程等工作,并将在教材、图书和汉语教师等方面给予该校全面支持。2009年,国务院侨办授予学校"海外华文示范学校"称号,校长吕小英荣获"海外优秀华文教师"称号。

2010年10月2日,奥地利总统海因茨·菲舍尔亲临维也纳中文学校参观访问,和学生们共度15周年校庆。总统费舍尔访问中文学校,体现了奥地利政府对少数族裔文化的重视,同时也是奥地利政府与中国政府友好关系的体现。

直至2012年,维也纳中文学校一直是维也纳学生人数最多的中文学校,学生人数达到800余名。如今,维也纳共有3所华文示范学校。1997年成立的中文学校近几年的学生人数已达1 000人。2015年之前维也纳又多了几家中文学校,中文学校市场慢慢饱和,导致部分学校和机构关门。随着海外华文教育的发展壮大,我们欣喜地看到有更多力量、更多资金投入其中,各地新兴的中文学校采用更先进的管理模式、教学模式,有更新鲜的师资力量,它们有如雨后春笋般的蓬勃而出。对我校而言,它们是同仁、是朋友,亦是竞争对手。如何面对严峻的竞争、如何在日益激烈的竞争中生存,是我们必须认真思考的课题。

首先,关于学校的经营模式——21年对于一个学校来说并不长,但是在日新月异的大环境下,在与同类学校的比较中,我们传统的管理模式已显陈旧,学校所面临的经营困难与压力日益增加。如何提升学校的经营管理能力、建立学校特色、提高家长满意度,以带动良好的招生效果,达到良性循环的最终目的,是我校面临突破的重要问题。我们认识到,运用企业化管理来经营学校,将是未来的趋势。然而教育事业要如何进行企业化管理呢? 对长期从事教育事业的我们谈何容易! 我们需要组建一个经营管理团队,我们也需要来自企业界和教育界的专才。

其次,关于师资力量——俗语说,人往高处走,水往低处流。当今社会,人员流动是非常正常的现象,比如有老师自己出来开设中文培训班或跳槽到其他华校。我们在尊重其个人选择的同时,也不得不接受其离职导致的教学安排和质量受影响,从而引起学生和家长们不满的后果。怎样留住人才,怎样建设自己的一支资深的教师队伍,是我们面临的第二个问题。除了定期参加各种培训研讨会之外,还应该给予每个教师更多的专业培训,希望国内有关部门能组织本地的、小规模的系列培训活动。无论是刚入职的教师还是资深教师,都可以随时充电、不断学习,从而调动他们更多的积极性、创造性。中文学校的汉语教师均为华人华侨、中国留学生以及汉办外派老师。很多机构或大学的汉语教师均为奥地利人或外派教师。

最后,充足稳定的生源对一个学校来讲是至关重要的。最近几年,我校的生源一直呈下降趋势,后果是导致一些兴趣班、成人教育班、专项培训班等因人数太少而无法开展教学。看到咨询相关内容的同学和家长高兴而来,失望离去,我们也深感失落。我校的生源是以华侨华人为主,在当今世界跨国、跨洲合作飞速发展的背景下,通晓不同语言、不同文化的人才必将大有作为。如何吸引更多当地生源对中文、对中国文化产生兴趣相当重要,单凭学校自己的力量还远远做不到这一点,需要创造更多展示华文教育、中国文化的机会,从而吸引、发掘更广泛的潜在生源。

奥地利目前缺乏中文专业的师资力量。有专业稳定的教师团队才能留住学生。这种影响不仅涉及汉语教学水平,影响到汉语学习者的积极性,也在很大程度上影响了汉语在奥地利的推广。奥地利目前而言,师资问题并不表现在数量上,而是表现在质量上,缺乏高素质的专业教学人员。2012年,维也纳大学增加了"对外国际汉语"的新专业,可是至今只有几名学生完成这门新学科的深造,因为大部分人还是觉得学中文太难,更何况读完教育专业之后再来教授中文难上加难。大部分大学生只会读到汉学系本科然后选择汉学系研究专业,并不会就读汉学系教育专业。当时我正好本科毕业,果断地选择了中文教育专业。维大有130个专业和10多万在读学生,是欧洲较大的大学之一。

汉学专业（通常称作"汉学系"）自1973年建立以来，从一个冷门专业发展成一个"热门"专业，而且1/3学生为奥籍华人。

维也纳孔子学院李夏德介绍说，在1973年以前，维也纳大学虽然开设了少量的中文课，但没有成立汉学系。他说，当时奥地利没有什么人学习汉语，班级里就是几个拿到奖学金资助的德国人在这里学习。但现在不同了，每年到维也纳大学汉学系申请学习的人就有800多人。当然由于他们实行宽进严出的政策，不是所有人都能读下来拿到学位。但即使这样，也会有200多个学生毕业。

目前，在奥地利学习汉语的人数一直在增加。维也纳目前有3所中文学校，大部分生源是母语为汉语的华裔孩子，而另外10%的学生则来自本国或世界各国。如此看来，多数的外国友人选择其他中文培训机构或大学的课程，因为我们的中文学校是周末制，而奥地利本土人周末不会参加任何课程，他们会享受属于他们轻松时光。

"寻根之旅"夏令营和所有学习中文的经历给我种下实现华文教育梦的种子，坚定了自己未来的职业生涯，继续服务于华文教育。作为终生的使命和梦想，我从妈妈那里把担子接了过来。如今我是奥地利主流学校的一名小学教师和中文母语课教师，周末管理中文学校。作为一名致力于华文教育的华二代，我心中的愿望是希望华人华侨的下一代继续学好中文；作为一个文化桥梁，我希望将中华文化带给我们的国际友人。在奥地利大部分华人华侨经营餐饮业，也影响着下一代，我希望华二代三代开始进入更多的领域和自己喜欢的行业，让年轻一辈的华人意识到融入当地社会和从事自己热爱的职业的重要性。教育不仅仅传授人知识，更是提高个人的修为，增强我们对生命的感受力，从而更好地认知自己、提升自己，这是教育的核心目的。

近几年来，中国新移民的到来又引起了学习中文的热潮。学中文的人数在不断增加，提供中文教学的平台也铺天盖地。2020年突如其来的新冠肺炎疫情导致中文学校停课，被迫把课堂教学搬到网上。各个学校在疫情期间迅速通过网课软件为孩子们提供学习中文的平台。因为网课教学经验不足也有部分学生选择国内的中文网课或者直接停学。这将给疫情后线下中文学校带来新的挑战。

展望未来，我们要提高华文学校的办学水平，扩大办学规模，在所在国增强办学影响,增进中外文化教育交流,让汉语与中华文化走向主流教育,向国际中文教育市场转型升级。温州大学大力全力支持华文教育工作,作为华文教育的科研基地,为传承中华文化,推动侨务工作,推进世界各国华教界与浙江教育界的合作与交流,为海外华文教育提供了形式多样、内容广泛的帮助和支持。在本届研讨会上,大家看到了温州大学华文教育基地的建设情况,研讨会为国内的基地院校和海外的华文学校提供了一个相互了解、交流合作的良好机会。中国政府部门对华文教育给予支持并多做主流社会的工作,针对性地加强与当地政府和教育部门的沟通。包含丽院长提到了在奥地利筹建国际学校,这是一个既大胆又意义深远的设想。

希望与温州大学的共同努力,维也纳中英德国际学校能早日建成。

后疫情时期西班牙华文学校面临的挑战与对策[①]

潘丽丽[②]

摘　要：海外华文学校旨在传承、推广中华民族语言与文化，保持华侨华人的民族特性。同时，海外华校也充当着连接侨界和当地主流社会的重要纽带，对华侨华人融入当地社会起着重要作用，有着显著的社会意义。然而，严重的新冠肺炎疫情让西班牙华校面临着极大的挑战。大部分华校已经把线下课堂搬到了线上，国内大量资本纷纷对准海外，冲入华文教育，华校该何去何从？本文主要通过对西班牙各个地区华文学校校长进行深入访谈，从疫情下华人的经济状况及生源流失、学校运营成本、网络技术、各类在线教育冲击等角度分析了西班牙疫情期间华校面临的困境和挑战，并结合西班牙当地华人移民背景、教育体系以及近期应对国际中文教育新形势的相关策略等，提出对策和建议。

关键词：后疫情时期；在线教育；西班牙华文教育

一、西班牙华人社会及华文教育概况

西班牙以前是一个传统的人力资源输出国，但目前它是移民人口比例最高的欧盟国家之一，移民数量占总人口的 9%—12%。其中，中国移民占据重

[①] 原文发表于《世界华文教育》2021 年第 2 期。
[②] 潘丽丽，西班牙博思语言学校校长，西班牙阿利坎特大学教育研究博士，主要研究方向：海外华裔青少年多语言发展、华文教育。

要位置。据西班牙国家统计局统计，截至2020年，西班牙有20多万中国移民。

据记载，中国人第一次来到西班牙是在16世纪末。伯纳迪诺·德埃斯卡兰特（Bernardino de Escalante）在《航海论》（1577年出版的首批欧洲书籍之一）中说，他的信息来源包括"来到西班牙的中国人自己"（"来到西班牙的中国的自然土著人"）。胡安·冈萨雷斯·德·门多萨在其《历史上最著名的事情——中国伟大国王的仪式和习俗》中写道，1585年，"三个来自中国的商人"抵达墨西哥，"直到他们到达西班牙和其他更遥远的王国才留下来"。[1] 20世纪80年代，中国公民大量涌入其他欧洲国家，如法国和意大利，这些国家的经济状况比西班牙好得多。此时，第一批大规模中国移民也出现在西班牙，不过这次中国移民的总人数只有5 000人左右，主要以餐饮业为生。20世纪末至21世纪初，大批华人开始涌入西班牙，这时期华人从事的行业呈现出了多元化的发展，从早期的餐饮业向服装业、房地产、零售、批发、服务、教育、美容、媒体等多行业发展。同时，在华人社区，随着华人人数的增多，相继出现了专门服务于社区中国移民的华人超市、华人理发店以及华文学校。而近些年，西班牙华人移民群体发生了重大变化，主要是通过买房移民的中青年人，其文化素质较早期的华人移民有显著的提高。

西班牙的华文教育可追溯至20世纪80年代，但真正兴起于20世纪90年代末。1995年年初至2002年6月，旅西华侨华人各社团分别在西班牙马德里、巴塞罗那、塞维利亚、马拉加、格拉纳达、瓦伦西亚、毕尔巴鄂、阿利坎特开设中文学校。[2] 1995年，多个旅西同乡会共同创立巴塞罗那华侨子弟学校。1996年10月，西班牙华侨华人协会和西班牙华侨华人妇女联合会创办马德里华侨华人中文学校。1996年8月，西班牙南部华人华侨协会成立之后的第一件大事便是筹办中文学校。1997年，南部华人华侨协会相继在塞维利亚、马拉加、格拉纳达创办华文学校。

由于21世纪初移民潮让中文学习有了大量的需求，华文学校也如雨后春笋般在西班牙涌现。西班牙华文学校以周末制为主，即主要的上课时间集中在周六和周日两天。办学形式大概有以下几种：

① 华侨华人社团集资办学。这种办学形式占大多数。由各侨团自筹资金，借用当地中小学校舍，或借用华侨华人社团活动的场所上课。为了落实办

学资金,不少华侨华人社团成立校董会或基金会,推选董事长,轮流管理基金会。这类办学形式在华文学校大规模出现初期为主要的形式。

② 华侨华人宗教团体集资办学。这种办学形式只占小部分。

③ 华侨华人私人出资创办中文学校。这种学校近几年为西班牙新兴华文学校的主体力量。

近年来,在优胜劣汰的竞争机制下,各华文学校不仅仅提高教学水平,也开设了一些和当地学校接轨的课程及美术、音乐、舞蹈等课外选修课程,华文教育呈现多元化且繁荣发展的势头。虽然目前西班牙全境内的华文学校覆盖率整体较高,但一些华人人口相对较少的城市还是没有华文学校。

二、疫情下华文学校面临的困境和挑战

2020年,一场突如其来的全球范围内的公共卫生事件,致使世界政治、经济格局发生重大变化,也给西班牙华文教育带来了非常重要的影响。从目前来看,新冠肺炎疫情对海外华文教育的影响主要表现在以下几个方面:

(一) 华文教育从线下转到线上带来的挑战

疫情下,西班牙的华文学校纷纷把线下课堂搬到了线上。西班牙华文学校的办学形态之前大部分是传统的学校形态,即"有形的学校形态",主要表现为学校有固定的校址或场所,有固定的学生班级,有统一的教学计划、教学内容和教学方式等。而互联网线上教学环境下,这种单一的"有形的学校形态"被逐步打破,如学校的管理结构、教师结构、教学结构、学生结构、家长结构、设备结构、资金结构等,都不可避免地要发生变革。[3] 把传统的办学形态成功转型到线上教学并不是一件容易的事。李宇明在北京语言大学汉语国际教育研究院与《世界汉语教学》联合举办的一次线上形势研判会上提道:"新冠疫情促使中文教育转移到线上。这种'被迫行为'随着疫情常态化防控和信息技术的发展,线上中文教育也将常态化。'教学+教务'的线上中文教育是发展方向。"[4] 虽然疫情期间随着网课的逐步开展,西班牙各华校教师的网课教学水平和信息化教学技能得到了显著提高,但是如何把线上完整的教学模式与教务相结合并不是一件容易的事。特别是一些老教师们,对线下课堂有着丰富的教学经验,但是线上的智能化教学手段、网上互动教学等给他们带来了相当大的困难和挑战。同时,让很多华校困扰的是每所华校几乎都存在一批思想

传统的家长认为网课不可能带来任何效果，导致了华校生源的流失。

（二）疫情下的经济状况及生源流失

据马德里华商中文学校校长黄英判断，西班牙中文学校在2021年6月前肯定是不能恢复线下课的，疫情过后，生源和师资都会受到影响。一方面，长时间的疫情让西班牙整个经济陷入了萎靡状态，而华人华侨的收入状况也受到了一定的影响。有些把中文看作是兴趣课的家长也逐渐取消了中文课程。另一方面，由于西班牙的疫情一直处于非常紧张的状态，而西班牙当地学校一直正常开放，各学校陆续都出现了一定数量的学生感染。即使学校有学生感染一般也不封校，只封闭出现感染学生的班级，一般2周后继续开放。为了安全因素，不少华人家庭把孩子送回国读书。在整个疫情的低迷期，不少华侨举家回国发展，移民潮现已减弱甚至出现逆增长趋势。

再者，因为部分家长不熟悉线上教学模式，对线上教学持怀疑态度，并不接受这种新型的学习模式，这些都造成了华校生源的流失。

（三）师资队伍不稳定

马德里华商中文学校校长黄英认为，现在不少学生已适应线上教育，因为网课不受时间、地点的限制，对一些地区偏远、家长无法送孩子上学的家庭，网课已成首选。不少教师本来就想自主创业，之前最大的困难是校舍，而网课解决了这个问题，所以当地会有不少本土教师开办的网校出现，这些因素也会使生源分流、师资流失。另外，因为疫情关系，原来在华文教育师资队伍里面占重要比例的留学生队伍目前只出不进，华校在疫情后一段时间内很有可能会出现师资紧缺的情况。疫情过后各校很有可能都会走线上课程结合线下课程的混合模式，在西班牙本身就师资紧缺的大环境下，如何培养线上线下两套专业的教学班子对于华文学校来说也不是一件易事。

（四）各类线上教育机构的冲击

近几年线上教育开展得如火如荼，特别是在疫情这根导火索下，线上教育进入了一个蓬勃发展期。中国境内及美国等其他国家的中文线上机构也纷纷对准了西班牙的华文教育市场。他们在西班牙华文教育市场的运作主要有两种模式：1."直销"模式，通过在海外华文媒体等投放广告等方式直接招生授课；2. 通过MCN模式，做好授课平台、培训好师资并和西班牙的部分中文学校合作开课。国内的在线课程运营模式相对于国外华文教育界来说，技术层面要成熟很多,AI等智能技术、智能平台的运用都是竞争优势。不仅如此,国内的在线教育机构都有自己的策划团队、销售团队、课件制作团队等,在商业运作模式上及产业化方面更具竞争力。而西班牙华校由于长期运营在西班牙当地较为宽松的竞争环境下,多数华校抱持传承中华语言文化的情怀,把"华文教育"作为一份继承事业,所以在商业运作模式上并不具优势。西班牙乌兰教育校长乌兰也表示国内的机构,特别是了解华侨华人生存状态的线上教育机构会影响西班牙华校的生源,他们的优势在于具有充裕的资金优势来开发各种线上教育产品,虽然他们对当地孩子们的生存环境和家庭教育情况并不了解。

(五)学校经营成本具有不可预见性

虽然一大批西班牙的华校都为协会出资开办,具有不以营利为目的的公益性质,但是学校的正常运营还是需要一定的资本,如场地租赁、水电开销、税务费用等。受到疫情的影响,部分学生家长收入降低,学生生源人数减少,一些线下活动被迫停办,西班牙华文学校的经营状况堪忧。西班牙塞维利亚中文学校刘阿赫对疫情后学校的管理运营经费表示担忧。疫情后线下学生人数会减少,涨学费也必然行不通,而固定的房租、水电费、税务、教师工资等开支并不会减少,这些无疑都为疫情后学校的正常运营画上了问号。巴塞罗那萨尔多瓦中文学校校长周永悦也认为西班牙华文教育发展形势不容乐观,将需要很长时间的缓冲期,想要完全恢复至疫情前的入学率非常困难,也将会是一个非常漫长的过程。

三、后疫情时期西班牙华校的应对策略建议

(一)提高西班牙华文学校师资教学水平及信息化水平

马德里华人华侨中文学校郭纯纯认为,不管是后疫情时代还是疫情过后的常态,线上教育一定会极大地改变教育,不是冲击,而是改变!换句话说,这种改变是科技和时代发展的必然趋势,疫情只是加速了这种进程而已。疫情在很大程度上让线上课程在西班牙华文教育界被家长所广泛接受。后疫情时代,网课必将成为西班牙华文教育界的常态。西班牙孔子文化学校董事长麻卓民认为华文教育与华人经济发展关系密切。因疫情对华人经济产生的影响,势必会影响华文教育。在国内在线教育对海外华文学校的影响难以避免

的情况下，华校唯有努力提高教师的网络教学水平。不管是传统课堂教育还是线上教育，"教学"是根本，提高西班牙当地华文师资的教学水平和信息化技能是根本。海外本土华文教师了解所在国的国情和文化背景，对在本土出生长大的华裔孩子有着深入的了解，这种本土的一线经验是他们所独有的，应该最大程度发挥这种优势，同时多学习和接受新科技新知识，颠覆性地提高网课技能，增强网课对学生的吸引力。此外，学校也要及时制定一套规范教学和网课质量的把控机制。

（二）探索"线上＋线下"课堂模式

面对疫情的种种挑战，马拉加中文学校校长李洪川却认为不应对西班牙华文教育的形势持悲观态度。疫情下华文教师的信息化教学水平飞速提高，而且疫情赋予的西班牙线上华文教育常态化让之后的教学之路有着更大的发展空间，"线上＋线下"的上课模式一定会成为一个趋势。目前，因为距离和上课时间受限，西班牙的各种华校基本都还是周末制，而且因为教学时间短，中文课的教学效率并不特别理想。而线上课程让华校在周一至周五开设中文课程成为可能。"线上＋线下"模式可以被理解为工作日的线上课堂结合周末的线下课堂，这种模式将大大提高中文课的教学效率。另一方面，网课虽然有很大的优点，但拉开了人与人的距离。而大家之所以对线下课堂这种教学方式强烈认同，是因为其作为一种传承了千百年的教育模式，不仅仅具有充分的教学互动和学习氛围，还肩负着一个更为重要的使命，就是让学生学会如何与人相处，建立社会规则意识，树立正确的人生观、价值观，认识并逐步融入社会。因此，线下的华文课堂依旧是华文教育的必需品。而对于传承中国语言和文化的华文教育事业来说，线下文化知识交流活动是非常重要的一部分，如让西班牙的华裔青少年聚集在一起参与中国文化类演出、参与传统的中国节日活动，并通过参与这些活动等向西班牙当地社会传递中国传统文化信息等，都会让西班牙华裔青少年建立一种特殊的身份认知和文化认同感，在多元文化中融入祖籍国的背景信息，真正成为有中国魂的国际人。所以，"线上＋线下"模式从另一个角度上来说，也可以被理解为线上的中文及文化类学习结合线下的中文及中国文化交流类活动。

（三）课程内容要结合当地教育特点和移民群体背景进行优化设计

社会是发展变化的，每个行业的需求也在不断地变化与发展。西班牙早中期的移民状况造就了中文学校的兴起。如何教好中文这门语言课、传承好中国文化成为各大中文学校的主要目标和责任。而当下,西班牙华人移民群体发生了重大变化,如近5—10年的华人移民群体主要来自买房移民的新一批具有高素质及文化水平的人才。他们对于二代学业上的规划和要求与早期的移民又有了很大的区别,普通的中文语言及文化课程已经不能满足他们的需求,而是更加注重如何通过有效学习让孩子快速接轨到当地的课程,融入当地的文化体系。随着时代的发展,跨文化双向族群认同的建构令旅西华人二代移民对传统的以教授华语为首要且单一目标的华文教育产生了新的诉求。作为针对这一诉求的主动响应,综合化的教育模式首先在部分办学条件较好的大型华校得以开展。一方面,华校用中国传统文化等兴趣课程提高母语文化的吸引力,巩固二代移民对母语族群的认同;另一方面,增设各类旨在帮助学生融入当地主流社会的课程与活动,如西班牙语培训、文化课补习、邀请当地警察部门开展安全讲座、与当地足球队进行交流等。[5]

西班牙是一个具有多元文化、多语言环境背景的移民国家,每一个自治区都有自己独特的文化背景和教育政策。很多大区拥有自己的双官方语言,在教育体制上也有差异。比如西班牙的巴塞罗那地区和瓦伦西亚大区,在义务教育阶段除用西班牙语作为官方语言授课外,学生还需用加泰罗尼亚语学习不同的课程。多数华裔青少年因家庭用语是中文的关系,西班牙语和当地第二官方语言能力较弱,那么就需要针对这类学生开设当地语言及学科补习类课程。此外,因现阶段的华人家长多数为"80后""90后",很多家长本身已经是华二代,对于课程丰富性和专业性的要求也不断提高,开设具有中国特色且具有优势的课程,如数学思维课程等,都是非常不错的课程导向思路。另外,因为华人华侨中也存在着很大一批缺乏西班牙语言及文化知识背景的成人群体,如果把"华文学校"的职能进行拓展变成"华人学校",比如也针对华人华侨成人开设西班牙语、英语等语言类课程及市场营销类等商科课程,或许也是一个有效的课程设计思路。

相较于国内的在线教育机构,西班牙的华文学校因处在西班牙各个不同的地区,熟悉各个地区的多元文化背景,了解当地的法律法规、教育体制、学生的实质性需求等,在课程设计以及教学目标和教学内容精准化设置上是具有极大的优势的。而结合当地教育环境、不同华人移民群体背景和需求对教学内容进行优化设计,也是应对疫情后整个教育领域挑战的一剂良方。

(四) 建立区域化华校联盟或共同体

因为传统模式下的区域性竞争,西班牙的华文学校多是"独立发展"的。新形势下,面对来自各方面的冲击和压力,有着相似背景、成长经历及目标的华校应通过"抱团取暖"的方式构建命运共同体,共同对抗疫情下的困境和挑战。

1. 科学规划西班牙华文学校及华文教育

面对外来的各类资本和市场运作化的冲击,西班牙的华校间应该互相交流合作且必须集思广益,共同研究制订华文学校及教育教学发展的规划,比如学校形态、办学模式、教学目标、课程内容设计、教学评估、市场运作、教师团队建设、学生结构、设备购置、资本运营、校园文化等。华文教育质量的好坏关键还在于师资队伍。学校间可以通过教师研讨会、国别化师资培训等方式提高华文教师的教学水平和质量,共同培养和建设一支有信息化教学素养的本土华文师资队伍。

2. 从信息化建设角度共建华文教育云平台

虽然当下互联网环境提供的是技术条件和手段,其本身并不意味着就是高质量的华文教育。但是,互联网技术运用得好必然会提高华文教育水平和教学质量,这是毋庸置疑的。因此,西班牙华文学校可利用自身处在西班牙当地、能够深入当地教育环境和文化背景的优势,共同开发国别化信息技能平台,如建设互联网网络环境,配置必要的互联网教学技术设备和技术系统,培训专业的网上教育技术人员,充分利用多模态、融媒体技术。其次,华校间可共同建设网上学习资源,为教师提供网络教学资源,为学生提供网络学习资源,以丰富教学和学习内容。再者,共同出资开发西班牙网络教学 APP 等来推进本土化的线上线下相结合的华文教学模式。

3. 建立国别化华文教育研究团队

西班牙各个华校经过多年的教学实践与培养,都拥有一批专业素质高、有丰富本土化教学经验的一线华文教师,由各校筛选组建一支西班牙华文教育研究团队并不是一件难事。通过西班牙华文教育研究团队深入研究,建设西班牙本土化的各类教材库、课程库、微课库、教学技能库、语言知识库、文化知识库、宣传库、测试库、文化活动库等。通过建立国别化华文教育团队研究建设云教育环境下的各教学资料库等资源，实现共建共享，将有助于当地华校的发展。

（五）打好"情感和情怀"这张牌

互联网技术的快速发展及其在教育上的应用，使得各类资本纷纷把目光投向海外的华文教育市场。的确，在高科技应用于教育领域方面，西班牙的华校是处于劣势地位的。但是任何高新技术都是人研究创造出来的，是为人掌握、为人服务的，所以"人"还是第一位的。应该正确看待互联网技术在华文教育中的角色，它只是教育的辅助品，人类独特的情感交流永远都不可能被技术所取代。因而积极转变观念，打好情感和情怀这张牌显得非常重要。海外华校和其他中文线上平台最本质的区别是海外华校的创办者及大多数在当地任职多年的本土教师本身都是华侨，和当地华人华侨家长一样有着相同的身份背景以及相似的在异乡生活的困苦和经历，对家国有着共同的情怀，这也造就了海外华文教育界独特而炽热的情怀。西班牙华校本身和学生及家长的距离就比较近，能够有效地进行情感沟通，了解学生及家长近期的一些难处，并通过华文学校在当地"桥梁"的作用适度帮助他们处理一些问题，加强和当地西班牙语学校老师之间的沟通，合理分析学生的各方面优势，和家长一起为孩子的未来共同制订学习规划，这些都是打好情感牌的一些方式。再者，海外华校的另一个优势是虽以教授中文课为主要形式，但目的却不仅仅为了教授语言，而是帮助孩子树立正确的人生观、价值观，让孩子建立正确的身份认同感。传播中国文化是海外华校的毕生使命。而在这一教育过程中，传播的方式并不仅仅是老师教学生，也表现在学生与学生之间的横向传播。在线下真实学习环境中，学习者带着共同的身份情感和认知，语言的学习和文化的感知将变得更加容易。西班牙鸿轩中文学校校长张星月、马拉加中文学校校长李洪川、塞维利亚中文学校刘阿赫、瓦伦西亚墨谦书院王校长都表示，很多家长送孩子到中文学校是因为他们想让孩子和有着相似背景的孩子在一起学习，孩子不仅仅可以学习中国语言，更是同一身份背景间的平等沟通和相互学习。从这一层面上来思考，华文学校在多元文化背景下华裔孩子建立正确的身份认同中起着关键性的作用，打好情感牌也是西班牙华文学校发展的一个关键性因素。

四、结语

最后，我们借用西班牙华文教育界几位资深教师的话来结束本文的讨论。

马德里华人华侨中文学校郭纯纯:"作为传统的海外华文教师,这种本土的一线经验也是我们独有的、国内的教育资源没有的优势。个人认为更大程度发挥这种优势,多接受新科技新知识,颠覆性地提高网课技能才是长期生存的根本。"

加那利华人华侨爱心中文学校校长韩彩云:"我们每个华校的力量是渺小的,海外华校须联合起来。"

乌兰教育校长乌兰:"我们在夹缝中求生存,怀揣高远的精神价值,教好每一个遇到的孩子,相信会走得更远。都是大白话,也是心里话,希望我们一起营造氛围,做实事,做长远。"

参考文献

[1] 章志诚. 西班牙侨领与马德里中文学校[J]. 侨园,2008(3).
[2] 章志诚. 欧洲华文教育的历史与现状[J]. 八桂侨刊,2003(1).
[3] 贾益民. 新冠疫情对海外华文教育的影响及应对策略[J]. "新冠疫情对国际中文教育影响形势研判会"观点汇辑,世界汉语教学,2020(4).
[4] 李宇明. 改善中文的世界供给[J]. "新冠疫情对国际中文教育影响形势研判会"观点汇辑,世界汉语教学,2020(4).
[5] 谷佳维. 从留根教育到综合素质教育:西班牙华文教育发展的新趋向[J]. 华侨华人历史研究,2020(1).

后　　记

　　华文教育是海外植根最深、覆盖最广、最为有效的中华文化传播形式。目前,全球有约两万所华文学校、数十万华文教师、数百万华裔学生。作为帮助海外侨胞传承中华文化的重要载体,华文教育被誉为"留根工程"。

　　温州大学欧洲华文教育研究所前身为温州大学华文教育研究所,成立于2008年11月8日。2017年,华文教育研究所更名为欧洲华文教育研究所,研究方向与服务对象更加聚焦。同年,以欧洲华文教育研究所为基础申报的意大利研究中心正式获批教育部国别与区域研究基地。研究所成立至今,先后出版《孔子学院与华文学校发展比较研究》《意大利华文教育研究》《中国语言文化在海外华侨华人社会中的传播研究》《我在温州学汉语》等专著,获《华人华文学校信息管理系统》等国家软件著作版权。2020年新冠肺炎疫情期间,欧洲华文教育研究所连续出刊20多期海外疫情研判,多篇获主要领导批示,用实际行动诠释"把论文写在祖国大地上"。2020年,获批中国华侨华人(温州大学)研究基地,华文教育为四个主要研究方向之一。

　　温州大学欧洲华文教育研究所聚焦欧洲,致力于开展海外华文教育教学与理论研究。主要以全球华文学校、华文教育平台、海外华裔青少年为研究对象,针对华文学校发展现状与趋势、海外文化传播、华裔身份认同、华文教育信息技术开发、华文教育教学质量评价、区域研究、华文学校数据库建设等领域进行研究。在意大利、西班牙、法国、葡萄牙、奥地利等国设有海外华文教育研究基地,搭建华文学校国内支撑平台和华文教师培训中心,建立华文教育案例数据库,聚焦华文学校评估理论体系构建,为涉侨部门推进华文教育提供政策建议。研究团队的发文量与浙江大学、华东师范大学团队并列全国第十二位。

在新形势下,海内外华文教育组织生态面临重组,如何优化结构,推动华文教育专业化、多元化、规范化发展？海内外华文教育专家学者聚焦欧洲,专注中华文化海外传承与发展,对欧洲华文教育进行深入研究与思考,总结机遇与挑战,提出展望与建议。

温州大学欧洲华文教育研究所

图书在版编目(CIP)数据

优化与重组：新形势下欧洲华文教育发展研究 / 包含丽，严晓鹏主编 . — 上海：上海社会科学院出版社，2021

ISBN 978 - 7 - 5520 - 3731 - 9

Ⅰ.①优… Ⅱ.①包… ②严… Ⅲ.①华文教育—教育研究—欧洲 Ⅳ.①G749.5

中国版本图书馆 CIP 数据核字(2021)第 237650 号

优化与重组
——新形势下欧洲华文教育发展研究

主　　编：包含丽　严晓鹏
责任编辑：赵秋蕙　杜颖颖
封面设计：黄婧昉
出版发行：上海社会科学院出版社
　　　　　上海顺昌路 622 号　邮编 200025
　　　　　电话总机 021 - 63315947　销售热线 021 - 53063735
　　　　　http://www.sassp.cn　E-mail: sassp@sassp.cn
排　　版：南京展望文化发展有限公司
印　　刷：上海光扬印务有限公司
开　　本：710 毫米×1010 毫米　1/16
印　　张：18.75
插　　页：4
字　　数：294 千
版　　次：2021 年 12 月第 1 版　2021 年 12 月第 1 次印刷

ISBN 978 - 7 - 5520 - 3731 - 9/G · 1140　　　　定价：95.00 元

版权所有　翻印必究